한국
인쇄
문화사

한국 인쇄 문화사

유창준 지음

(주)지학사

인쇄는 지식·정보산업의 원천

이 책은 우리나라 인쇄문화의 역사와 현황, 미래를 한눈에 살필 수 있도록 서술한 것이다.

인쇄는 지난 1천 년간 정보와 지식산업의 원천으로 인류의 문명 발전에 크게 기여해왔다. 특히 인쇄는 한 나라의 문화를 보존하고 전승하는 주역이며, 문화와 교육 수준을 나타내는 척도이기도 하다. 그렇기에 인쇄가 있는 곳에 문화가 있고, 인쇄는 문화의 산모라고 말한다.

우리나라는 오랜 역사와 찬란한 전통을 지닌 민족으로서 문화유산이 많지만 그중에서도 인쇄문화야말로 문화유산의 으뜸이라 할 수 있다. 우리나라가 1991년 유엔(UN)에 가입할 때 《월인천강지곡》 인쇄 동판을 기증했다는 사실 하나만으로도 인쇄문화의 우수성을 단적으로 보여준 것이라 하겠다.

우리나라는 현존 세계 최고(最古)의 목판인쇄물과 금속활자 인쇄물을 창조해 냈다. 《무구정광대다라니경》(751년)과 《직지심체요절》(1377년)이 이를 입증하고 있다. 《직지심체요절》뿐만 아니라 조선 초기의 계미자(1403년), 경자자(1420년), 갑인자(1434년) 등의 금속활자도 서양의 구텐베르크의 금속활자(1440~1450년)보다 앞선 것이다.

우리나라의 인쇄문화산업은 잦은 외침과 한국전쟁 등으로 위기를 맞기도 했지만, 세계 4대 발명품 중의 하나인 금속활자를 창조한 선조들의 위대한 발명 정신을 잇기 위한 인쇄인들의 각고의 노력으로 21세기에 들어서는 세계 어느 나라와 견주어도 뒤떨어지지 않는 인쇄기술을 자랑하며 정보산업의 핵심 산업으로 거듭나고 있다.

현재 우리나라 인쇄문화산업은 1만 8천여 업체에 7만여 명이 종사하고 있고, 연간 10조 원 규모의 인쇄물을 생산하여 세계 10위권의 인쇄 대국으로 평가받고 있다.

그럼에도 불구하고 고대부터 근·현대의 인쇄역사와 미래의 인쇄문화를 함께 조명한 논문이나 책자는 찾아보기 어려워 아쉬움을 준다. 필자는 이 같은 점을 감안하여 문자 발생에서부터 우리나라 인쇄문화의 태동과 발전, 그리고 현재와 미래의 인쇄문화산업을 총체적으로 조사 · 분석하여 이 책에 담고자 하였다.

이 책은 모두 3편, 7장으로 구성하였다. 제1편 고대 인쇄사에는 문자 발생과 기록, 삼국 및 통일신라시대의 인쇄, 고려시대의 인쇄, 조선시대의 인쇄를, 제2편 근 · 현대 인쇄사에는 근대의 인쇄, 현대의 인쇄, 단체의 태동과 활동을, 제3편 21세기 인쇄문화에는 인쇄문화산업 현황과 미래의 인쇄를 담았다.

이 책의 내용은 필자가 각종 자료를 수집한 후 연구 · 분석하여 구성하였는데 시의(時宜)에 다소 미흡함이 있을 수 있고, 전문성이 결여될 수 있다. 또한 각종 자료와 선행 연구를 인용함에 있어 제대로 표기하지 못한 부분도 있을 수 있다. 넓은 아량과 질책이 있기를 바란다.

아울러 그동안 원고를 집필할 수 있도록 성원해주신 대한인쇄문화협회 조정석 회장님, 책자를 발간하는 데 큰 힘이 되어주신 지학사 권병일 회장님과 한솔제지 이상훈 사장님, 사진 자료를 제공해준 청주고인쇄박물관과 두피디아에 진심으로 감사드린다.

부디 이 책이 21세기 정보산업의 핵심이 '인쇄'라는 사실을 널리 알리고, 일부에서 제기하는 사양산업이라는 오해와 편견을 불식시키는 계기가 되었으면 좋겠다. 덧붙여 인쇄문화산업 진흥정책의 기초 자료로 활용되고, 활자 문화를 창조해낸 선조들의 위대한 발명 정신을 후대에 전하는 가교 역할을 하는 데 조금이나마 보탬이 된다면 더 바랄 것이 없겠다.

2014년

유 창준

제1편 고대 인쇄사

제2편 근·현대 인쇄사

제3편 21세기의 인쇄문화

문자가 없는 생활은 상상할 수 없다. 문자는 문명사회의 기본으로서, 우리는 아득히 먼 조상 때부터 문자에 의
등으로 의사를 소통해왔다. 그리고 문명이 점차 발달됨에 따라 음성은 일정한 체계를 갖춘 언어로까지 발전하게
나 소통해야 할 정보의 질과 양이 많아지자 전달성과 보존성이 보다 확실한 방법을 찾게 되었다. 이러한 필요에

제 **1** 편

고대 인쇄사

承古禪師常勸諸人莫學佛法但自無心依刺根

人盡時解脫鈍根人或三五年來不過十年莫不

悟去老僧替你入其舌

白雲和尚抄錄佛祖直指心體要節卷下

宣光七年丁巳七月 日 清州牧外興德

寺鑄字印施

01
인쇄술의 기원

1. 문자 발생과 기록

(1) 문자의 발생

문자가 없는 생활은 상상할 수 없다. 문자는 문명사회의 기본으로서, 우리는 아득히 먼 조상 때부터 문자에 의한 문화생활을 해왔다. 그렇다면 과연 인류는 언제부터 문자를 사용하기 시작하였을까? 여기에 대한 답은 아직 누구도 정확히 내리지 못하고 있다.

문자가 생기기 전에도 사람들은 음성이나 몸짓 등으로 의사를 소통해왔다. 그리고 문명이 점차 발달됨에 따라 음성은 일정한 체계를 갖춘 언어로까지 발전하게 되었다. 그러나 언어는 음성이 전달되는 범위 내에서만 소통이 가능하고 불완전한 인간의 기억력 범위 내에서만 유지될 뿐이다. 따라서 사회가 점차 발달하고 복잡해지면서 서로 간에 전달하거나 소통해야 할 정보의 질과 양이 많아지자 전달성과 보존성이 보다 확실한 방법을 찾게 되었다. 이러한 필요에 따라 생겨나게 된 것이 문자이지만, 문자는 짧은 시일 안에 쉽게 형성되지는 못하였다.

문자가 사용되고 기록물이 등장하는 시점에서 선사시대와 역사시대로 구분되는데 인류는 이미 문자가 생겨나기 전인 선사시대에도 의사의 전달과 보존을 위한 여러 가지 표현 방법을 고안해 사용하였다. 그중에서 오래전부터 가장 널리 사용된 것이 결승(結繩)의 방법이었다. 천이나 양털로 만든 새끼로 적당한 간격마다 일정한 매듭을 지어 상호 간에 의사 표시를 했던 결승문자(結繩文字)는 고대 중국, 페르시아, 잉카제국 등에서 사용되었으며 지금도 그 흔적이 페루나 멕시코의 원주민들에게 남아 있다.

새끼의 개수나 간격에 따라 수(數)를 나타내고 빛깔에 따라 여러 가지 의미나 추상적인 관념까지도 표현하였는데 소유 재산의 기록과 연대기 등을 보존할 목적으로도 사용되었다. 결승문자는 하나의 약속과 같은 것이기 때문에 보편적인 뜻을 나타낼 수 있게 하기 위해서는 사전 교육이 있어야만 한다. 학자들이 인류 문자의 기원을 결승문자에서 찾는 것도 이러한 이유 때문이다.

여기에서 보다 발달되어 그림문자가 생겨났다. 나무나 돌 등에 선이나 그림을 그려 좀 더 편리하고 합리적인 의사소통 수단을 개발한 것이다. 그림문자는 보다 직접적이면서도 구체적이고 다양성이 있으며 무엇보다 기록성이 있었다. 이러한 그림문자가 등장함으로써 인류 문화 발달단계에 있어 하나의 전환기가 되었다.

기원전 5천 년경 동굴에서 살았던 원시인들은 동굴 벽면 등에 원과 선을 새기거나 그림을 그려 기록으로 남겼다. 그림문자는 오늘날 세계 도처에서 발견되고 있으며 우리나라에도 현재 암각화의 형태로 여러 곳에 존재하고 있다.

처음에는 언어로만 전해지던 신화나 주변에서 본 것들을 사실적인 그림의 형태로 표현하였다. 이러한 그림이 점차 진화하여 인간의 사상이나 감정을 전달하는 수단으로서 기록을 남기는 방법이 되었고 그림 또한 점차 간략화되어 여러 가지 기호를 사용하는 단계로까지 진보하면서 그림문자로 발전하게 된 것이다.

그림문자의 의미를 보다 구체화하고 보편성을 갖게 하기 위해 고대 사람들은 상형문자(象形文字)를 고안해냈다. 이 상형문자야말로 진정한 의미에서의 최초의 문자 형태라고 할 수 있다. 고대 이집트의 신성문자(神聖文字), 메소포타미아의 설형문자(楔形文字), 중국의 한자(漢字) 등은 모두 그림문자에서 진화된 상형문자들이다.

상형문자

상형문자 중 가장 오랜 것은 바빌로니아와 아시리아에서 사용된 설형문자이다. 이는 그림문자에서 발달한 것이지만 고대 이집트에서 사용되던 신성문자와는 다소 달랐다. 이들은 서사 재료로 점토판을 사용했는데 그림문자를 정교하게 새기기 어려워지자 이를 쐐기형으로 간소화한 것으로 추측되고 있다. 기원전 1천 년경에 페니키아 사람들은 이러한 설형문자를 더욱 간소화시켜 오늘날 알파벳의 기원이 되는 문자를 만들어냈다.

설형문자

이집트인의 상형문자는 기원전 3천 년경에 생긴 것으로 처음에는 그것이 묘사하는 사실 이상의 것을 표현하지 못하였으나 점차 넓은 의미나 개념을 전달하는 수단으로까지 확대되었다. 이집트인들은 이들 문자를 초기에는 돌에 새겼지만 점차 파피루스에 기록하게 되었다. 이처럼 그림문자는 점차 발전하여 설형문자나 한자와 같은 상형문자인 표의문자로 진화되었고, 설형문자는 더욱 간소화되면서 발전되어 오늘날의 알파벳과 같은 표음문자로 변천해왔다.

문자의 발생은 이처럼 오랜 과정을 거쳐 형성되면서 세계 각지에서 필요에 따라 다양한 문자가 생겨났다. 문자가 생겨남으로써 인간은 비로소 거리나 장소에 관계없이 보다 명확하게 의사를 표시하거나 전달할 수 있게 되었고 기록으로 남겨 후세에도 전할 수 있게 되었다.

(2) 인쇄술 이전의 기록 방식

문자가 발명되어 의사를 전달하는 수단으로 활용하게 되자 이를 기록으로 남기는 방식이 필요해졌다. 사회의 발전에 따라 보다 대량으로 할 수 있는 방법과 오래도록 보존하는 방법이 요구되었다. 이러한 필요에 따라 인쇄술이 생겨나게 되었지만 문자가 오랜 과정을 거쳐 형성된 것처럼 인쇄술 또한 다양한 방법이 시도되고 많은 시일이 걸린 이후에야 비로소 빛을 보게 되었다.

인쇄술이 발명되기 이전에 기록하고 의사를 전달하는 방식으로는 압인법(押印法)과 날염법(捺染法), 탁인법(拓印法) 등이 있었다. 그러나 이들 방법은 인쇄술을 싹트게 하는 근원이 되었을 뿐 진정한 의미의 인쇄술은 7세기경에 발생한 목판인쇄술에서부터 시작되었다.

압인법은 원통(圓筒)이나 인형(印形) 같은 재료에 문자나 그림을 새기고 이를 점토판 위에 굴리거나 눌러서 그 새긴 자국을 만들어내는 방식이다. 즉 나무나 금석(金石) 등의 재료를 이용하여 만든 둥근 통에 글자나 기호를 새긴 다음 점토판 위에 올려놓고 압력을 가하면서 굴려 원압식(圓壓式)으로 찍기도 하였고 수정이나 옥돌 등에 새겨 평압식(平壓式)으로 찍어내기도 하였다.

이러한 방법은 잉크와 종이 대신에 점토판을 이용하고 있어 원시적이지만 기록과 의사를 전달하는 수단에 있어서는 오늘날의 인쇄와 비슷한 성격을 띠고 있다. 이 방법은 기원전 5천 년경부터 주로 메소포타미아와 이집트에서 사용하였는데 이 같은 방식으로 기록을 남기거나 물건의 소유를 밝히는 표시로 삼았고 왕의 칙령이나 법령을 포고할 때도 사용하였다. 또한 당시에는 천문이나 역서, 의학 등의 학문도 이 같은 점토판에 의해 전파되었음을 고려한다면 오늘날 인쇄의 시원(始原)은 압인법이라고 보아도 무방할 것이다.

날염법은 나무나 금속 등의 판에 그림이나 무늬를 새겨 천에 염색하는 방식이다. 점토판이 아닌 천에 압인하는 방식이어서 완전한 인쇄 영역에는 도달하지 못하였지만 압인법보다는 훨씬 진보된 방식이며 목판인쇄술을 출현하게 하는 데 큰 역할을 하였다.

이 방식은 인도에서 처음 시작되어 페르시아와 중국 등으로 전파되었다. 인도에서는 일찍부터 옷감 짜는 기술이 발달하였는데 여러 가지 그림이나 무늬를 나무나 금속의 판에 새긴 다음 천에 다양한 색채로 날염하는 방식을 생각해냈던 것이다. 처음에는 단순히 천에 아름답고 화려한 무늬를 새기는 데 사용되었으나 나중에는 불상을 복제하는 등 오늘날의 인쇄 목적과 유사한 행위로까지 이용되었다. 이 방식은 종이가 발명된 이후에는 천 대신 종이를 사용하였고, 그림이나 무늬뿐만 아니라 불경과 같은 문자를 찍어내는 방식으로 발전하게 되었다.

탁인법은 비석 등에 조각된 문자나 그림을 복사하는 방법을 말한다. 이는 처음부터 복사를 목적으로 한 것이 아니라 서사 재료로 석면을 이용한 데서부터 시작된 것이다. 이 방법은 동서양에서 모두 오래전부터 사용되었는데 이집트에서는 기원전 4천 년경에 조각된 석문(石文)이 나왔으며, 중국에서도 주(周)나라의 유물로 알려진 석고문(石鼓文)이 발견되기도 하였다. 그러나 이들은 모두 석면에 단순히 글자를 새긴 것에 불과하다.

탁인법의 실제는 중국 후한(後漢)시대에 ≪오경(五經)≫을 석면에 조각하여 탁본으로 만들었다는 기록에서 찾을 수 있다. 탁본은 글자를 새긴 석면에 종이를 놓고 물을 축여서 붙게 한 다음 부드러운 헝겊 등에 먹물을 묻혀 가볍게 두드려서 찍어내는 것이다.

이러한 인쇄술 이전의 기록 방식은 어디까지나 인쇄술이 생겨나게 한 연원일 뿐 오늘날 우리가 말하는 인쇄술의 시초는 아니다. 진정한 의미의 인쇄술은 7세기경에 생겨난 목판인쇄에 의해서 비로소 시작되었다. 그러나 위에서 살펴본 방법들이 인쇄술을 태동하게 한 계기가 되었던 것만은 확실하다.

2. 서사 재료의 개발

(1) 종이 이전의 서사 재료

• 동양의 서사 재료

인류가 기록을 위해 문자를 사용하게 된 것은 매우 오래되었으나, 종이를 발명하여 쓰게 된 것은 그다지 오래되지 않았다. 종이는 중국에서 105년에 처음으로 만들어졌고, 서양에서는 그보다 1천여 년이 지난 12세기경에야 비로소 사용되기 시작하였다. 그러나 종이가 발명되기 전에도 기록을 남기거나 각종 문서 및 책을 만들기 위해서 여러 가지의 재료를 사용했다.

중국에서는 종이가 발명되기 전의 서사 재료로 처음에는 거북의 껍질이나 동물의 뼈를 이용하다가 점차 돌이나 옥(玉), 도기 등도 이용하였으며 몽고 민족들은 양피지를 사용하여 불경을 만들기도 하였다. 그러나 동양에서 가장 널리 사용된 서사 재료로는 대나무나 나무를 사용했는데 이를 죽간(竹簡)과 목독(木牘)이라고 하였다.

하나의 간이나 독에는 일정 분량의 글자만을 쓸 수 있었으므로 긴 문장의 기록은 여러 개의 간이나 목을 가죽 끈으로 엮어서[革編] 하나의 책(策)으로 펴냈다. 즉 책(策)은 하나의 책(册)으로 춘추시대에 관한 기록에는 많은 기록은 책을 쓰고, 작은 기록은 간독을 썼다고 적혀 있다.

죽간은 대나무를 불에 구운 다음 잘게 나누어서 만들었다. 불에 구움으로써 대나무에 들어 있는 유성(油性) 성분을 없애 글씨를 쓰기 쉽도록 하고, 충해를 방지하여 오랫동안 보존할 수 있도록 하는 구실도 하였다.

죽간은 큰 것부터 작은 것까지 다양한 크기가 있었다. 큰 것은 폭이 20㎝, 길이가 60㎝나 되는 것도 있고 작은 것으로는 폭이 약 1㎝, 길이가 12㎝ 정도의 것도 있다. 같은 크기의 죽간은 세로로 나란히 세운 다음 가로 방향을 비단실로 묶어 책(策)으로 만들었는데 그 모양은 마치 오늘날의 발과 같았다.

목독은 목편(木片)을 말하는 것으로 대개 30㎝ 정도의 정사각형이 많지만 다양한 모양도 많이 전해지고 있는데 관청에서 문서를 기록하거나 일반인들이 편지를 쓰는 등 폭넓게 사용되었다. 짧은 문장은 대체로 죽간에 쓰고 긴 문장을 쓸 때는 책을 사용하였던 것이다.

죽간이나 목독은 종이가 발명되기 전 중국에서는 2천여 년 동안이나 보편적으로 사용된 서사 재료였다. 특히 죽간은 내구성이 훌륭하였을 뿐만 아니라 원료 또한 풍부하여 널리 사용될 수 있었다. 이러한 서사 재료에 필사를 하기 위해 처음에는 주로 천연의 나무즙인 칠을 쓰다가 나중에는 인조 먹을 개발하여 사용하기 시작하였다.

죽간이나 목독 외에 백(帛)도 서사 재료로 사용되었다. 비단으로 만든 견백(絹帛)은 죽간이나 목독에 비하여 글씨를 쓰기가 쉬우며 열람에도 편리할 뿐만 아니라 길이 또한 임의로 줄이거나 늘릴 수 있는 장점이 있었다. 견백에 쓴 글을 백서(帛書)라고 하며 그림은 백화(帛畫)라고 부른다. 하지만 그 원료가 매우 귀하고 값이 비싸서 특수 계층에서만 사용되었을 뿐 일반 대중들 사이에서는 널리 사용되지 못하였다.

• 서양의 서사 재료

서양에서도 종이가 발명되기 이전에는 시대와 지역에 따라 다양한 종류의 서사 재료가 사용되었다. 원시시대에는 바위나 동굴의 벽, 짐승의 뼈가 사용되기도 하였으나 고대에 들어와서는 점토판이나 파피루스가 사용되었으며, 양피지(羊皮紙)는 동양에서 제지술이 전해지기 전인 12세기경까지 널리 사용되었다.

점토판은 고대사회에서 가장 널리 사용되었던 서사 재료 중의 하나로 주로 메소포타미아 지방과 그 주변 지역에서 설형문자를 기록하는 데 사용되었다. 부드럽고 유연한 진흙을 알맞은 크기와 형태로 빚어서 나무나 뼈, 또는 쇠붙이로 된 철필로 문자를 새긴 다음 불에 굽거나 태양 빛에 말렸다. 글씨를 새기는 데 시간이 오래 걸리거나 내용을 첨가해서 기록할 필요가 있는 경우에는 진흙이 마르지 않도록 젖은 천으로 싸서 사용하였다.

일반적인 점토판은 직사각형인데 대개 폭이 2~3in, 길이가 3~4in, 두께가 1in 정도이다. 그러나 그 크기와 모양이 매우 다양하여 삼각형, 원형, 원추형의 것도 있으며 공문서나 법률 기록, 계약, 약속어음 같은 데에도 널리 사용되었다.

하지만 점토판은 부피가 클 뿐만 아니라 무거워서 사용하기가 어렵고, 하나의 책은 수십 내지 수백 개로 이루어져 있기 때문에 보관과 열람이 매우 불편하였다. 그럼에도 보존성은 매우 특출하여 현존하는 것 중에는 고대 바빌로니아나 아시리아 지방에서 발굴된 기원전 4천 년경의 점토판도 있어 당시의 문헌 연구에 커다란 도움을 주고 있다.

파피루스(papyrus)는 식물의 줄기를 잘게 쪼개고 이것을 종횡으로 놓아 끈끈한 액으로 밀착시킨 것으로 그 원료 자체가 부스러지기 쉬워서 보존하는 데는 적당치 못하였다. 파피루스는 원래 이집트 나일강 유역의 늪지대와 삼각주 지역에 많이 자생했던 다년생 식물인데 현재는 거의 소멸되고 나일강 상류 지역 등지에 약간씩 남아 있다.

파피루스

이를 적당한 길이로 잘라서 겉껍질을 제거한 후 속대를 얇게 쪼개어 가로로 나란히 놓고 그 위에 다시 세로로 늘어놓은 후 압력을 가하면 내면의 끈끈한 진으로 인해 접착이 되며 이를 햇볕에 말린 다음 상아나 조개 등으로 문질러서 광택을 내었다. 이러한 과정을 거쳐서 만들어진 파피루스는 노르스름한 백색인데 나중에는 누런색으로 변하게 된다.

파피루스는 양쪽을 모두 사용할 수도 있으나 일반적으로 잘 접착되어 필기가 가능한 한쪽 면만을 사용하였으며 사용된 갈대의 크기에 따라 종류나 품질이 매우 다양하였다. 그중 품질이 좋은 것은 문서 등을 기록하는 데 쓰였고 질이 낮은 것은 포장지 등으로 사용되기도 하였다. 일반적인 파피루스는 폭이 9~11in, 길이가 5~9in인데 이러한 것을 20개 이어서 만든 두루마리가 표준

규격이었다.

　필사하는 데 사용된 잉크는 기름의 그을음에 고무 용액을 섞어서 만든 검은 잉크와 빨간 진흙이나 산화철로 만든 빨간 잉크가 사용되었고, 필사 도구로는 끝이 뾰족한 나무 막대기를 연필 모양으로 만들어 활용하였다. 처음에는 주로 낱장으로만 쓰이다가 각 장을 연결시켜 두루마리로 만들었는데 사용하기가 편리하고 기록면도 넓어서 널리 사용되었으나 습기에 매우 약하고 보존성이 낮은 결점이 있었다.

　파피루스는 고대 이집트뿐만 아니라 지중해 연안 국가와 유럽의 여러 지역에서도 널리 사용되었다. 로마시대에는 파피루스가 책의 출판뿐만 아니라 법률이나 외교 문서에도 사용되었고 양피지나 종이가 사용되기 전까지 오랫동안 사용되면서 인류 문화 발전에 크게 기여하였다.

　양피지는 송아지나 양, 염소의 가죽으로 만든 질기고 부드러운 서사 재료였는데 기원전 500년경부터 이집트와 팔레스타인 지방은 물론 페르시아와 아시아 지역에서도 널리 사용되었다. 제조 방법은 지역에 따라 매우 다양했는데 일반적으로 우선 가죽을 씻어 석회로 소독을 하고 나서 털을 깎은 후 무두질을 하면서 가죽을 늘리는 한편 경석으로 광택을 내었다. 이러한 가공 기술은 점차 발달하여 3세기경의 로마시대에는 자줏빛으로 염색하는 기술이 발달하였으며 4세기에 이르러서는 유럽의 서사 재료를 독점하게 되었다.

　양피지는 파피루스의 최대 결점인 약한 내구성을 해결해 장기 보존을 가능하게 하였지만 값이 비싸고 재료도 한정되었다. 따라서 수요가 생산보다 많아진 8세기부터는 가격이 점차 오르자 옛날 문서의 내용을 지우고 그 위에 다시 쓴 이중 사본도 성행하였다. 필기도구로는 깃촉 펜이 사용되었다.

　유럽에 종이가 전래되기 전까지 가장 보편적인 서사 재료로 쓰인 양피지는 파피루스의 두루마리형에서 현대 도서와 같은 책자본(册子本) 형태로 전환되는 결정적인 계기를 만들었다. 이는 오늘날의 책과 같은 특징을 갖추게 되어 학문 연구에 큰 영향을 미쳤다.

　양피지 필사본은 4세기 이래 1천여 년이 지나는 동안 성직자들의 손을 거쳐 기독교뿐만 아니라 이슬람교 및 유태교의 세계에까지 사상을 널리 전파하거나 보존하는 보편적 수단으로 사용되었으며 종이가 사용되기 시작한 이후에도 한동안 책의 제책이나 장식 등에 부분적으로 활용되기도 하였다.

이와 같이 종이의 발명에 앞서 인류는 보다 나은 서사 재료의 개발을 위해 노력해왔지만 이들 대부분이 보존성이나 필사의 용이성, 경제성 등에서 서사 재료로서의 필요조건을 충족시켜 주지는 못하였다. 이러한 결점을 해소하기 위해 끊임없이 노력한 결과가 마침내 획기적인 서사 재료인 종이의 발명을 가능하게 하였다.

(2) 종이의 발명과 전파

지금은 책이나 기록물이라면 종이를 떠올리게 되지만 인류가 종이를 사용하게 된 것은 그다지 오래전이 아니다. 앞에서 살펴본 바와 같이 동서양을 막론하고 종이가 발명되기 전에 사용하였던 서사 재료에는 여러 종류가 있었다. 그러나 종이의 발명에 앞서 인류가 오랫동안 사용해오던 서사 재료들은 모두가 서사 재료로서의 필요충분조건을 충족시켜 주지 못한 것들이어서 인류는 끊임없이 보다 우수한 서사 재료 개발을 위한 노력을 기울였으며, 이러한 결과 마침내 획기적인 서사 재료인 종이를 발명하게 된 것이다. 종이는 죽간이나 목독은 물론 점토판이나 금석보다도 훨씬 가볍다. 또한 비단이나 양피지보다 값이 싸고 날로 늘어나는 수요에 충당하기도 쉬웠다.

인쇄술은 인류가 종이를 발명함으로써 비로소 싹트게 되었다고 볼 수 있다. 종이는 인쇄술과 더불어 지식의 보급에 일대 변혁을 가져왔으며 종교개혁과 문예부흥을 형성하는 데 결정적인 요소가 되었다.

≪후한서(後漢書)≫의 〈환관전(宦官傳)〉에 나오는 종이 발명에 관한 기록에 의하면, 후한의 원흥(元興) 원년인 105년에 채륜(蔡倫)이 나무껍질과 마(麻), 헌 헝겊, 어망 등을 물에 불려 찧어서 종이를 처음으로 만든 것으로 되어 있다. 이는 오늘날 기계로 나무를 빻고 백토 등을 가하여 망(網)을 통해 펄프

형태로 처리하는 현대식 제지법과 기본적인 원리는 같다.

종이는 당시까지 서사 재료로 사용되던 죽간이나 비단보다 훨씬 우수하여 널리 사용되기 시작하면서 제지술 또한 빠른 속도로 진보하였다. 초기의 종이는 단순하고 투박한 풀을 먹이지 않은 섬유의 그물에 지나지 않았으나 기술이 진보하면서 먹을 잘 흡수하도록 종이 표면에 이끼로 만든 아교풀이나 녹말풀을 먹이고 석고를 입혀 희게 한 제품도 나왔다. 이러한 개량은 이미 제지술이 아라비아에 전해지기 전에, 그리고 목판인쇄술이 생겨나기 전에 이루어졌다.

제지술은 발명된 이후 약 5백 년이 지난 593년 고구려 영양왕 때 우리나라에 전래되어 활용되었으며 신라 진흥왕 때부터는 국사를 기록하는 데 종이를 사용하였다. 그리고 일본에는 고구려의 승려인 담징에 의해 610년에 전파되었다.

그러나 서양에는 그보다 훨씬 뒤인 12세기에 이르러서야 비로소 제지술이 전파되었다. 당나라와 사라센 제국이 중앙아시아의 파미르 고원을 놓고 패권을 다투었을 때 포로로 잡혀간 중국인 제지 기술자에 의해 757년 사마르칸트에 처음으로 제지 공장이 세워졌다. 제지술은 12세기경 무어인에게 전파되어 당시 그들이 정복하고 있던 스페인에 전해짐으로써 유럽 지역에도 처음으로 제지 공장이 생겨났으며 프랑스와 이탈리아를 거쳐 독일과 영국에까지 전해지게 되었다.

오늘날 우리가 말하는 진정한 의미의 인쇄술은 종이가 발명된 이후에야 생겨나게 되었음을 감안한다면 종이는 인류 문화 발전에 절대적인 공헌을 한 셈이다.

3. 인쇄술의 발명

(1) 인쇄술 발명의 의의

인쇄술이 발명되었다는 것은 오랫동안 이어져온 필사본 시대에서 마침내 간본(刊本) 시대로 전환되었다는 것을 뜻하며, 이 사실은 인류 문화사에 있어 큰 의미를 갖는다.

인쇄술의 등장으로 책을 만드는 일이 이전과는 비교할 수 없을 만큼 쉬워졌으며 대량생산이 가능하여 보다 싼 값으로 책을 구해 볼 수 있게 되었다. 따라서 일부 계층에만 국한되었던 교육과 지식의 보급이 일반인들에게까지 널리 이루어졌으며, 이는 사회 전반에 걸쳐 변혁을 일으키는 원동력이 되었다.

인쇄술의 보급은 서구 사회에 있어 정치적으로는 절대 왕권사회가 근대 시민사회로 바뀌는 원동력이 되었다. 종교적으로는 성서의 보급을 확대시켜 마침내 종교개혁까지 가능하게 하였으며 사회적으로는 권위주의가 무너지고 자유주의가 싹트게 되었다.

≪인쇄의 5백년≫이라는 책을 저술한 스타인버그(Steinberg, S. H)는 인쇄술로 인해 사회 전반에 중대한 변화가 일어났다고 전제하면서 "정치, 법률, 교회 그리고 경제에 관한 일들과 사회학적, 철학적, 문학적인 운동도 인쇄술이 끼친 영향을 고려하지 않고는 충분하게 이해할 수 없다"고 서술하고 있다.

이처럼 인쇄술은 교육의 보급과 종교개혁, 나아가서는 문예부흥의 길을 열게 하였으며, 근대사회를 형성하는 데 결정적인 작용을 하였다. 이러한 일련의 변혁들은 모두가 정신문화를 수용해서 메시지화하고 널리 보급시킬 수 있었던 인쇄가 있었기 때문에 가능하였다. 즉 인쇄물을 통해 사상이나 이념을 널리 전파할 수 있었고 기존의 문화를 보존하고 전승시킴으로써 지식과 정보를 확대, 재생산시켜나갈 수 있었던 것이다.

인쇄술은 또한 언어나 지적 개념의 표준화를 가능하게 하였다. 유럽에서 인쇄술이 발명되기 전에는 수도원이나 대학에서 사용하는 책은 모두 손으로

써서 만든 필사본이었다. 필사본은 오랜 기간 되풀이 되면서 베껴지는 사이에 잘못 표기되는 경우도 있었고 지역이나 저자에 따라 용어의 개념이 달리 전해지기도 하였다.

그러나 인쇄술의 발명으로 인해 법률과 언어와 지적 구성개념이 규격화되고 표준화된 서적들이 대량으로 보급되면서 학문과 인식의 방법에도 많은 영향을 주었다.

인쇄술의 등장은 책을 제작하기 위한 노동 시간의 감소와 생산비를 크게 절감시켰다. 구텐베르크가 인쇄술을 발명할 당시만 해도 파리에만 4천여 명의 필사생(筆寫生)이 있었는데 인쇄술의 등장으로 직업을 잃게 된 그들은 생존을 위해 새로운 기술에 대해 갖가지 방해 공작을 펼치기도 했다는 기록도 있다.

인쇄술은 또한 새로운 작업 구조와 작업장을 출현시켰다. 유럽에서 초기의 인쇄를 할 때는 성직자나 수도사가 직접 편집이나 교정을 맡아 일하는 것은 드문 일이 아니었다. 대학교수들도 이 같은 일을 함으로써 금속을 다루는 장인이나 기계공들과 접촉하는 일이 잦아졌다.

이는 여러 가지 지식과 기능을 가진 사람들 사이에 보다 밀접한 접촉을 가져왔고 서로 다른 문화의 교류를 촉진하는 재조직화가 가능하게 됨으로써 지적 노동의 경계가 제거되고 두뇌와 손재주가 결합한 새로운 방법이 발달하게 되었다.

인쇄술은 출현 이후 처음에는 기존의 방식들과 상충되면서 적지 않은 마찰을 빚기도 하였다. 그러나 많은 시간과 인력을 대체할 수 있고 비용을 절감할 수 있는 획기적인 신기술로 인식되어 널리 보급됨으로써 사회 전반에 걸쳐 많은 영향을 미치게 되었던 것이다.

(2) 목판인쇄술의 출현

인쇄술 이전의 원시적인 복제 방법이 차차 발전하여 인쇄의 시초라 할 수 있는 목판의 발생을 보게 되었다. 처음에는 석비(石碑)가 일종의 판재 역할을 하였지만 나중에는 가볍고 조각하기 편한 목재를 판재로 사용하게 된 것이다.

동양에서는 일반적으로 인쇄술의 시초를 목판인쇄에서 찾고 있으며 활판인쇄는 후세에 나타난 부산물로 여기고 있다. 반면에 유럽에서는 인쇄술이 발명된 연대를 활판인쇄술이 시작된 해로 보고 목판인쇄는 인쇄술이 발달하게 된 예비 단계로 보는 경향이 있다. 이러한 차이는 알파벳을 사용하는 유럽 언어와 표의문자를 사용하는 중국의 한자(漢字) 사이에서 생겨난 것이다.

목판인쇄술의 발명은 곧 인쇄술의 발명을 의미한다. 그러나 목판인쇄를 언제부터 누가 시작했다고 단언하기란 매우 어렵다. 이러한 연원을 밝혀줄 결정적인 증거가 없기 때문이다. 이에 따라 목판인쇄의 발생 시기에 대해서는 학자들 사이에서도 다양한 학설이 존재한다.

그럼에도 인쇄 분야의 역사를 연구한 세계의 석학들은 인쇄술의 발상지가 중국이었다는 것만은 모두가 인정한다. 이러한 이유는 중국이 당시에 인쇄술을 발명할 만한 여건을 갖추고 있었기 때문이라는 것이다.

그 이유로는 첫째, 금석문이나 비석에 먹을 묻혀 탁본하거나 찍어내는 일이 일찍부터 성행하였다. 이 방법은 비면(碑面)에 닿지 않은 종이의 표면에 먹을 칠하므로 글씨를 똑같이 나타내긴 하지만 글씨가 음각되어 있다는 점에서 양각 방식인 목판인쇄와는 구분되는 방식이다. 또한 인도에서 발생한 불상을 비단에다 찍어 날염하는 방식이 불교와 함께 중국으로 전해진 7세기경부터는 목판에다 불상이나 부적을 새기고 먹칠을 하여 종이를 덮어씌운 다음 부드러운 면포로 문질러 찍어내는 방법으로까지 발전하였다. 이러한 비석의 탁본이나 불상을 찍어내는 방법이 목판인쇄술 출현에 큰 영향을 주었을 뿐만 아니라 많은 보탬이 되었으리라는 점이다.

둘째, 한(漢)나라 때부터 인장이 널리 보급되어 관(官)이나 민간인들 사이에서 보편적으로 사용되었는데 인장의 재료로는 석재나 목재는 물론 금속이나 상아 등도 쓰였다. 인장을 새기는 기술은 5세기에 이르러 획기적인 발전을 하였다. 당시까지의 인장은 비석에 글을 새기는 것처럼 음각(陰刻)으로 새겼으나 누군가가 문자를 부각하는 방법, 즉 양각(陽刻)하는 방식을 고안해내었다.

이것은 인주를 찍어 날인하면 글씨는 붉은색이고 바탕은 하얀색이 된다. 더욱이 문자를 반대로 부각하면 글자는 바르게 찍힌다. 이는 목판인쇄술의 핵심기술이라고 할 수 있다. 인(印)이라는 문자는 오늘날에도 역시 인장을 의미하기도 하고 광의로는 인쇄를 의미한다는 사실은 매우 시사적이 아닐 수 없다.

목판인쇄술은 이처럼 비석의 탁본이나 날염한 비단, 인장 등의 몇 가지 방법과 과정을 거쳐 출현하였다. 그리고 세월이 흐르면서 보다 발전되고 널리 보급되었음이 여러 문헌의 기록을 통해 입증되고 있다.

(3) 조판 기술의 발전

오랜 과정을 거쳐 출현된 목판인쇄술은 보다 쉽게 판각하고 인쇄하는 방법으로 날로 발전하였다. 판목에 글씨를 새기는 조판 기술은 점차 치밀하고 섬세해졌으며 한 획을 조각하는 데도 온갖 심혈과 정성을 기울이게 되었다.

원판이 되는 판재를 다루는 방법도 경험이 쌓이면서 점차 발전하였다. 판재로는 강도가 높은 대추나무나 배나무 등을 사용하여 적당한 두께로 켠 다음일단 소금물에 절이고 다시 쪄서 말린 다음 판각에 들어갔다. 이러한 과정을 거친 판재는 몇 백 년이 지나도 좀이 슬거나 썩지 않았다.

판재는 매끈하게 대패질하여 표면에다 풀이나 아교풀을 문질러 발라서 매끄러운 동시에 부드럽게 만들어 글자를 새기기 쉽도록 준비하였다. 그런 다음서사자(書寫者)가 얇고 투명한 종이에 정교하게 쓴 것을 목각수에게 전해주면목판의 풀이 아직 젖어 있을 때 필사한 종이를 뒤집어서 목판에 붙이고 나서먹이 묻지 않은 부분을 신속하고 정확하게 깎아내 문자가 양각되게 하였다.

인쇄는 판각된 목판 위에 먹을 바르고 종이를 놓은 다음 부드러운 헝겊이나 솔로 가볍게 문질러서 하였다. 이러한 방법으로 한 사람이 하루에 1천 장까지 인쇄할 수 있었다. 때로는 분담하여 한 사람은 목판에 먹을 바르고 다른 사람은 솔로 쓸어 인쇄함으로써 인쇄량을 배가시킬 수 있었다.

인쇄물은 종이가 얇고 투명한 탓에 한쪽 면에만 인쇄하였으며 인쇄된 종이는 인쇄가 안 된 한쪽 면을 안으로 하여 접었다. 따라서 접힌 부분은 책의 바깥쪽 가장자리가 되고 다른 한쪽은 묶어서 제책을 하였다.

목판인쇄술이 출현한 처음에는 판본에다 글씨만 새겼으나 점차 글씨 외에도 그림을 새긴 것도 나타났다. 또한 흑구(黑口)와 어미(魚尾)를 새긴 것도 나타났는데 이러한 것들은 각판(刻板) 연대를 알게 하는 중요한 역할을 해주고 있다.

특히 유럽에서는 목판인쇄술이 크게 번성하지는 않았지만 활판인쇄술이 나타나기 전에도 목판인쇄술은 글씨보다는 판화 제작 등에 주로 이용하였다. 손으로 그린 삽화를 복제가 용이한 목판 방식을 이용함으로써 보다 널리 보급될 수 있었는데 이러한 목판인쇄술은 활판인쇄술이 출현한 이후에도 책에 삽입되는 그림이나 삽화 등의 제작에 널리 이용됨으로써 한동안 서로 보완적인 관계를 유지하면서 사용되었다.

각판의 주체 또한 처음에는 주로 관에서 만든 관판 위주였으나 점차 민간인이 만든 사가판(私家板)이나 사찰에서 만든 사찰판 등으로 확대되었고 나중에는 판매를 목적으로 한 방각판(坊刻板)까지 나오게 되었다.

02
삼국 및 통일신라시대의 인쇄

1. 인쇄술 이전의 기록

(1) 사경(寫經)의 활용

우리나라에서 인쇄술이 언제부터 시작되었는지는 확실하지 않으나 기원전 3~4세기경부터 시작된 중국과의 교류가 점차 빈번해지면서 각종 서사 재료에 기록하는 방식과 서책들이 전해져오고 이러한 것들이 점차 발전하여 인쇄술이 생겨났을 것으로 추정되고 있다.

인쇄술이 생겨나기 전에 널리 보급되었던 기록 방식으로는 손으로 일일이 베껴 쓴 필사 방식을 꼽을 수 있다. 필사 방식은 인쇄술이 생겨나기 전에 불교 경전을 베껴 쓴 사경(寫經)으로 구체화되어 널리 활용되었으며 그 유물은 오늘날까지도 전해지고 있다.

불교 초기에 있어서는 사경으로 공덕을 쌓는 것이 가장 중요한 수단이었다. 이는 승려나 일반인을 막론하고 불경을 서사(書寫)하여 정성스러운 마음으로 납탑(納塔) 공양하면 모두가 부처와 다름없는 경지에 이르며 부처의 보호와 위력으로 모든 재앙을 물리치고 수복(壽福)함은 물론 소원 성취할 수 있다는 불설(佛說)에 근거한 것이다.

사경을 납탑하는 행사에는 여러 불경이 사용되었으나 그중에서도 특히 다라니경이 주된 대상이 되었다. 그러나 사경을 납탑하는 일이 결코 쉬운 것은 아니었다. 사경 공덕은 정성껏 서사해야 하므로 시간과 노력이 많이 들었기 때문이다.

삼국시대에 불교가 전래되어 온 이후 왕실의 적극적인 뒷받침으로 사찰이 곳곳에 세워지고 승려들이 중국은 물론 인도에까지 유학하는 등 불교문화가 꽃을 피우자 불경 또한 수요가 크게 확대되었는데 이러한 시대적 상황으로 사경이 널리 사용되었다.

현재 전해지고 있는 신라시대의 사경으로는 백지에 먹으로 쓴 ≪대방광불화엄경(大方廣佛華嚴經)≫이 있다. 여기에는 사경하게 된 동기 및 방법, 의식과 절차, 그리고 여기에 관여한 사람들의 관등과 신분도 적혀 있다. 사용된 종이는 얇게 뜬 닥종이로 그 질이 흠잡을 곳이 없어 신라시대에 발달했던 제지술의 면모를 알 수 있게 한다.

이처럼 납탑공양에 소요되는 사경과 불교의 번성에 따라 늘어나는 불경의 수요를 일일이 베껴 쓰는 사서로는 충족시킬 수 없었으며, 이는 필연적으로 보다 간편한 방법으로 특정의 다라니경을 다량으로 찍어내기 위한 기술, 즉 인쇄술의 출현을 자극하게 된 것으로 보인다.

(2) 금석문의 출현

인쇄술이 발명되기 전에도 세계 각지에서는 다양한 기록 방식이 있었음을 앞에서 살펴본 바 있는데 우리 민족도 인쇄술의 발상에 앞서 이미 다양한 방식을 통해 기록을 남겼으며, 이들 방식들이 발전하여 인쇄술 출현의 밑거름이 되었을 것으로 보인다.

이러한 방법 중 대표적인 것은 금석류(金石類) 등의 표면에 문자나 그림을 새기고 이를 탁인(拓印)하는 방법인데 이는 보다 발전하여 목판에 글자의 획을 반대로 새겨서 대량으로 인쇄해내는 방법과 기술을 낳게 했을 것으로 추측된다.

한반도에 세워진 석각비(石刻碑)로는 85년경으로 추정되는 평안남도 용강군의 점제현 신사비가 있다. 그 뒤 414년에 고구려의 옛 수도였던 국내성(國內城)에 광개토왕비가 세워졌으며, 신라 진흥왕 때에는 4개의 순수비가 세워지기도 하였다. 또한 경북 영일에서 발견된 석비는 개인의 재산 소유 현황과 사후의 재산 상속을 확인해주는 기록이 새겨져 있는데 신라 눌지왕 27년(443)의 것으로 추정되며 현재까지 발견된 신라시대의 석비 가운데 가장 오래된 것이다.

석각뿐만 아니라 금속으로 된 기물에도 문자가 새겨지거나 주성(鑄成)되었다. 경주에서 출토된 청동 함에는 고구려 광개토왕의 위업을 기리는 명문(銘文)이 양주(陽鑄)되어 있는데 이러한 주조를 위해서는 글자를 새긴 주형(鑄型)을 만들어야 했음을 감안한다면 그 당시 벌써 이러한 기술이 보급되었음을 알 수 있다.

고구려 때 고분 축조용으로 만든 벽돌에도 문자가 음각되어 있고 경남 의령에서 출토된 6세기경의 금동여래입상에도 명문이 음각되어 있는데 이들은 모두 목판인쇄술이 시작되기 이전의 것들이다.

구례 화엄석경

이러한 기술은 석판에 장문의 불경을 정각(精刻)하는 단계로 발전하였다. 삼국시대에 들어와 불교가 융성해지자 석판에다 불경을 조각하거나 이를 탁본하여 사용하는 방법도 성행하게 되었다. 이러한 예로는 신라 문무왕 17년(677)에 의상대사가 왕명으로 《화엄경(華嚴經)》을 돌에 새겨 화엄사에 소장했다는 기록이 있을 뿐만 아니라 본 경의 깨어진 석편들이 현재까지 전해지고 있다.

석판 불경은 목판인쇄술이 출현되고 나서도 한동안 성행하였다. 경주에서 발견된 석각(石刻) 법화경이나 석각 《금강반야바라밀경》 등은 목판인쇄술이 출현하고 난 이후인 신라 말기에 만들어진 것으로 추정되고 있다. 석판 불경은 그 경문이 석면에 음각되어 있어 탁본으로 만들어 읽을 수 있으며 인쇄물처럼 오래 보존하고 휴대할 수도 있어 인쇄술이 발명되기 전까지는 서책의 대용으로 사용되었다.

이러한 조각의 방법과 기술은 급기야 금동판에 장문을 음각하는 기술로까지 발전하였다. 신라의 금동판은 경문왕 12년(872)에 황룡사 9층 목탑을 중창할 때 탑지(塔誌)로서 새겨 넣은 것으로 가로세로 30㎝의 사각형 판에 탑이 창건된 유래, 만든 사람들의 수와 이름, 착공하여 완성할 때까지의 연월일, 사리장치의 내용 등이 기록되어 있다. 이는 그 전까지의 금속에 나타나고 있는 단순한 명문과는 달리 금동 사리함의 3면 내외 판에 긴 문장을 음각한 것이다.

이러한 방식들은 서책을 만들기 위한 인쇄의 조판과는 다르지만 이것들이 점점 더 발전되어 목각판의 탄생을 보게 되었고 나아가 목판인쇄술의 출현을 촉진시키는 계기가 되었음이 분명하다.

(3) 서사 재료의 활용

우리나라는 중국에서 개발된 제지법이 전래된 이후 특산 재료인 닥나무나 마(麻) 등을 활용해 일찍부터 품질 좋은 한지(韓紙)를 생산하였다. 그중에서도 닥종이는 희고 두껍고 질겨서 오래 견딜 수 있음이 가장 큰 장점이었는데 중국에서는 이를 계림지(鷄林紙), 백추지(白硾紙)라고 일컬으면서 품질을 칭송하였다. 백추지란 명칭은 결백(潔白)하고 질긴 백면지(白面紙)라는 특징에서 나온 것이다.

이것은 닥나무 껍질을 물에 불려 찧고 표백하여 점즙(粘汁)을 섞은 다음 치밀한 망으로 떠내어 말려서 만들었는데 장지(壯紙)와 같은 고급품은 특히 두껍게 뜨고 풀까지 먹여 가공했으므로 빳빳하고 윤기가 나며 한결 질겨서 오랜 보존에도 능히 견딜 수 있었다. 먹 또한 인쇄술이 생겨나기 전부터 생산하여 널리 활용하였다. 삼국시대에 이미 먹이 생산되었으며 중국에까지 수출되었음이 옛 문헌에 나타나고 있다. 우리나라의 먹에는 송연 먹과 유연 먹이 있었다. 송연 먹은 소나무를 태워 생긴 그을음과 아교, 물을 배합하여 제조하였고 유연 먹은 콩, 유채, 동백기름 등을 태워 생긴 그을음을 주원료로 하여 만들었으며 이를 참먹이라고도 하였다. 초기에는 주로 송연 먹이 생산되다가 유연 먹도 나왔는데 유연 먹은 필사하는 경우에는 좋으나 책을 인쇄하는 데는 번지고 희미하여 송연 먹만 못하다는 평을 받았다.

이처럼 우리나라에는 인쇄술이 생겨나기 전부터 이미 품질이 좋은 종이와 먹을 생산하여 국내의 대량 수요를 충당함은 물론 중국에까지 수출도 하였다. 인쇄에 필수적인 먹과 종이가 있었기 때문에 중국으로부터 초기의 인쇄 지식과 기술을 얻자 우리나라에서도 이내 인쇄술이 싹트는 계기가 되었던 것이다.

2. 백제의 불경 간행설

우리나라에서 최초로 인쇄를 했다는 기록은 백제 성왕 4년(526)에 불경을 간행하였다는 설(說)에서 찾을 수 있다. 이능화는 그의 저서 《조선불교통사(朝鮮佛敎通史)》에서 미륵불광사(彌勒佛光寺)의 사적기를 인용해 "백제 성왕 4년에 법사 겸익이 인도에 유학하여 범문(梵文)을 배우고 율부(律賦)를 깊이 연구하고서 범승(梵僧)과 함께 율문(律文)을 가지고 본국에 돌아와 국의 명석(名釋) 28명과 함께 율부 72권을 역출(譯出)하고 곧이어 법사의 율소(律疏) 36권을 저술하여 왕에게 헌(獻)하였다"고 적고 있다.

그러나 이 기록은 미륵불광사의 소재를 확인할 수 없고 사적기의 출전도 밝혀지지 않아 정확한 고증을 할 수 없다. 더욱이 사찰들의 사적기 중에는 자기 사찰의 기적이나 전통을 과장하는 경우가 있는 점을 감안하면 이 기록을 그대로 받아들이기는 어려운 점도 없지 않다.

백제 성왕 대는 중국의 남조(南朝)시대에 해당되는데 이때는 중국에서도 인쇄술이 행해졌다는 문헌이 확실하지 않다. 이런 점에서 미륵불광사의 사적기는 그 신뢰성에 의문이 가는 점이 없지 않다.

따라서 우리나라의 인쇄술이 백제 성왕 4년(526)부터 시작되었다고 주장하기에는 문헌적 근거가 미약하다. 그렇다고 하여 이러한 자료들을 전혀 무시할 수는 없는 만큼 이 분야에 대한 고증적 자료를 보완하는 데 더욱 힘써야 할 것이다.

3. 통일신라시대의 인쇄

(1) 무구정광대다라니경

• 내용과 특징

신라의 목판인쇄물 중 현재까지 알려진 가장 오래된 것은 1966년 10월 13일 경주 불국사의 석가탑을 수리하던 중 탑신부에 안치된 사리함 속에서 발견된 ≪무구정광대다라니경(無垢淨光大陀羅尼經)≫이다.

이것은 동양의 각 사찰에서 불인(佛印)이나 사경을 소량씩 만들어 탑에 봉안하였던 불교 행사에서 다라니경과 같은 짧막한 불경을 수요에 따라 다량으로 찍어 납탑공양(納塔供養)하는 방식으로 옮겨가는 단계의 초기에 만들어진 소형 목판인쇄물에 속한다.

발견 당시 외부 층은 습기로 인해 부식되고 심한 산화로 부스러져서 표제, 한역자명(漢譯者名) 및

무구정광대다라니경판

본문 약 14행을 완전히 잃었고 본문에서 약 250㎝까지는 같은 간격으로 1~2

행씩 결실되었을 뿐 아니라 여러 조각으로 분리된 상태였으나 그 이하부터는 상태가 약간씩 좋아져 권말 부분에 이르러서는 완전하였다.

종이의 폭은 6.5~6.7㎝, 상하 단변(單邊)의 길이 5.3~5.5㎝에 각 행의 글자수는 7~9자로 되어 있고, 경문은 매 폭마다 55행 내지 63행으로 되어 있다. 권축(卷軸)의 폭이 52㎝가량 되는 닥종이 12장을 이어 붙여 전체 길이는 620㎝가량이며 직경이 약 4㎝인 권자본(卷子本 : 두루마리) 형태를 띠고 있다.

경문(經文)의 인쇄는 판각의 글씨가 고르지 않은 것이 많이 보이며, 글자의 획이 생략된 것도 간혹 있어서 초기 인쇄술의 미숙한 모습을 보이고 있지만 글씨체는 필력이 곧고 예리하면서도 예스러운 멋을 보여주고 있다.

이 다라니경이 간행된 연대에 대해서는 정확히 알 수 없으나 불국사의 석가탑이 건립된 시기와 경문 중에 섞여 있는 무주제자(武周制字)로 추정해볼 수 있다. 불국사는 원래 삼국시대에 신라 법흥왕(재위 514~550년)에 의해 창건된 절이지만, 석가탑은 다보탑과 함께 경덕왕 10년(751) 김대성에 의한 대규모의 중수(重修)가 이뤄지면서 세워졌다. 불국사는 그 후에도 여러 번 중수했다는 기록이 있으나 석가탑을 중수했다는 기록은 보이지 않고 있다.

더욱이 본 경이 들어 있던 사리 장엄구 또한 조형 양식과 특징으로 보아 그 당시에 납탑공양된 것으로 믿어지고 있다. 그러므로 이 경이 석가탑이 처음 세워질 때 안치된 것이라고 본다면 적어도 751년의 이전이나 그 당시에 인쇄된 것으로 볼 수 있다.

다음으로 경문에 들어 있는 무주제자로 이 경전의 제작 연대를 추정할 수 있다. 무주제자는 당(唐) 고종의 황후였던 측천무후의 집권 재임(690~704) 당시 일반적으로 사용되던 한자 중에서 1백여 자의 글자를 변조하여 한시적으로 쓰던 글자를 말한다.

이 글자는 너무 복잡하고 불편하여 전체 사용 기간이 1백 년도 되지 않을 정도로 짧은 기간 동안만 사용되었는데 석가탑이 건립된 751년에는 중국에서도 거의 사용되지 않고 있었다.

이 다라니경의 전체를 통해 무주제자 4글자가 10여 차례에 걸쳐 나타나고 있는데, 이는 경문이 인쇄된 연대를 추정하는 데에는 중요한 의의를 갖는다. 이 글자가 사용된 경전은 당나라 무후(武后) 14년(704)에 번역되었고 2년 뒤인 성덕왕 5년(706)에는 신라에도 전해졌다.

이 글자가 섞인 본 경이 석가탑에 안치되었다는 것은 석가탑의 건립 당시에 인출된 것이 아니고 그보다 앞서 신라에 전해진 후 판본으로 유포된 것을 그대로 공양한 것이 아닌가도 추측된다. 따라서 ≪무구정광대다라니경≫의 제작 연대는 이 경이 신라에 전해져 온 성덕왕 5년(706)부터 늦어도 석가탑 건립 연도인 751년 이전으로 추정해볼 수 있게 한다.

• **의의와 가치**

≪무구정광대다라니경≫은 비록 소형의 목판 권자본이긴 하나 다라니 경문의 전부를 완전하게 새겨 글자 면을 상향시켜 먹물을 칠한 다음 그 위에 종이를 놓고 부드러운 헝겊 뭉치로 문질러서 찍어냈다. 장정(裝訂) 또한 낱장이 아닌 도서의 초기 형태인 권자본으로 되어 있고 판각술도 매우 정교하며 글자체도 필력이 한결 약동하고 있다.

이런 점에서 볼 때 이 경은 목판인쇄술의 성격과 특징을 완전하게 갖추고 있으며, 현재까지 알려진 인쇄물 중 세계 최초의 목판인쇄물이라고 할 수 있다.

≪무구정광대다라니경≫은 인쇄 연대를 확실하게 밝혀주는 간기(刊記)가 없고 당시만 해도 신라가 문화의 전반을 중국에서 배우는 입장이었다는 이유에서 이 경이 세계 최고(最古)의 목판인쇄물이라는 설에 대해 회의적인 입장을 보이는 사람들도 일부 있었다.

그럼에도 국내는 물론 외국 학자들까지 이 경전이 현존하는 세계 최고의 목판인쇄물일 것이라고 긍정적인 입장을 취하는 사람들이 주류를 이루고 있다. 더욱이 이 경전이 당나라에서 인쇄되어 전해진 것이라는 중국 등 일부 학자들의 주장에도 불구하고 대부분의 학자들은 지질(紙質)이나 글자체의 모양으로 미루어 볼 때 당나라의 수입품이 아니고 신라에서 직접 조판(雕板)된 것으로 인정하고 있다.

특히 최근 국내 학자들에 의해 연구된 바에 따르면 704년경에 제작된 신라시대의 석비에 음각되어 있는 글씨의 필체가 《무구정광대다라니경》과 같은 사람의 필체로 판명되어 이 경이 신라에서 만들어진 것임을 확증하고 있을 뿐만 아니라 제작 시기 또한 석비 제작과 같은 시대로 추정되고 있어 이제까지 주장되어왔던 751년경보다 훨씬 앞당겨지고 있다.

이러한 사실은 목판인쇄술을 중국으로부터 도입했지만 이를 독창적으로 발전시킨 우리 민족의 우수성과 발전된 문화 수준을 입증하는 증거가 아닐 수 없다.

• 외국 목판인쇄물과의 비교

《무구정광대다라니경》이 발견되기 전까지는 세계에서 가장 오래된 인쇄물로는 일본에서 간행된 《백만탑다라니경(百萬塔陀羅尼經)》이었다. 그리고 최초의 간본(刊本)으로 공인받고 있는 중국의 《금강반야바라밀경(金剛般若波羅密經)》인 것으로 여겨져왔다.

《백만탑다라니경》은 일본 여왕이었던 칭덕(稱德)천황이 난(亂)을 평정했을 때 불은(佛恩)에 감사하고 살생의 소멸을 염원하는 뜻에서 764년에서 770년까지 6년간에 걸쳐 1백만 개의 작은 목제 탑을 만들고 그 안에 인쇄된 다라니경을 봉안하여 각 사찰에 반사(頒賜)한 경전이다. 이는 일본의 정사와 사찰의 기록이 일치하고 인쇄물도 현존하고 있지만 간기가 없는 탓에 세계 최고(最古)의 인쇄물로는 국제적인 공인을 받지 못하고 있다.

폭은 4.5㎝, 길이는 가장 긴 49㎝부터 짧은 것은 15㎝ 정도까지 모양은 다양하며 1행에는 5자씩 인쇄되어 있다. 이 경은 모두 같은 것이 아니고 근본(根本), 상윤(相輪), 자심인(自心印), 육도(六度)의 4종으로 되어 있으나 당시 장단(長短) 2종씩 모두 8종류로 나뉘어 1종당 12만 5천 매씩 총 1백만 매를 만들었다고 한다.

《백만탑다라니경》은 나무판 조각에 새겨 먹물을 칠한 다음 도장 찍듯이

날인식(捺印式)으로 찍어낸 인쇄물이다. 본문의 내용 또한 불경에서 짤막한 다라니만을 뽑아서 한 장의 종이에 찍어낸 조그마한 지편(紙片)의 낱장 인쇄물이다. 따라서 다라니 경문의 전부를 완전하게 새기고 글자 면에 먹물을 칠한 다음 종이를 문질러서 찍어내고 낱장이 아닌 권자본으로 되어 있는 ≪무구정광대다라니경≫과는 비교할 바가 못 된다.

중국에서 간행된 목판인쇄물 중 현재까지 알려진 것 중 가장 오래된 실물로는 돈황석굴에서 발견되어 현재 대영박물관에 소장되어 있는 ≪금강반야바라밀경≫이 있다. 이 경전은 7매의 종이를 붙여 두루마리와 같이 한 장으로 되어 있지만 권자본과 제책한 책자 형태 사이의 과도기 단계인 접지 형태로 되어 있다.

앞에는 석가모니가 설법하고 있는 삽화가 그려져 있고 이어서 경전이 인쇄되어 있는데, 각 행의 글자 수는 17~19자이다. 인쇄는 비할 데 없이 훌륭하며 삽화로 그려진 석가여래 설법도 또한 매우 섬세하다. 그리고 말미에는 "함통(咸通) 9년(868) 4월 15일 왕개(王玠)가 양친을 위해 삼가 만들어 보시함"이라는 간기가 인쇄되어 있다.

따라서 이 경전은 세계 최초의 간기가 있는 인쇄본일 뿐만 아니라 삽화가 있는 최초의 세계 최고(最古)의 인쇄물로 국제적인 공인을 받고 있다. 그러나 이 인쇄본은 글자체나 형태 등이 너무나 정교해서 이 정도 수준의 인쇄를 하기 위해서는 훨씬 오래전부터 인쇄술이 존재했을 것이라는 의견이 제시되고 있다.

더욱이 판식과 판면, 판각술 등의 여러 특징이 송나라 때 간행된 경전들과 별 차이가 없을 정도로 발전되어 있고 경전의 간행 동기가 납탑공양의 단계를 완전히 벗어나 개인이 사사로이 양친을 위해 인쇄했다는 점에서 이는 ≪무구정광대다라니경≫보다 훨씬 후에 인쇄된 것으로 추정되는 만큼 이를 세계 최초의 목판인쇄물로 인정하기에는 무리가 뒤따른다고 하겠다.

(2) 대장경판의 개판설

목판인쇄술이 불경 제작에 사용되었던 신
라시대에 이러한 판각술이 더욱 발전하여 대
장경판까지 개판(開板)하였다는 기록은 문헌
을 통해 나타나고 있다.

《가야산해인사사적(伽倻山海印寺寺跡)》
에 "왕후의 발배(發背)의 환(患)이 석덕이승
(碩德異僧)의 기적으로 차효(差效)를 보게 되
었다 하여 애장왕 3년(802)에 해인사를 창립

고려대장경

하였다"고 하였으며 〈해인사유진팔만대장경개간인유(海印寺留陣八萬大藏經
開刊因由)〉의 조(條)에는 "합천인 이거인(李居仁)이 정묘 춘삼월에 신라 공주
자매의 시역(時疫)을 퇴치하기 위하여 장경(藏經)의 각판을 발원하였는데 왕
도 재(財)를 사(捨)하고 내외의 조각공을 모아 거제도에서 판목을 만들어 가야
산 해인사에 운반하였다"라고 적혀 있어 신라시대에 이미 경판이 조조(雕造)
된 것으로 전해지고 있다.

그러나 이 대장경은 현재 한 편도 전해지지 않을 뿐만 아니라 개판 연유 또
한 그 자체가 하나의 전설과 같이 전해져왔다. 이에 따라 서유거(徐有渠)는 대
장경 조(條)에서 "본 경판이 신라 애장왕 때의 각본이라고 전하나 신빙하기 어
렵다"고 하였고, 한치연(韓致淵)의 《해동역사(海東繹史)》에는 "본국의 해인
사 장경판이 고지(古誌)에 신라 애장왕 정묘(丁卯)에 조조된 것이라 하나 애장
왕 재위 19년 중에는 정묘의 연호가 없으니 와전된 것"이라고 하여 이를 대체
로 인정하지 않고 있다.

이처럼 종래의 학자들은 한결같이 이 대장경의 간행설을 부인하는 데 반해
근래의 연구자들은 이를 마냥 터무니없는 전설로 치부해버려서는 안 된다는
견해를 피력하고 있다.

그 이유로는 해인사가 창건된 애장왕 3년(802)보다 52년이나 앞선 경덕왕

묘법연화경권 충북유형 292호

10년(751)에 세운 불국사 석가탑에서도 목판인쇄본인 ≪무구정광대다라니경≫이 발견되었고 그 뒤 약 20년이 지난 770년에는 일본에서도 ≪백만탑다라니경≫이 인쇄되었으며 애장왕 3년 무렵 당나라에서는 이미 ≪묘법연화경(妙法蓮華經)≫, ≪개원잡보(開元雜報)≫ 등을 비롯한 불경이나 문집, 자서(字書) 등의 간본이 상당히 유포되었다는 사실을 들고 있다.

따라서 현재 해인사에 수장된 대장경판들이 비록 애장왕 때의 것과는 무관하다 할지라도 해인사를 창건할 때 공주 자매의 질병을 퇴치하기 위하여 장경의 판각을 발원(發願)했다는 설까지 완전히 부인하기에는 다소 무리가 따른다.

더욱이 고려시대의 방대하고 거창한 대장경의 각성(刻成)도 그 전까지 기술 축적과 발전 배경이 없이는 어려웠을 것이라는 점과 ≪무구정광대다라니경≫이 발견되어 신라의 목판인쇄술이 입증된 사실 등을 감안한다면 옛 문헌에 전해온 경판설을 문헌적으로 고증할 자료가 없다 하여 와전(訛傳)이라고 속단하기보다는 이 설에 대한 깊이 있는 연구가 이루어져야 할 것이다.

(3) 목판인쇄술의 발전

통일신라의 말엽에 이르러서는 목판인쇄술이 더욱 발전하여 우리 산수의 아름다움을 읊은 시문(詩文)을 모아 인쇄물로 편찬해내기까지 하였다.

경주 부근의 숭복사(崇福寺)는 신라 경문왕 원년(861)에 건립된 것인데 여기에 있는 비석에 당나라에서 신라에 파견된 사신 호귀후(胡歸厚)의 귀국 보고를 듣고 돌아온 최치원이 헌강왕 11년(885)에 왕명을 받아 지었다는 비문이 새겨져 있다.

이 비문 중에 적힌 귀국 보고서에서는 신라의 계림(鷄林)에는 아름다운 산수가 많으며, 그러한 경치를 읊은 시에서 잘된 것을 가려 동왕(東王) 즉, 신라 임금이 인쇄를 하여 증여해주었음이 밝혀지고 있다. 그리고 자신은 일찍이 운어(韻語)를 철(綴)하는 것을 배웠기 때문에 부끄러움을 무릅쓰고 신라인과 주작(酒酌) 하였지만 그렇지 않았다면 해외의 웃음거리가 되었을 것이라고 전재하고 이후에는 산서(山西) 지방 출신들은 신라에 사신으로 보내는 것이 적합하지 않다고까지 보고하고 있다.

이 구절은 너무 간략하므로 어떤 시를 어떻게 인출하였는지 판단하기 어려우나 여기의 계림은 신라의 수도였던 경주를 의미하며 동왕은 신라의 헌강왕을 가리키는 것으로서 당시 신라인들이 계림의 아름다운 산수를 노래한 시를 인쇄하여 당나라에서 온 사신에게 선물로 증여한 것으로 짐작된다.

이는 왕이 사신에게 내리는 예물로서 시문에 능한 신라인들의 시를 특별히 인쇄하여 증여한 것이었겠지만 이로 말미암아 9세기 후반기인 신라 말기에는 인쇄술이 상당히 보급되어 불경은 물론 시문 등의 일반 서적까지도 판각하기에 이르렀음을 짐작할 수 있게 한다.

(4) 서책의 도입

삼국시대부터 중국과의 교류가 빈번해지자 대륙의 서책들이 불서(佛書), 유서(儒書), 의방서(醫方書) 등 다양한 분야에 걸쳐 많이 도입되었다.

고구려는 국가를 수립한 초기부터 한자와 서적들을 들여와 사용하다가 소수림왕 2년에는 태학(太學)을 세워 고관의 자제들을 교육시켰고 백제 또한 중국으로부터 많은 서책들을 도입하여 사용하다가 근초고왕 때는 아직기와 왕인을 일본에 보내 논어와 천자문을 전해주기도 하였다. 또한 불교가 전래되어 오면서 불경도 함께 도입되었고 불교가 번창하여 중국으로 유학하는 승려들이 나오기 시작하면서 도입된 서책의 종류와 양이 크게 확대되었다.

이러한 서책들은 사본(寫本)으로 전해진 것인지 인본(印本)으로 수입된 것인지 추단(推斷)하기는 어려우나 삼국시대 중·말기경까지 전해져온 서책들은 거의 인본이 아닌 사본이었을 가능성이 크다. 이 시기는 중국의 동진 및 남북조시대에 해당되는데, 당시에는 중국에서도 목판인쇄술이 활성화되지 않았기 때문이다.

통일신라시대에 들어와서는 중국의 수와 당으로부터 서책 수입이 더욱 활발해져 종교와 관련된 유·불·도교의 서책뿐만 아니라 천문·법령·의학 등의 전문 서적에 이르기까지 다양하게 도입되었다.

이 또한 초기에는 인본이라기보다는 거의 사본이었을 것으로 추정되며, 중국에서 목판인쇄술이 완성된 7세기 말 혹은 8세기 초에 이르러서야 인본도 함께 전해졌을 것으로 추정된다.

이렇게 도입된 중국의 인본들은 신라에 영향을 주어 8세기 초에 ≪무구정광대다라니경≫의 제작을 가능하게 했으며, 9세기 말경에는 당의 사신에게 증여한 시문의 인본들을 제작하게 했을 것으로 보인다.

통일신라시대에 제작된 인본들은 당시 활발했던 당나라와의 교류 관계로 미루어 보아 당의 인본으로부터 영향을 많이 받았으리라는 것은 자연스럽게 추정해볼 수 있지만 현재 이를 문헌적으로 단정할 만한 증거는 없다.

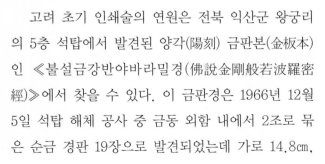

03 고려시대의 인쇄

1. 고려 초기의 인쇄술

(1) 신라 인쇄술의 계승

신라시대에 발상(發祥)하여 말기까지 보급되어 왔던 인쇄술은 고려조로 계승되어 발전하기 시작하였다. 신라 인쇄술의 발상과 보급에 큰 영향을 끼쳤던 불교가 고려조로 넘어와 국가의 종교로 승격하고 부흥정책이 더욱 강구되어 사찰이 전국 각지에 생겨났고 종파도 점차 확장되었다. 따라서 국민들의 신앙도 또한 날로 높아져갔으니 불경의 간행이 활기를 띠기 시작한 것은 너무나도 당연한 일이었다.

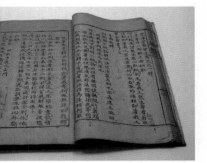

금강반야바라밀경

고려 초기 인쇄술의 연원은 전북 익산군 왕궁리의 5층 석탑에서 발견된 양각(陽刻) 금판본(金板本)인 《불설금강반야바라밀경(佛說金剛般若波羅密經)》에서 찾을 수 있다. 이 금판경은 1966년 12월 5일 석탑 해체 공사 중 금동 외함 내에서 2조로 묶은 순금 경판 19장으로 발견되었는데 가로 14.8㎝,

세로 13.7cm이며 각 판은 17행, 매 행마다 17자씩 판면에 두드러지게 양각되어 있다.

양각된 글자는 조각한 목판 위에 금판을 덮어서 찍은 압판자(押板字)인지, 인본을 한 장씩 금판에 붙여 글자 한 자씩 압각(押刻)한 것인지, 혹은 글자 한 자씩 목각자를 만들어 금판으로 글자를 압각한 것인지는 속단하기 어려우나 신라 말에 조각된 음각 금동판보다는 진보된 기술 수준을 보이고 있다. 양각된 글자는 글자 획의 부분이 판면 위로 노출되어 있으므로 음각보다는 인쇄하기가 편리할 뿐만 아니라 다른 판본들과 같이 서책으로 펴내기도 용이하다.

《불설금강반야바라밀경》의 글자체도 진체(晉體)로 된 사경체(寫經體)인데 글자체와 필법이 중국의 《금강반야바라밀경》과 비슷한 점이 많은 것으로 보아 인본에 의한 압각판이 아닌가도 생각해볼 수 있다.

그러나 이 금판경은 어느 때 누구의 손으로 만들어졌는지를 정확히 알 수 없다. 다만 함께 발견된 유물들이 고려 초기의 것들이 많아 본 금판경 또한 같은 시기의 각판(刻板)일 것으로 추정되고 있는데 고려 초기 인쇄술의 발달 과정을 연구하는 데 있어 귀중한 자료가 되고 있다.

(2) 보협인다라니경

신라시대의 인쇄술을 계승하여 발전시킨 고려 초기의 인쇄술은 관서(官署)에서보다는 각 사찰에 의해 이루어졌다. 특히 인쇄술의 발상과 보급에 커다란 영향을 미쳤던 불교가 고려에 들어와 국가적 종교로 승격되어 신도가 날로 늘어나자 불경 간행이 크게 활기를 띠면서 인쇄술을 더욱 발전시키는 계기가 되었다.

그런데 주지하는 바와 같이 고려시대는 국초부터 거란과 여진, 몽고 등 잇따른 외침과 국내 정변에 의한 여러 차례의 전화(戰禍)를 겪으면서 그간에 간행된 귀중한 전적(典籍)을 비롯한 숱한 문화유산들이 소실되거나 탕진되고 말았다. 따라서 불탑이나 불복(佛腹)에 봉안하였던 전적 중 약간이 오늘날까지 겨우 전해지고 있을 뿐이다.

현존하는 고려시대의 목판인쇄물 중 가장 오래된 것으로는 총지사(摠持寺)에서 간행한 ≪일체여래심비밀전신사리보협인다라니경(一切如來心秘密全身舍利寶篋印陀羅尼經)≫을 들 수 있다. 이 경에는 간기와 내제(內題)가 적혀 있는데 이에 의하면 "고려 목종 10년(1007)에 총지사 주지인 진념광제대사(眞念廣濟大師) 홍철(弘哲)이 조조(雕造) 인시(印施)하여 사리와 함께 봉안 공양하였다"고 되어 있다.

다라니경을 서사하거나 간행하여 납탑공양하는 의식은 ≪무구정광대다라니경≫에서 보듯 신라 때부터 널리 행하여져왔는데 ≪보협인다라니경≫도 이처럼 불탑에 봉안하기 위해 만들어진 것이다. 이 경의 형태는 조그마한 목심축(木心軸)에 감겨진 두루마리로 원래 사리 외함에 넣어 불탑에 봉안하기 위해 간행된 것이기 때문에 표지에 의한 보호와 장식도 하지 않은 소박한 장정으로 되어 있다.

종이는 황색으로 고색이 자못 창연하며, 1천여 년이 지났음에도 보존이 잘되어 거의 완전무결한 상태를 띠고 있다. 권지(勸紙)의 폭은 7.9㎝, 전체 길이는 240㎝, 상하 단변의 판광(板匡)은 5.4㎝로 위아래에 각각 1.2㎝의 여백을 두고 있으며, 글자의 지름은 0.5~0.7㎝, 각 행의 글자 수는 9~10자로서 지면의 전후와 상하의 여백이 보기 좋게 잘 짜인 목판인쇄본이다. 권두(卷頭)에는 간기가 5행에 걸쳐 새겨져 있고 그다음에는 10㎝ 정도의 양각으로 된 불화(佛畫)가 끼여 있으며 불화에 이어서 내제의 다라니경과 함께 경문이 계속되어 있다.

특히 불화는 이 경 내용의 골자를 압축해 묘사하고 있어 시각적인 면에서 그 윤곽을 일목요연하게 이해할 수 있음은 물론 우리나라의 삽화나 판화에서도 현재 전해오고 있는 것 중에서 가장 오래된 것이라는 점에서 가치를 한층 더해주고 있다.

≪보협인다라니경≫을 간행하여 납탑공양하는 불사는 원래 중국 오월(吳

越)에서 성행하였는데 고려가 당시 그 나라와 교류를 활발하게 했음을 고려하면 이 경의 간행도 오월의 영향을 받았을 것으로 보인다. 그러나 이 영향은 오월판(吳越板)을 그대로 번각 수용한 것이 아니라 불사 방법만을 받아들였던 것이다.

이는 이 경을 중국의 오월판과 비교해보면 적지 않은 차이점이 드러나고 있음에서 알 수 있다. 오월판은 목판인쇄한 소형의 권자본으로 판식이 상하의 단변 사이에 간기부터 시작하여 변상도(變相圖) 및 경문의 순서로 판각되어 있어 개괄적인 판식과 형태는 총지사본과 비슷하다. 그러나 판식의 세부적 내용인 상하 판광의 높이, 전체 길이, 화폭 등을 비롯한 글자체나 경문의 내용에 있어서는 많은 차이를 보이고 있다.

이 점으로 보아 고려는 중국으로부터 경문을 도입하고 개판(開板)에 의한 납탑공양의 영향을 받았으면서도 오월판을 그대로 모각(模刻)한 것이 아니고 실제의 개판 과정에 있어서는 월등하게 창의성을 발휘한 독자적인 체제로 판각하여 인쇄한 것임을 알 수 있다.

특히 경문의 새김이 정교하고 불화 내용의 묘사도 뛰어나며, 본문의 내용도 오탈자가 거의 없이 정확한 것은 이미 고려 초기부터 조판(雕板) 인쇄술에 독창성이 있었음을 보여주고 있다.

다른 한편으로는 인경(印經)의 형태가 《무구정광대다라니경》처럼 권축(卷軸)으로 되어 있으나 글자의 새김이 매우 섬세하고 정교하며, 글자 획의 크고 작음이 균형을 잘 이루면서 필력의 약동을 제대로 살리고 있다는 점에서 당시의 조판술이 신라의 전통을 이어받았으면서도 기술 발전에 계속 노력해왔음이 드러나고 있다.

이 경은 고색이 창연한 지질(紙質)에 판면의 전체가 잘 조화된 탓에 오랜 세월이 흐른 오늘날까지도 글자 획과 화면(畵面)이 선명하여 고려 초기의 훌륭했던 각판술의 면모를 증명해주고 있다. 또한 판하본을 정서하여 정성껏 조각한 고려 초기의 정각본(精刻本)이라는 점에서 당시의 서예와 판화는 물론 인쇄술의 우수성에 대해서도 감탄하게 한다.

이러한 점들은 이 경이 지니는 인쇄문화사적 가치를 객관적으로 입증해주는 증거인데, 이처럼 훌륭한 인쇄술이 있었기에 고려 문화의 정수(精髓)인 대장경의 거대한 조조사업을 가능하게 했을 것으로 보인다.

(3) 판본의 수입

신라 말기부터 고려 초기에 이르는 시기는 중국에 있어 5대(五代) 및 북송(北宋) 초기에 해당되는데 이 시대에 들어서 중국의 인쇄술은 더욱 융성하여 관각(官刻)과 사각(私刻)이 두루 성행하였다.

인서(印書)는 석경문(石經文)에 의한 9경 및 3전을 비롯하여 5경 및 사서, 문집 등의 유서(儒書)들이 많이 인출되었으며 불경의 각본도 계속 발전하였다. 이 시대의 각본으로 유명한 것은 돈황 석실에서 발견된 ≪금강반야바라밀경≫과 오월왕(吳越王)이 새긴 ≪보협인다라니경≫ 등이 있다.

이러한 판본들이 고려 초기에 수입되어 고려 인쇄술 발전에 적지 않은 영향을 미쳤고, 고려에 전해진 진서(珍書)들은 다시 송에 보내져 대륙과의 사이에 인본의 교류가 이루어지기도 하였다. 즉 고려 태조 11년(928)에 신라 승려 홍경(洪慶)이 후당(後唐)에서 대장경 1부를 가져와 제석원(帝釋院)에 안치하였으며, 광종 12년(961)에는 오월왕의 요청에 의해 천태(天台)의 논소제문(論所諸文)을 전해주기도 하였다. 이렇게 교류된 서책들 중에는 인본뿐만 아니라 초본(抄本)도 섞여 있었다.

중국의 인쇄술은 더욱 발전하여 송(宋) 태종 8년(983)에 이르러는 13년 동안의 조조 기간을 거친 ≪개보칙판대장경(開寶勅板大藏經)≫을 완성하였다. 총 481함(函)에 2,500권이나 되는 이 장경을 성종 10년(991)에 한언공(韓彦恭)이 송으로 가져왔다. 이 장경은 뒷날 현종 및 문종이 장경을 조조할 때 많은 영향을 미쳤으며, 고려에서 초조대장경이 완성될 때까지 두 차례나 더 수입되었다. 그뿐만 아니라 사절이나 상인들을 통해서도 새로 나온 송판(宋板)장경의 인본들도 계속해서 수입되었다.

한편, 고려는 성종·현종 때부터 거란의 침략을 받았으나 평화적인 사절들의 왕래도 있어서 문물의 교환도 활발히 이루어졌는데 문종 17년(1063)에는 거란이 1천여 권에 달하는 대장경을 보내왔다.

거란본의 장경은 대부분 망실되어 현재는 전혀 전해지고 있지 않지만 ≪동문선(東文選)≫에 "거란본은 부질(部帙)이 간경하여서 200함이 되지 못하며 지박(紙薄) 자밀(字密)한 책이 1천 권이 되지 않으나 그 정교한 것은 인력으로 된 것이 아니라 신교(神巧)를 빌어 이루어진 것이다"고 기록되어 있어 분량은 많지 않으나 판각이 극히 정교하여 이 책들은 그 후의 대장경 제작에 많은 자료를 제공하였을 것으로 보여진다.

이처럼 중국으로부터 들여온 서적들은 고려의 인쇄술 발전에 기여하였고 특히 송과 거란으로부터 수입된 대장경은 초조대장경 조조에 지대한 영향을 미쳤다.

2. 대장경의 조조

(1) 초조대장경

총지사에서 간행된 ≪보협인다라니경≫에서 보듯 고려 초기의 판각술은 사뭇 정교하고 인쇄술 또한 해를 거듭할수록 발전하고 있었는데 때마침 성종 때 북송이 동양 최초로 개판한 거질(巨帙)의 ≪개보칙판대장경(開寶勅板大藏經)≫이 수입되었다. 이는 당시 불교문화가 융성하고 문화 대국으로서의 위력을 떨치고자 하는 고려에 자극을 주게 되었다.

그러던 중 거란군이 침입하여 국토를 유린하면서 온갖 만행을 저지르니 이를 대장경 조조에 의한 불력(佛力)으로 타개해나가는 길만이 유일한 방법임을 절감하게 되었다. 당시에는 국사나 민사가 다난(多難)할 때면 불력의 영

험에 의하여 그 바람을 이루고자 함이 일반 민중들 사이에서는 널리 퍼져 있었다.

이와 같이 국난으로부터 나라를 구하고자 하는 대발원과 대장경을 만들어 문화 대국으로서의 위력을 떨침으로써 이민족들이 감히 넘보지 못하게 하려는 의도에서 착수한 것이 바로 초조대장경의 조조(雕造)사업이었다.

그러나 현재 남아 있는 초조대장경 판본에는 간기가 전혀 보이지 않는 탓에 대장경 조조가 언제부터 시작되어 어느 정도의 수량이 개판(開板)되었는지의 시기나 회수, 규모 등을 정확히 알 수 없다. 이 때문에 지금까지 여러 학설이 제기되어왔으나, 개판 시기는 조조의 동기가 현종 2년에 내침한 거란군을 퇴치코자 하는 데 있었던 것이라면 늦어도 현종 3년(1012)경부터 시작되었을 것으로 보인다.

대장경의 조조에 관한 기록 중 그 시기가 가장 앞선 것은 고려 고종 24년(1237) 팔만대장경을 재조할 때 이규보(李奎報)가 쓴 ≪대장각판군신기고문(大藏刻板君臣祈告文)≫에 나타나고 있는 현종 2년(1011)경 설이다. 그 내용에 의하면 현종 2년에 거란병이 대거 내침하여 왕은 남쪽으로 피난하고 거란병은 송악성(松岳城)에 남아 있어 물러가지 않으므로 이에 군신(君臣)과 함께 무상대원(無上大願)을 발하여 대장경판의 각성(刻成)을 맹세하였더니 그 뒤에 거란병이 스스로 물러갔다고 적혀 있어 조조의 동기에 대해 밝혀주고 있다.

이렇게 시작된 대장경 조조사업은 현종 20년경에 이르러 5천 축(軸)의 장경을 완성하였으며, 문종 17년 이후에 거란장경이 새로 수입되자 또다시 조조작업을 속개하여 총 6천여 권에 달하는 장경을 조조하였다.

그러므로 고려 초조대장경은 현종 2년(1011)의 거란 내침을 계기로 송(宋)의 ≪개보칙판대장경≫을 저본(底本)으로 하여 시작해 5천 축에 가까운 장경을 1차로 완성하였고 덕종과 정종이 재임한 15년간은 그 사업을 지속시키지 못하고 보관에만 힘쓰다가 문종 5년경 거란으로부터 들여온 대장경을 저본으로 조조를 다시 시작하여 선종 4년(1087)에 이르러 2차를 완성함으로써 76년에 걸친 대역사가 일단락되었던 것이다.

이 장경판은 개성 부근의 대흥왕사(大興王寺)에서 완성되어 대구 부근의 부인사(符仁寺)로 이관 수장되었으나 애석하게도 고종 19년(1232)에 내침한 몽고병의 병화(兵火)로 모두 타버리고 말았다. 그 소실(燒失)은 대장경이 완성되어 150년 정도가 지난 뒤의 일이므로 그 동안에 인출된 간본이 결코 적지 않았을 것임에도 이 또한 그 후 계속됐던 외침과 내란에 의해 거의 없어지고 말았다.

초조대장경의 인본은 그동안 국내에 남아 있지 않고 일본의 남선사(南禪寺)에 비장된 6종의 3백여 첩(帖)이 유일한 것으로 알려져왔으나 근래 들어 국내에서도 여러 종을 발굴해냈으며 그중 일부는 국보로 지정하기도 하였다. 거질의 장경 중 극히 일부에 지나지 않지만 참으로 다행스러운 일이 아닐 수 없다.

이처럼 초조대장경은 개보판(開寶板)과 거란판 등을 두루 수용한 동양 초유의 방대한 한역(漢譯) 장경이며 외국 장경의 체제는 따르면서도 그대로 번각하지 않고 다시 써서 정성껏 새긴 것은 조판(雕板) 인쇄술의 우수성을 돋보이게 한 것이어서 귀중한 문화유산이라고 아니할 수 없다.

(2) 의천의 속장경

의천은 문종의 넷째 아들로 태어나 아버지의 명을 받들어 11세 때 출가하여 승려가 되었다. 천성이 총명하고 학문을 좋아했던 그는 열렬한 구법도(求法徒)로서 고금장경론을 수집하기 위해 송에 가려 하였으나 부왕(父王)의 승낙을 얻지 못하다가 선종 2년(1085)에야 송에 들어가 각지를 돌아다니면서 ≪화엄대불사의론≫을 비롯한 3천여 권의 장소(章疏)를 수집하여 이듬해 귀국하였다.

의천은 귀국 후 형인 선종의 추천으로 흥왕사(興王寺)의 주지가 되자 여기에 교장사(敎藏寺)를 두고 수집해온 장경소초(藏經疏鈔)의 조조사업에 착수하면서 국내는 물론 요·송 및 일본에까지 손을 뻗쳐 총 1,010부, 4,857권의 교소(敎疏)를 수집하였다.

선종 7년(1090)에 교소목록을 편성하여 ≪신편제종교장총록(新編諸宗敎葬總錄)≫을 펴냈는데 목록의 이름을 교장(敎藏)이라 한 것은 정장(正藏)을 보속(補續)하기 위한 교소류를 집성한 것이라는 뜻이다. 이에 따라 의천이 조조한 교장을 총칭하여 속장경(續藏經)이라고 한다.

총록은 ≪의천목록≫ 또는 ≪속장목록≫이라고도 부르는데, 이는 상·중·하 3권으로 나뉘어 제1권은 경부(經部), 제2권은 경(經)·율부(律部), 제3권은 논(論)·집부(集部)로 되어 있다. 수록된 소초의 대부분은 당·송의 것이나 신라인의 찬술도 상당히 포함되어 있다.

의천의 간행사업 시기는 ≪고려사(高麗史)≫에 밝혀져 있지 않아 현존하는 속장경본이나 그 장경들의 중간본(重刊本)의 말미에 적혀 있는 간기 등을 종합 검토하여 추정해볼 수밖에 없다. 이들 간기에 의하면 의천의 속장경 간행 사업은 선종 7년에 불서의 목록인 ≪신편제종교장총록≫을 편성하고 다음 해 흥왕사에 교장사를 두어 교장들을 간행하기 시작한 것으로 짐작되며 숙종 6년(1101)에 이르기까지 약 11년 동안에 걸쳐 간행사업이 계속된 것으로 추정되고 있다.

속장경의 수량에 대해서는 ≪고려사≫의 〈대각국사전(大覺國師傳)〉에 "흥왕사에 교장도감(敎藏都監)을 두기로 하고 요와 송의 서책을 구하여 거의 4천 권에 달하였는데, 이를 모두 간행하였다"라고 기록되어 있어 흥왕사 교장사에서 간행한 속장경의 총수는 약 4천 권에 달하였다는 것을 짐작할 수 있게 한다. 그러나 안타깝게도 당시의 원본들은 거의 소멸되고 현재 일본 동대사(東大寺) 도서관에 40권이 남아 있어 겨우 그 모습을 볼 수 있으며 중간본(重刊本)은 순천 송광사에도 여러 종이 남아 있다.

인본(印本)은 남색으로 된 표지는 닥종이를 사용하였고 글자체는 송판(宋板)보다 훨씬 단정하고 판각술이 뛰어나 인쇄 상태가 훨씬 우아하며 절첩(折帖)인 송판과는 달리 두루마리식으로 되어 있다. 이는 본 속장경이 송판본을 그대로 모각한 것이 아니고 독창성을 발휘하여 경판을 조조했음을 엿볼 수 있

게 한다. 또한 한역(韓譯) 장경에 대한 제가장소(諸家章疏)를 처음으로 집대성
하여 정장(正藏)과 쌍벽을 이루게 하였다는 점에서 다른 민족들은 감히 생각
조차 못했던 큰 업적임에 틀림없다.

특히 인쇄술사적인 관점에서 볼 때 속장경이 지니는 특징과 우수성은 초조
및 재조대장경보다 훨씬 뛰어나다. 즉 초조 및 재조대장경은 매 행마다 14자
씩인데 비해 속장경은 20~22자씩으로 되어 있어 글자가 훨씬 작고 매우 정교
한 점이 한눈에 느껴진다.

글자체는 모두 구체(歐體)인 점은 공통되나 속장경은 초조 및 재조대장경
과는 달리 기간본을 바탕으로 하거나 참작하여 새긴 것이 아니고 당대의 명필
가를 동원하여 새로 정서하고 철저한 교정을 거쳐 정교하게 판각한 것이다.
속장경의 우수성은 초조 및 재조대장경보다 훨씬 월등하여 고려 조판(雕板)
인쇄술의 정수라 일컬을 만하다.

(3) 재조(再雕)대장경

• 조조(雕造) 배경과 각인(刻印) 상황

우리 역사상 고려조만큼 끊임없는 외침에 시달린 왕조는 없었는데 초기의
거란과 여진족의 외침에 이어 고종 18년(1231)에는 몽고군이 대거 침입하여
수도인 개성에 육박해 오자 조정은 하는 수 없이 수도를 임시로 강화로 옮기
고 외침에 대항하였다.

그러나 부인사에 소장되었던 초조대장경이 동왕(同王) 19년(1232) 몽고군
의 병화에 의해 완전히 소실되자 크나큰 충격을 받고 현종 때의 선례에 따라
불력으로써 몽고군을 퇴치하고자 대장경판의 재조를 거국적으로 발원하게 되
었다. 전쟁 중의 곤궁한 역경에도 불구하고 갖은 노력으로 재조를 결행하여
마침내 완성한 것이 재조 대장경, 즉 현재 해인사에 소장된 팔만대장경이다.

재조 대장경의 제작 연대에 관하여는 고종 때의 문신인 이규보가 지은
《대장각판군신기고문》에 "임금이 문무백관과 함께 대발원하여 대장도감(大

藏都監)을 설치하고 경판을 새기기 시작했다"라는 기록과 《고려서》에 "왕이 백관을 인솔하여 서문 밖의 대장경판당에 행향(行香)하고 동왕 19년에 몽고군의 병화로 소실된 경판을 군신과 더불어 다시 발원하여 도감을 세우고 16년을 걸쳐 필역(畢役)했다"는 기록이 있다.

이를 상고해보면, 경판 주조사업을 전담하기 위하여 고종 23년(1236)에 대장도감을 설치하고 16년 동안의 조조 기간을 거쳐 동왕 38년(1251)에 완성시켰음을 알 수 있는데 이는 대장경의 인본에서 간기를 조사해보아도 입증되고 있다.

도감은 강화도의 본사(本司) 이외에 경남 남해에 분사를 따로 두어 사업을 분담하게 하였다. 분사를 남해에 설치한 것은 재난을 방지코자 하는 의도와 함께 장경판용의 목재인 후박나무가 풍부하고 그 재목을 수송하기에 편리한 섬 지역을 선택할 필요가 있었던 것으로 보인다.

조조(雕造)용 판재는 제주도, 거제도, 완도 등 섬 지역에서 자라 거친 바닷바람과 소금기에도 잘 견디는 자작나무와 후박나무 등이 주로 사용되었다. 나무를 베어 적당한 크기와 부피의 판목으로 켜서 소금물에 담가 수지를 빼는 일을 되풀이한 다음 그늘에서 오랫동안 건조시켜 뒤틀리거나 비틀리지 않게 함으로써 글자를 새기기 쉽게 하고 부식과 충해도 방지할 수 있도록 하였다.

경판의 크기는 세로 약 26cm, 가로 약 72cm, 두께 2.8~3.7cm로 경판 하나의 무게는 일정치 않으나 대개 2.7~3.8kg이다. 전면에 칠을 얇게 발랐으며 양쪽 끝에는 뒤틀리지 않도록 편목(片木)을 붙였고 네 귀에는 동으로 만든 금구(金具)로 장식하였다.

판면은 세로 약 24.5cm, 가로 약 52cm이며 1면에는 23행, 매 행마다 14자씩의 글자가 새겨져 있고 글씨체도 대체로 구양순체인 점에서 초조대장경과 비슷하다. 따라서 경판 1매에는 736자가량이 새겨져 있고 전체 경판에 새겨진 총 글자 수는 무려 5,980여만 자나 된다. 상·하에는 계선을 두고 있으나 중앙에는 판심이나 괘선이 없으며, 글자의 새김은 앞뒤 양면에 되어 있다. 또한 판면 한쪽에는 작은 글씨로 경명(經名), 권차(卷次), 장수 및 천자문으로 된 번호의 함수(函數)가 표시되었다.

본 대장경은 구목록의 639함에 편입된 장경의 총부수는 1,547부 6,547권이고 추가 목록의 24함에 들어 있는 15부 231권을 합치면 총 663함 1,562부 6,778권이다. 본 경을 흔히 팔만대장경이라 부르는 것은 판본이 81,445장이라는 데서 기인된 것이며 양면에 판각된 경(經)·율(律)·논(論)·장소(章疏)를 합한 6,778권을 인쇄하는 데 소요되는 종이는 162,890장에 달한다.

경판은 완성된 후 고려 말까지 강화 도성 서문 밖의 대장경판당을 거쳐 선원사(禪源寺)에 수장(收藏)되었다가 조선 태조 7년(1398) 서울 서대문 밖의 지천사(支天寺)를 거쳐 해인사로 옮겨진 다음 오늘날까지 보관되고 있다.

• 의의와 가치

우리나라 문화재 가운데 세계에 널리 자랑할 만한 것으로는 단연 재조대장경을 들지 않을 수 없다. 그만큼 본 대장경은 민족문화유산 가운데에서도 단연 으뜸이 되는 문화재인 것이다.

흔히 문화민족이나 문화국가를 거론할 때 인류 문화사에 길이 남을 문화유산을 만들었느냐 하는 점과 이러한 문화재를 잘 보존하고 있는 민족이나 국가인가를 거론하게 된다. 이 같은 관점에서 볼 때 우리 민족은 분명 인류 문화 발전에 지대한 기여를 할 만한 훌륭한 문화재를 적지 않게 남겼지만 이러한 문화재를 보존하고 전승해온 점에 있어서는 외세에 의한 불가항력적인 요인을 감안하더라도 자성할 점이 많이 있다.

그러나 수천 년의 역사를 통해 우리 민족이 남겨놓은 문화재로서 양적으로나 질적인 면에서뿐만 아니라 그 보존 상태에 이르기까지 가히 대표적이라 할 수 있는 것이 바로 재조대장경이라 할 수 있다.

재조대장경은 대체로 초조대장경을 저본으로 하였기 때문에 판식이나 1행의 글자 수, 글자체 등이 대체로 초조본과 동일하지만 판각술의 정교도는 초조본보다 떨어진다. 그러나 초조대장경을 그대로 번각한 것이 아니라 초조대장경본을 비롯하여 송본과 거란본 등을 참고 대조하여 각 본들의 오탈자와 착오를 철저하게 보정함은 물론 당의 ≪개원록(開元錄)≫과 ≪정원록(貞元錄)≫까지 참고 자료로 이용하여 장단점과 득실을 엄밀히 따져서 내용을 크게 보완하였다.

이처럼 경판 내용은 국내외의 관련 문헌을 두루 참고하여 엄중히 교정 또는 보수하였기 때문에 초조 판에 비해 훨씬 충실하며 그중에는 장문(長文)이 보완된 것도 있다. 이러한 교감 작업이 있었기에 재조본은 내용상으로도 완벽을 기할 수 있어 국내외 학계에서 널리 인정하고 있듯이 중국이나 일본 등지에서 조조된 어떠한 장경보다도 본문이 잘 보수되어 오탈자가 적기 때문에 현재 국내외에 사용되고 있는 대장경의 정본이 되고 있다.

비록 전란 중이지만 서두름이 없이 냉철하고 침착하게 글자 하나하나까지 엄밀한 검토를 통해 바로 잡았다는 사실은 후세인들에게 커다란 교훈이 되는 것이다. 우리 역사상 문헌 고증과 교감(敎勘) 작업이 이처럼 철저하게 이루어진 예는 거의 없었는데 이러한 태도는 조선시대의 학자나 금속활자 인쇄술에까지 지대한 영향을 미쳤을 것으로 보인다.

재조대장경이 이렇듯 오랜 기간에 걸쳐 국내외적으로 가장 우수한 대장경을 만들어낼 수 있었던 요인은 경판사업에 대한 강력한 국가적 뒷받침과 거국적인 항몽 의지 및 민족자존 의식의 발로, 그리고 고려 민중의 돈독한 불교적 신앙심과 국난 극복의 의지력에서 찾을 수 있다. 이 점이 재조대장경이 지니고 있는 특징이요 가치이며, 그 방대한 경판이 오늘날까지 고이 간직되어 원형을 그대로 보존하고 있는 점 또한 높이 평가된다. 따라서 본 대장경판이야말로 세계적으로 널리 자랑할 수 있는 우리의 훌륭한 인쇄문화유산이며 1995년에는 본 경판이 수장된 경판고와 함께 유네스코의 세계문화유산으로 등록됨으로써 그 우수성을 세계적으로 널리 인정받을 수 있게 되었다.

3. 목판인쇄술의 발달

(1) 관판(官板)

• 관판의 개판

고려는 국가의 기본 이념과 내세관을 불교에 두어 국교로서 우대하였지만 그런 가운데서도 치세(治世)의 현실은 유교를 바탕으로 하였다. 그런 까닭에 이미 태조 때부터 개경은 물론 서경(평양)에까지 교육기관을 설치하고 고관의 자제들을 가르치는 한편, 학문에 필요한 서적들을 대대적으로 정비함으로써 권학(勸學)에 힘썼다.

특히 광종 9년(958)에는 과거제도를 실시하여 관리를 뽑아 등용하기 시작함에 따라 과거에 필요한 시부(詩賦)나 경서(經書), 의서(醫書), 복서(卜書) 등이 대량으로 필요해졌고, 성종 또한 유학을 숭상하고 학문에 필요한 서적을 대대적으로 정비하였다.

고려시대에는 또한 과거를 거쳐 많은 문사들이 잇따라 배출되었기 때문에 비록 문인들이 소외되었던 무신 집정기라 하더라도 저술이 끊이지 않았으며 학문의 범위도 넓어지고 분야도 다양해졌다. 이 같은 수요에 따라 중앙에서는 국가의 주요 사업으로 대장경판을 주조하는 한편 지방 관아에서는 경서 등이 많이 개판되어 인쇄술이 상당한 발전을 보게 되었다.

관판이 이처럼 과거 교육과 권학에 필요한 경서 등을 판각하여 생산할 수 있었던 것은 대장경 조조사업이 상당히 진척되어 어느 정도 여유가 생긴 한편, 지방 관아의 판각술도 일정 수준에 도달했고 과거와 학문을 위한 향학열이 경향 각지에서 크게 높아져 각종 서적의 양산이 크게 요구되었기 때문으로 여겨진다. 따라서 중앙 및 지방 관아에 의한 관판 인쇄는 초조대장경의 조조가 한창 이뤄졌던 현종 대를 지나고 거란과의 전쟁도 멈췄던 무렵 즉 11세기 전기경부터 서서히 시작되었을 것으로 믿어진다.

관판 인쇄는 중앙에서는 비각(秘閣) 즉, 비서성(秘書省)에서 전담하다가 후에는 서적포(書籍鋪)에서 맡아 행하였다. 반면 지방 관아에서는 동경(경주), 서경(평양) 등을 비롯하여 전주, 나주, 충주, 진주, 상주 목(牧) 등의 여러 목에서 활발하게 이루어졌다.

비서성은 각종 서적들을 소장하는 왕립도서관의 역할뿐만 아니라 중앙 및 지방 관아에서 판각한 책판(冊版)을 수집 관리하면서 서적을 직접 인쇄하고 배포하는 관영 출판부의 일까지 맡아 하였다. 각 지방의 관아에서 새로 판각하여 진상한 관본들이 해를 거듭하면서 비서성의 입고 물량이 늘어난 탓에 훼손이 심해지자 숙종은 국립대학인 국자감(國子監)에 서적포를 새로 마련하고 이들 판본들을 이관시켜 보관하면서 서적을 널리 인출할 수 있도록 하였다.

고려의 관판은 과거와 면학을 위한 서적이 필요한 데서 발달하게 됨에 따라 저술이 각 분야에 걸쳐 다양해지고 학문의 영역 또한 넓어져 몇 종의 불서(佛書)를 제외하고는 사서(史書), 시문집, 의복서(醫卜書) 등이 대부분을 차지하고 있다. 이에 따라 양질의 판본과 문헌이 고루 완비되어 있어 중국에까지 널리 알려졌는데 송나라에서는 사신에게 도서 목록을 써서 주면서 권질(卷帙)이 부족하더라도 모두 베껴 오라고 할 정도였다고 한다.

• 관판의 성격과 특징

고려 관판의 특징은 우선 과거제도가 실시됨에 따라 유교를 바탕으로 하는 문치(文治)에 있어서 동량(棟梁)이 되고자 하는 큰 뜻을 품은 이들이 과거와 면학을 위한 서적이 필요로 한 데서 생겨나 발달했다는 점이다. 이는 몇 종의 불서를 제외하고는 대부분의 서적이 과거와 면학에 필요한 사서, 시문집, 경서 등이어서 이 같은 사실을 뒷받침해주고 있다.

또 다른 특징으로는 대부분의 관판이 중앙이 아닌 지방 관아에서 개판된 판본 즉, 지방 관판이라는 점이다. 고려의 관판은 정종 11년(1045)에 비서성이 두 종류의 유서(儒書)를 간행한 것을 제외하면 모두가 지방 관아에 의해 개판된 판본들이다. 이는 중앙 정부가 거질의 대장경 조조를 관장하고 그것에 총력을 기울여야 했기 때문에 대장경 이외의 관판본은 대부분 판각에 필요한 서적을 선정하거나 저본의 본문을 교감하는 일만 중앙에서 맡아보고 판각은 지방 관아에서 담당하여 진상케 하는 정책을 취하고 있었기 때문이다.

그 결과 지방 관아는 중앙의 명령이나 권장으로 관판을 판각하여 진상했으며 중앙에서는 이를 관리하면서 인본을 간행하여 교육과 면학에 이바지하였던 것이다. 이러한 관판 인쇄정책은 지방 관아의 판각술을 크게 발달시켜 나중에는 스스로 필요한 서적까지 개판하게 되었고 나아가 지방의 문호들로 하여금 사가판(私家板)까지 출간하게 하는 데 큰 영향을 끼쳤을 것으로 여겨진다.

관판은 대부분 중앙에서 만든 것이 아니고 지방 관서에 하명 또는 권자하여 판각한 것이기 때문에 대체로 판각술이 사찰판에 미치지 못하고 현존하는 인본을 보면 중국에서 수입된 송원본(宋元本)을 그대로 복각한 것이 많아 판각법이 조잡한 편이다. 그러나 그중에는 우리나라에서 저술된 서적을 판하본으로 마련하여 판각한 것도 있고 글자체 또한 수입본에 의존하지 않고 독자적으로 판각한 것도 있어 독창성의 일면을 보여주고 있는 것도 있다.

그러나 고려의 관판 인쇄정책은 후기에 이르러 지방 관아에만 의존하는 방식에서 벗어나 공양왕 4년(1392)에 서적점(書籍店)을 원(院)으로 승격시키고 금속활자 인쇄를 관장하는 기구와 제도를 만들어 그 기능을 크게 강화시켰다. 이는 중앙 관아가 자방 관아로 하여금 목판을 판각해 진상케 하는 종래의 수동적인 인쇄정책을 지양하고 세계에서 유례가 없는 금속활자로 활판본을 직접 펴내려는 능동적인 인쇄정책을 구현한 것으로서 관판 인쇄정책에 있어 일대 발전을 의미하는 것이다.

(2) 사판(私板)

사판(私板) 인쇄는 중앙이나 지방의 관서(官署)에서 주관하는 관판 인쇄와는 달리 사찰이나 개인에 의해 이루어진 것으로 사찰판과 사가판(私家板)으로 구분할 수 있다.

이 중 사찰판은 각 사찰에서 공양이나 포교를 위해 간행하였거나 공덕이나 명복을 빌기 위해 신도들이 시주하여 간행된 경전, 고승의 저술, 불교의식 등에 관한 책들로 고려 초기부터 말기까지 계속되면서 관판의 발달에도 많은 영향을 미쳤다. 반면에 사가판은 고려 말부터 출현하여 점차 발달하였다.

• 사찰판의 개판과 특징

사찰판은 우리나라의 판각 인쇄술을 발상시켰음은 물론 보급, 발전시키는 원동력이 되었다. 이는 신라 때 간행된 ≪무구정광대다라니경≫에서 입증되고 있으며, 고려의 인쇄술도 초기에는 주로 사찰들에 의해 계승, 발전되었다. 고려 초기의 일개 사찰에 불과한 총지사에서 간행된 ≪보협인다라니경≫은 그 당시 인쇄술이 얼마나 발달되었는가를 잘 대변해주고 있다.

고려 초에 이미 상당한 수준까지 발달되었던 사찰의 인쇄술은 국가의 숭불정책으로 불교가 융성함에 따라 풍요해지는 사원 경제에 힘입고 국태민안(國泰民安)과 소원성취를 발원하는 왕실과 권력층의 지원으로 더욱 활기를 띠고 발전하게 되었으며, 권문세가의 명복을 기원하는 불사가 성행해짐에 따라 사찰판의 판각과 간행사업이 고려 말까지 꾸준히 촉진되었다.

사찰의 인쇄술은 국가에서 거질의 대장경을 개판할 수 있는 기술적 토대를 마련해주었으며 나아가 관판 인쇄를 싹트게 하였다. 또한 국가 차원에서 조조하던 대장경판과는 별도로 각 사찰에서는 자가용으로 다양한 경판을 중간(重刊)하여 널리 사용하기도 하였다.

사찰판은 글자체나 장정에 있어서도 그 기술이 꾸준히 발전해왔음을 보여주고 있다. 초기의 사찰판은 주로 신라에서 계승한 필서나 행서의 사경체(寫經體)를 바탕으로 하고 있으나 점차 재조대장경의 글자체처럼 글자 획의 세로와 가로가 비슷한 정방형의 사경체로 변천되었으며 나아가 대각국사 문집에서처럼 독특한 서체로까지 발전하였다. 또한 장정에 있어서도 고려 중기까지는 거의 권자본(卷子本)으로 되어 있으나 그 이후는 절첩본(折帖本)이 등장하여 혼용되었고 말기에 이르러서는 선장본(線裝本)이 주로 나타나고 있어 제책 기술의 발달된 면모를 엿볼 수 있게 한다.

이처럼 사찰판이 관판보다 앞서 발전하게 된 것은 당시의 승려 중에는 판각이나 제책, 제지 기술을 가진 공인(工人)들이 많아 인쇄 과정을 능히 자력(自力)으로 처리할 수 있었고, 사찰은 대체로 산림이 우거진 환경 속에 위치해 있어 판각용 목재를 손쉽게 구할 수 있는 등 목판인쇄술 발달에 필요한 여러 조건이 뒷받침되었기 때문이다.

고려의 사찰판은 현재 비교적 여러 종이 전해오고 있으나 세월이 오래되어 완간판은 희귀하고 잔결판(殘缺板)이 대부분이어서 구체적인 판각 사항을 알 수 없는 경우가 많다. 현재 문헌상에 나타나고 있거나 판이 전해오고 있는 사찰판으로는 현화사, 금산사, 부석사, 해인사, 부인사, 개태사, 흥덕사, 석왕사 등에서 판각했거나 간행한 것들이 다수가 있으며 그 간행 시기도 고려시대 전 기간을 통해 다양하게 나타나고 있다.

이 중 해인사에서는 고려 중기부터 국가적으로 추진해오던 대장경판의 조조사업과는 별도로 많은 대장경판을 판각하여 지금껏 보존해오고 있는데 이들 판을 대장경판과 구분하여 잡판(雜板)이라고 부른다. 잡판은 당사(當寺)에서 개판된 것은 물론 다른 사찰이나 개인 시주자들이 간행한 경판까지를 총칭하며 현재 대장경판고 동서제에 보존되어 있다.

현존하는 사찰판본 중에는 잔결본이 많은 까닭에 간기를 잃어 개판 사항을 알 수 없는 것이 적지 않고 어떤 것은 간지(干支)로 표시되어 있어 어느 왕조의 시기에 해당하는지 알 수 없는 것도 있으며 개판을 한 장소의 표시가 없는 것도 많이 있다.

이렇듯 사찰본 중에는 개판 사항을 정확히 알 수 없는 것이 적지 않으나 판각의 정교도로 미루어 간행 시기를 대충 가늠해볼 수 있는데 판각은 대체로 13세기까지는 정교하지만 14세기의 것이 되면 그 솜씨가 약간 떨어진다고 할 수 있다. 그럼에도 사찰판은 주로 재질이 좋은 후박나무에 정각(精刻)되어 있어 판각술의 우수성을 입증해주고 있을 뿐만 아니라 그중에는 오늘날 문헌으로 전해오지 않거나 희귀한 것들도 들어 있어 좋은 연구 대상이 되고 있다.

• 사가판의 개판

사가판은 고려 중기까지는 별로 보이지 않으나 말기경에 들어서 차차 그 면모를 드러내고 있다. 이는 사찰판의 발달에서 영향을 받고 중앙의 명령이나 권장으로 관판을 판각하여 진상하던 지방 관아의 판각술이 점차 발달함에 따라 권문세가나 지방 문호들에 의해 스스로 문집 등을 발간한 사가판(私家板)이 생겨났기 때문으로 여겨진다.

그러나 많은 문인들의 시문집이 사가판으로 간행됐다는 것이 여러 문헌에 나타나고 있음에도 불구하고 현재 판본으로 남아 있는 것은 극히 적으며 있다 하더라도 사가판으로서 간기가 명백한 인본은 거의 찾아보기 어렵다.

문집 중에는 이규보의 《이상국집》 등과 같이 몇몇 종은 왕의 칙명에 의해 관서에서 개판된 것이지만 이를 제외한 대다수의 문집들은 사가판본으로 생각되고 있으며 특히 관서에서 주도적으로 판각했던 송·원나라계의 판본이 아닌 고려의 독자적인 많은 판본들은 대부분 사가판이었을 것으로 추정되고 있다.

사가판과 관련되어 현재 남아 있는 여러 기록 중에서 간기가 명백한 인본으로는 이제현의 《익재난고(益齋亂藁)》, 이인로의 《파한집(破閑集)》과 《은대집(銀臺集)》, 이승휴의 《동안거사집(動安居士集)》, 임춘의 《서하선생집(西河先生集)》, 권부의 《효행록(孝行錄)》 등 다수가 있다.

이들 사가판들은 대부분 당시의 문인들이 자신들의 시문집을 간행하기 위해 독자적으로 판각했거나 후손들이 가문의 명예를 드높이기 위해 판각한 것들이지만 이는 고려의 목판인쇄술이 민간인들에게까지 널리 전파되어 활용되었음을 입증해주고 있다.

4. 금속활자 인쇄술

(1) 금속활자 발명과 배경

고려에서 금속활자를 발명하게 된 배경과 시기에 대해서는 이를 정확하게 고증해줄 만한 자료가 없어 단정지어 말하기는 어려우며 다만 지금까지 전해오는 관련 문헌과 주변 여건을 고려하여 추정해볼 수 있을 뿐이다.

이에 따라 고려 금속활자의 발명 시기에 대해서는 학자들마다 의견이 분분한데, 종래에는 대체로 숙종 7년(1102)설을 주장하여왔으나 근래 들어 주자(鑄字)를 관장했던 중앙 관서인 서적점(書籍店)이 문종 재위 기간 (1047~1083)에 설치되었음을 들어 문종 때로 앞당겨 보는 학설들도 나타나고 있다.

금속활자 인쇄가 이뤄지기 위해서는 인쇄술 전반에 걸친 선행 조건인 종이의 대량생산과 알맞은 먹의 생산, 그리고 금속활자 주조 기술이 터득되어야 하는데 이러한 조건들이 문종 때에 이미 성숙되어 있었다는 것이다.

즉, 고려에서는 성종 때부터 각 지방에 지전(紙田)이나 지소(紙所)를 두고 종이를 생산했으며 종이의 질 또한 매우 좋아 중국에까지 수출되어 명성을 떨친 것이 중국 측의 문헌에도 나타나고 있다. 먹의 경우도 묵소(墨所)를 두어 대량으로 생산했으며 송연 먹은 중국에까지 수출도 하였다.

금속활자 주조 기술 또한 우리나라는 신라 때부터 사찰의 범종을 만드는 기술이 발달했고 고려에 들어와서는 초기 때부터 범종이나 불상, 주화(鑄貨) 의 문자 및 각종 불교 용구의 명문(銘文) 등에 대한 주성법(鑄成法)을 터득하고 있어 활자를 주조해낼 수 있는 전제적 요건이 갖춰져 있었다. 주화를 만드는 방법이 활자 주조의 방법과 같은 점을 고려한다면 활자를 만드는 일은 어렵지 않았을 것으로 추정된다.

특히 중국에서 11세기 전반에 창안된 교니활자 조판술의 이점이 고려에 이미 전해졌을 것이라는 점과 성종 때부터 이미 주화를 만들었다는 기록을 감안한다면 금속활자 인쇄술 발명은 늦어도 고려 정부가 강화로 옮겨간 고종 19년 (1232) 이전이었을 가능성을 충분히 시사해주고 있다.

이처럼 금속활자를 만들게 된 사회적 배경이 분명한 데도 불구하고 금속활 자의 발명이나 처음 사용한 일에 관한 기록은 오늘날까지 남아 있지 않고 다 만 금속활자의 실물만이 전해오고 있는데 이는 우리나라가 여러 번의 병란을 겪으면서 불타버렸거나 없어져버린 까닭이 아닌가 생각된다.

현재 전해오는 고려시대의 금속활자 실 물로는 국립중앙박물관과 개성박물관에 각 각 한 개씩이 있다. 이 중 국립중앙박물관 에 있는 금속활자는 개성의 개인 무덤에서 출토된 '복'자인데 이를 흔히 '고려 복자'라 일컫는다. 이 활자를 언제, 누가, 어떤 목

고려 '복' 활자

적과 용도로 만들었는지 등은 기록이 전혀 없어 알 수 없지만 고려의 금속활 자를 실증해주고 있다는 점에서 그 가치와 의의는 자못 크다.

이 활자는 옥편이나 자전에도 나오지 않은 벽자여서 개인의 이름자와 관련 되어 주조되었을 것으로 추정되고 있다. 활자의 모양은 주조 방법이 매우 미 숙하여 글자의 획이 고르지 않고 좌우와 상하 사이의 길이도 차이가 있어 모 양이 가지런하지 못하다. 활자의 뒷면은 타원형으로 움푹 파여 있는데 이는 그곳에 밀랍을 꽉 채워서 굳어지면 인쇄 도중 움직이지 않을 뿐만 아니라 금 속의 소요량도 줄이고자 하는 슬기가 작용되었음을 엿보게 해준다.

그러나 고려가 원의 굴욕적인 지배 아래 놓이게 되자 중앙 관서의 금속활 자 인쇄술은 점차 마비되고 지방관서나 사찰 등에 의해 그 명맥을 겨우 유지 해나갔다. 고려 말에 이르러 원의 지배력이 약화됨에 따라 배원(排元) 사상이 싹트고 주권 회복 의식이 대두되자 종전처럼 서적포를 설치하고 금속활자를 만들어 경사(經史)는 물론 의서, 병서, 율서 등을 고루 찍어 학문을 권장해야 한다는 건의가 제기되었다.

그 결과 마침내 공양왕 4년(1392) 정월에 서적원(書籍院)이 생기고 금속활

자 인쇄 업무를 관장하는 영(令)과 승(丞)의 직책까지 마련되었으나 그해 7월 이성계에 의해 왕조가 교체됨으로 인해 성과는 별로 크지 못했던 것으로 여겨진다.

(2) 금속활자 인쇄에 대한 기록

고려시대 때 금속활자 인쇄를 했다는 기록은 약간의 문헌을 통해 나타나고 있고 그 인본(印本)의 일부가 현존하고 있지만 어느 때 누구에 의해 만들어진 것이고, 그 형태와 글자체가 어떻게 된 것이며, 활자가 어떤 재료로써 만들어진 것인가에 대해서는 자세히 알 수 없다. 다만 현재 전해오고 있는 기록이나 관련 문헌 중 고려시대 금속활자 인쇄와 관련된 것들을 살펴보면 다음과 같다.

• 남명천화상송증도가(南明泉和尙頌證道歌)

남명천화상송증도가는 고려 때 찍은 금속활자본은 남아 있지 않으나 그 활자본을 뒤집어서 다시 목판에다 새긴 복각본이 전해오고 있어 고려 때 활자로 찍은 책이 있었음을 알게 한다. 이 책은 원래 남명선사 법천(法泉)이 선종(禪宗)의 계송을 금속활자로 인쇄한 것이지만

남명천화상송증도가

이에 관한 기록이 전혀 없어 언제 만들어졌는지에 대해서는 알 수가 없다.

현재 전해오는 인본은 비록 금속활자본은 아니지만 권말에 "증도가는 선문(禪門)에서 매우 긴요한 책이므로 공인을 모집하여 금속활자본을 거듭 새겨 오래 전하고자 한다. 고려 고종 26년(1239) 9월 상순에 중서령(中書令) 진양공 최이가 삼가 기록한다"라는 간기가 적혀 있어 본 서가 금속활자본을 다시 새긴 것임을 밝혀주고 있다.

여기서 주목하게 하는 것은 앞서 인출된 금속활자본을 몽고군이 쳐들어와

강화로 천도한 1239년에 목판본으로 거듭 새겨 펴냈으니 그 바탕이 되는 활자
본은 천도 이전 개경에서 인출된 것임을 시사해주고 있다는 점이다. 피난 중
에는 모두가 전란을 수습하는 일 외에는 여유가 없었을 터인데 기술상 고도의
창의력이 필요한 금속활자 인쇄를 하였다는 것은 천도 이전, 적어도 13세기
초기부터 이미 활자 인쇄술을 경험해보았기 때문일 것으로 추정된다. 더욱이
본 서의 간기가 최이의 글이라는 점에서 신빙성을 더해주는데 최이는 당시 무
인 정부의 제일인자였던 최우(崔瑀)의 개명(改名)이다.

이 책은 판각 후 세월이 흘러 글자 획에 나뭇결이 생기고 어떤 것은 글자
획이 끊기거나 일부가 마멸된 것도 나타난다. 그러나 글자를 새긴 솜씨가 정
교한 편이며 또한 번각한 중앙 관판본이기 때문에 금속활자본의 특징이 잘 나
타나고 있다.

이러한 특징으로는 우선 글자의 모양이 비교적 가지런한 점에서 활자의 특
징이 인지되고 본문의 행렬이 바르지 않고 좌우로 들락거렸거나 삐뚤어졌으
며, 윗 글자의 아래 획과 아래 글자의 윗 획이 서로 닿거나 엇물린 것이 없는
점 등을 들 수가 있다.

금속활자 인쇄에 관한 초기의 자료가 별로 전해지지 않은 오늘날 본 서는
고려 중앙 관서의 금속활자 인쇄 시기와 성격을 파악할 수 있는 현존 자료 중
가장 앞선 것이라는 점에서 그 의의가 매우 크다.

또한, 근래 들어 증도가자(證道歌字)가 1160~1280년 사이에 사용되었기
때문에 현존 세계 최고(最古)의 금속활자본인 ≪직지심체요절≫보다 앞선 것
이라는 주장이 학계에서 제기되어 주목을 끌고 있다.

• 상정예문(詳定禮文)

상정예문은 고려 인종 때 최윤의 등이 왕명을 받들어 고금예의 제도의 같
고 다른 점을 참작, 절충하여 만든 50권으로 된 예서(禮書)이다. 이 책을 금속
활자로 찍었다는 것은 이규보의 문집인 ≪동국이상국후집(東國李相國後集)≫
에 진양공 즉, 최이를 대신하여 〈신인상정예문발미(新印詳定禮文跋尾)〉라는

글에 의하여 알 수 있다.

이 글에 따르면 "상정예문 50권이 이미 출간되었는데 천도할 때에 한 벌만을 가져오게 됨에 따라 최이가 금속활자로 25부를 찍어서 여러 관청에 두도록 하였다"고 되어 있어 50권이나 되는 많은 분량을 금속활자로 28부나 찍어냈음을 알게 되었다. 즉, 이 책이 몽고군의 침입 후 강화로 옮기는 과정에서 소실될 위기에 처하자 금속활자로 28부를 찍어 여러 곳에 나누어 소장하게 하였던 것이다.

그러나 이규보가 지은 글 끝에는 이 글을 지은 날짜가 기록되어 있지 않다. 따라서 우리나라 역사서에는 대부분 고종 21년(1234)에 인출한 것으로 알려져 있으나 그 기록은 정확하지 않으며, 다만 고려가 강화로 옮겨 간 고종 19년(1232)부터 금속활자본의 발문을 쓴 이규보가 서거한 해인 동왕 28년(1241) 사이로 추정되고 있다.

하지만 전란의 혼란 속에서 금속활자를 발명하고 기술적으로 어려운 조판을 고안해내기란 어려웠을 것이라는 점을 감안하면 강화로 천도한 후 얼마 되지 않아 금속활자로써 서책을 인출하였다 하더라도 금속활자 제조에 대한 자료나 기술적 준비는 이미 그 이전에 완료되어 있었을 것이라고 보는 것이 타당하리라고 생각된다.

만일 금속활자가 《상정예문》을 인출할 무렵 처음으로 고안된 것이라면 이규보도 그 편리하고 기묘한 금속활자 인쇄에 대해 다소라도 언급했을 법한데 전혀 언급이 없었다는 사실은 우리나라의 금속활자 인쇄가 이미 그 이전부터 사용되었음을 추정할 수 있게 한다. 다만 이 책이 현재 전해오지 않고 있어 내용이나 생김새를 알 길이 없으며 이를 찍은 금속활자 또한 누가 언제 어떤 재료에 의하여 만들었는지에 대해서도 알 길이 없다.

• 동국이상국집(東國李相國集)

동국이상국집은 《상정예문》의 발미를 쓴 이규보의 문집이다. 이 책을 활자로 찍은 것은 알려지지 않고 있으나 활자본을 뒤집어서 복각한 것으로 믿어

동국이상국집

지는 책이 전해오고 있어 금속활자로 찍은 책도 있지 않았나 하는 추정을 가능케 한다.

현재 전해오고 있는 이 책은 모두 53권인데 전집(前集) 41권은 이규보가 세상을 떠나기 전에 편찬되었고 후집(後集) 12권은 이규보의 사후에 전집에서 누락된 것을 모아 편찬한 것으로 이 중 전집 부분만이 금속활자로 인쇄한 책을 복각한 것이다.

이 책의 서두에는 이규보가 앓아눕자 진양공 최이가 공인을 모아 문집을 단시일에 인쇄토록 하였다는 내용이 나오는데 이 당시에는 이미 《상정예문》과 같은 책들을 금속활자로 찍었던 때이므로 많은 책을 빨리 찍어내기 위해 활자로 인쇄토록 하였을 가능성이 매우 크다.

이 밖에 고려시대 중기 이전의 금속활자 인쇄와 관련된 인쇄물로는 의종 14년(1160)경에 당나라와 송나라 때의 좋은 글을 모아 금속활자와 목활자를 섞어 찍은 것으로 보이는 《고문진보대전(古文眞寶大全)》과 충렬왕 때에 금속 활자와 동판을 사용해 찍은 것으로 추정되는 《심요법문(心要法問)》 등이 전해오고 있다.

(3) 직지(直指)

• 세계 최고(最古)의 금속활자본

고려시대에 간행된 금속활자본으로 유일하게 현재 전해오고 있는 것으로는 청주 흥덕사에서 인쇄한 《직지(直指)》가 있다. 이 책은 원래 상·하 두 권이었으나 상권은 전해오지 않고 하권만 현재 프랑스 국립도서관에 보관되어 있다.

직지

이 책은 프랑스 모리스 쿠랑(Maurice Courant)이 1901년에 발행한 ≪한국 서지(韓國書誌)≫의 부록에 금속활자로 인쇄된 것이라고 처음 소개되었으나 그 실물을 접할 길이 없어 존재 여부에 대해 반신반의하는 사람들까지 있었다.

그러던 중 1972년 '세계 책의 해'를 기념하기 위해 유네스코 주관으로 프랑스 국립도서관에서는 '특별 도서 전시회'를 개최했는데 이때 본 도서관에 근무하던 박병선 박사가 이 책을 전시회에 출품함으로써 처음으로 공개되어 현존하는 세계 최고(最古)의 금속활자본으로 알려지게 되었다.

이 책은 1887년 주한 프랑스 대리공사로 서울에 근무했던 콜랭 드 플랑시(Collin de Plancy)가 수집해 간 많은 장서 속에 들어 있던 것으로 그 뒤 도서 수집가인 앙리 베베르(Henri Vever)의 수중으로 넘어갔다가 1950년 그가 사망하자 프랑스 국립도서관에 기증되어 보관되어 있었던 것이다.

이 책의 권말에는 '선광(宣光) 7년 정사(丁巳) 7월 일 청주목외(淸州牧外) 흥덕사(興德寺) 주자인시(鑄字印施)'라는 간기가 적혀 있어 인쇄 시기와 인쇄 장소, 인쇄 방법 등을 알 수 있게 해주고 있다. 이 중 선광은 북원(北元)의 연호로 고려 우왕 3년(1377)에 해당되며 이때 흥덕사에서 금속활자로 찍어냈음을 분명히 밝혀주고 있다.

또한 이면에는 '연화(緣化) 문인(門人) 석찬(釋璨) 달잠(達湛), 시주(施主) 비구니(比丘尼) 묘덕(妙德)'이라는 표시가 있다. 간기는 뒤에 중간(重刊)하면서도 원본의 기록대로 전재하는 경우가 있지만 사찰본에 있어 조연(助緣) 문인 시주 등은 대체로 올바르게 표시하고 있다.

흥덕사 금당

석찬은 이 책을 지은 경한(景閑)의 제자로서 스승의 다른 찬술인 ≪백운화상어록≫을 집록(輯錄)한 수제자이며 이 책을 금속활자로 인쇄한 다음에 여주 취암사에서 다시 목판본으로 간행할 때도 주도적인 역할을 하였다. 달잠도 석찬과 함께 취암사에서 그 어록을 간행하는 데 조연한 문인이며 묘덕도 어록의 개판은 물론 이 책을 목판본으로 간행하는 일을 전적으로 도와서 완성을 보게 한 인물이다. 이렇듯 조연 문인 및 시주가 바로 당대의 인물들이니 이 책이 간기대로 1377년 흥덕사에서 금속활자로 찍어낸 것임에 틀림이 없다.

흥덕사지 출토 유물

이 책은 간기에 청주목의 교외에 있는 흥덕사에서 찍어낸 책이라고 되어 있으나 한동안 흥덕사의 정확한 위치를 도무지 찾을 길이 없었다. 그러던 중 1985년 청주시 운천동 일대에서 택지를 조성하다가 금당지(金堂地)의 유구와 함께 '흥덕사(興德寺)'라는 명문이 새겨진 유물을 수습함으로써 비로소 그 위치를 확인하게 되었으며, 현재 이곳에는 청주고인쇄박물관이 세워져 인쇄문화의 발상지임을 기념하고 있다.

또한 《직지》는 2001년 유네스코의 세계기록유산으로 등재되어 세계의 보물로 보호되고 있다.

• 서지(書誌)적 특징

직지 영인본

《직지》는 《직지심경》, 《직지심체요절》 등으로도 불리지만 원래의 책 이름은 《백운화상초록불조직지심체요절(白雲和尙抄錄佛祖直指心體要節)》로 백운화상(법명은 경한)이 불법을 제자들에게 전하기 위해 여러 책에서 선(禪)의 요체를 깨닫는 데 필요한 요점만을 간추려 펴낸 책이다.

이 책은 현재 금속활자본과 목판본 두 종류가 전해오고 있다. 금속활자본은 1377년 7월에 청주 흥덕사에서 인쇄한 것 중 하권만 전해오고 목판본은 그 이듬해 여주 취암사에서 인쇄한 것으로 상·하권 모두가 현재 국립도서관에 소장되어 있다.

금속활자 인쇄물 중 현존하는 하권은 지방의 사찰에서 전통적인 주조 방법으로 활자를 만들어서 인쇄하였기 때문에 전체적으로 볼 때 기교와 솜씨가 미숙한 초기 활자본의 성격과 특징을 나타내고 있는데 두드러진 서지적 특징을 살펴보면 다음과 같다.

첫째, 글자는 중간 자와 작은 자의 두 종류로 중간 자는 본문에, 작은 자는 세주와 본문의 중간 자가 없는 경우에 보충하였다. 활자의 주조가 정교하지 못해 글자 획의 굵기와 가늘기에 차이가 있고, 크기와 모양 또한 가지런하지 못하며 같은 판면 내에는 같은 글자가 없으나 다른 판면에는 같은 글자도 있다. 이 같은 주조 방법과 기술은 조선조 중앙 관서의 주조 방법과 다르며 그 기술이 사뭇 미숙하였음을 알 수 있다.

둘째, 본문의 행렬이 곧바르지 않고 글자가 비스듬하게 기울어진 것이 빈번하게 나타난다. 그런가 하면 일부 글자는 거꾸로 식자된 것도 여러 군데 나타나고 있으며 글자가 아예 빠진 곳도 있다. 그리고 식자한 활자의 높낮이가 일정하지 않아 글자의 먹색이 진하고 연한 차이가 심한데 어떤 글자는 획의 일부가 찍혀지지 않은 것도 있다.

고인쇄박물관 전경

셋째, 인쇄판은 광곽(匡郭)과 계선(界線)이 하나로 고착된 두 개를 만들어 번갈아 사용하고 있다. 한 페이지는 11행이지만 각 행의 글자 수는 활자 크기가 일정하지 않아 18~20자로 1~2자의 차이가 있다. 따라서 옆줄의 글자가 수평을 이루지 못하고 아래획과 아랫글자의 윗획이 서로 닿거나 엇물린 것도 나타나고 있다.

직지 영인본 표지

이러한 서지적 특징은 결국 활자의 주조 방법이 조선조의 고도로 발달한 방법과는 사뭇 다르게 만들었기 때문에 활자의 크기가 일정하지 않고 조판법도 미숙한 초기 활자본의 특징을 지니고 있는 데서 생겨나고 있다. 그러나 이 책을 인출한 금속활자를 어떻게 주조했는가에 대한 기록은 전혀 전해오는 바가 없다.

다만 근대에 이르기까지 사찰에서 행해졌던 주물을 부어 활자를 만드는 방법에 의거해 본 활자의 주조 방법을 추정해보면 글자 모양을 정제된 밀랍의 한쪽 면에 새긴 후 쇳물의 높은 열을 견딜 수 있는 찰흙을 덮어 씌워 주형을 만든 다음 여기에 쇳물을 부어서 활자를 만들고 이를 잘 다듬어서 완성시켰을 것으로 생각되고 있다.

이때 밀랍으로 만든 어미자는 주형을 구울 때 녹아 없어지므로 같은 글자라 하더라도 똑같은 모양이 거의 없다. 이 책에서도 한 판면의 동일한 글자에 똑같은 글자 모양이 보이지 않고 크기와 획의 굵기가 일정하지 않음이 보이는데 이는 전통적인 사찰 주물 법에 의해 주조된 것임을 입증해주고 있다.

이 책은 금속활자로 찍어냈음에도 활자 주조와 조판 기법이 미숙하여 인출 부수는 별로 많지 않았던 듯하다. 이는 흥덕사에서 금속활자로 찍어낸 책을 이듬해 문인(門人)들이 또 다시 취암사에서 목판으로 새겨 보다 많은 책을 찍고자 한 데서 짐작해볼 수 있다.

• 의의와 가치

현존하는 ≪직지≫의 금속활자 인쇄물은 지방의 일개 사찰에서 찍어낸 것이기 때문에 활자본 초기의 미숙한 성격과 특징을 지니고 있지만 인쇄문화사적인 관점에서는 다음과 같이 그 의의와 가치가 지대하게 평가되고 있다.

첫째, 고려의 금속활자본 중 유일한 실물이 서구의 책 전시회에 출품됨으로써 우리 선조들이 세계 최초로 금속활자 인쇄를 창안하고 발전시킨 문화민족이었음을 세계만방에 널리 알렸다는 점에서 가장 큰 의의가 있다. 이는 우리 민족이 문화민족임을 상징함에 있어서 지식과 문화를 전파 보급하는 매체인 금속활자 인쇄를 발명했다는 것보다 더 나은 것이 없다는 점에서 특히 그러하다.

직지 유네스코인증서

둘째, 13세기 전기에 보급되었던 중앙 관서의 금속활자 인쇄가 원(元)의 지배로

그 기능이 사실상 마비되고 말았는데 그런 와중에서도 지방의 사찰에서 금속
활자를 만들어 책을 찍어냄으로써 고려 금속활자 인쇄의 맥락을 이어주었고
그것이 오늘날까지 전해져 세계에서 가장 오래된 금속활자본임을 실증해 주고
있다는 점에서 큰 가치가 있다.

셋째, 지방의 일개 사찰에서 금속활자로 《직지》를 인쇄해낼 만큼 고려의
금속활자 인쇄술은 상당한 수준까지 발전되고 널리 보급되었음을 알 수 있는
데 이러한 기술이 조선시대로 계승되고 단계적인 계량 과정을 거쳐 실로 헤아
릴 수 없는 숱한 종류의 금속활자를 만들어 우리의 인쇄문화를 크게 발달시켰
음은 물론 이러한 기술이 이웃 나라의 인쇄문화 발전에도 큰 영향을 끼쳤다는
점에서 의의가 있다.

따라서 우리 민족은 금속활자를 세계에서 최초로 발명하였을 뿐만 아니라
널리 사용해온 선구자로서 영예를 자랑할 수 있으며, 그 증거물인 《직지》야
말로 우리 민족이 세계에 널리 자랑할 수 있는 귀중한 문화재인 것이다.

(4) 외국의 금속활자

고려의 금속활자 인쇄술은 세계 인쇄학적 관점에서 중국과 서구의 그것들
과 비교하면 그 창의성과 우수성이 더욱 돋보인다.

중국의 활자 인쇄는 북송조의 필승(畢昇)이 경력(慶曆) 연간(1041~1048)
에 만든 교니활자(膠泥活字)에서 비롯된다. 이 활자는 진흙을 얇게 만들어 그
위에 글자를 새긴 다음 하나씩 떼어내어 불에 구어 굳어지게 하였다. 교니활
자의 발명은 활자판의 이점을 처음으로 인식시켜준 점에서는 의의가 크지만
활자 인쇄로서는 실용화되지 못하고 하나의 시도작에 그치고 말았다. 이는 진
흙을 구워 활자를 만들었기 때문에 내구성이 없고 잘 부서져 계속적인 사용이
어려운 탓에 곧바로 폐기된 점으로 보아서도 알 수 있다.

교니활자에 의한 인쇄 시도는 우리에게 활자 인쇄의 이점과 조판 지식을
얻게 하는 데는 도움이 되었던 듯하나 활자를 만드는 방법이 금속활자 주조법

과는 전혀 다르고 조판법 또한 사뭇 달라 우리의 활자 창안과 활용에는 아무런 영향을 미치지 못했다는 점에서 고려 금속활자 인쇄술의 창의성이 여실히 부각된다.

중국에서 금속활자 인쇄를 처음으로 성공하여 책을 간행했다는 기록과 함께 실물이 전해지고 있는 것으로는 명대의 홍치(弘治)·정덕(正德) 연간(1488~1521)인데, 그것도 관서가 아니고 민간 출판업자에 의해 이루어진 탓에 그 기술이 매우 미숙하여 글자 모양이 균정하지 못하고 판면도 정밀하지 못하여 우리나라의 것과는 비교할 바가 못 된다.

현존하는 중국의 동(銅)활자본은 활자의 모양과 글자의 행렬, 먹색의 짙고 옅음의 정도 등에서 우리의 금속활자본과 그 특징이 매우 흡사하다. 이들 활자본들은 중국의 서지학자들도 언급하고 있듯이 송 대의 교니활자를 계승, 발전시키지 못하고 훗날 우리나라의 영향을 받아 이루어졌을 것으로 추정되고 있다.

일본은 임진왜란 때 우리나라에서 금속활자 및 인쇄 도구 등과 함께 각종 전적을 대량으로 빼앗아갔다. 이때 가져간 활자로 1593년에 ≪고금효경(古今孝經)≫을 찍었으나 판을 짜는 일과 금속활자에 잘 묻는 유성 먹을 준비하는 일이 여의치 않았던 듯 몇 부밖에 찍어내지 못한 까닭에 그 기록은 있으나 인본은 전해오지 않고 있다.

그 뒤 1597년에는 우리나라의 동활자를 모각한 목활자를 만들어 많은 책을 찍어냈으며, 1615년에 이르러서야 비로소 동활자를 만들어 처음으로 활자본을 간행함으로써 16세기 말엽까지 목판인쇄가 고작이었던 일본에 인쇄혁명이 일어날 수 있었다.

한편, 서구에서는 독일의 구텐베르크가 금속활자를 최초로 주조하여 인쇄하였다는 활자본이 다수 전해오고 있다. 이 중 정확한 발간 연대는 알려지지 않고 있으나 1440년대의 말기에 처

요하네스 구텐베르크

음으로 금속활자를 주조하여 인쇄하였다는 ≪세계심판≫과 ≪천문력≫ 그리고 1455년을 전후한 무렵에 찍어낸 ≪42행성서≫ 등이 초기의 활자본으로 알려지고 있다. 그러나 이들은 모두 조선시대에 들어와 최초로 주조한 계미자(癸未字 : 1403년)보다도 40년 이상이나 뒤의 것에 해당하니 고려시대에 간행된 금속활자본과는 아예 비교할 것이 못된다.

42행성서

이런 점에서 볼 때 고려의 금속활자 인쇄술이야말로 발상 시기로 보나 독창성을 발휘하여 슬기롭게 발전시켰던 점으로 보나 단연 세계에서 으뜸임을 확인케 하며 우리 민족의 창의성과 우수성을 재확인시켜주는 증거가 아닐 수 없다.

04
조선시대의 인쇄

1. 초기 인쇄술과 불경 인쇄

(1) 초기의 인쇄술

• 고려 인쇄술의 계승

태조 이성계는 조선을 건국한 후 고려의 제도를 많이 답습하였는데 각종 서책을 인출하는 일을 관장하는 관직도 고려 공양왕 4년(1392)에 설치된 서적원(書籍院)의 명칭을 그대로 계승하였을 뿐만 아니라 이를 담당하는 관원들의 직제도 대부분 그대로 두었다.

그뿐만 아니라 고려시대부터 이어져 내려오던 대장경판의 인쇄나 각 사찰의 간경사업도 그대로 계승되었다. 태조가 즉위했던 기간에는 서너 종의 대장경 판이 판각되었으며 왕사(王師)였던 무학(無學)대사의 《주심부(註心賦)》를 복각하기도 하였다.

태조 7년(1398)에는 왕이 용산에 친히 나가 강화도 선원사에서 운반되어 온 고려의 재조대장경판을 맞이한 다음 서울 서대문 밖의 지천사에 소장하였다가 곧이어 합천 해인사로 이관케 하기도 하였으며, 특히 동왕(同王) 13년에는 해인사 대장경판을 인출하기 위하여 각 도의 관찰사에게 명하여 경지(經紙)를 만들게 하여 대장경을 인출하고 그 장경을 경기도 양주의 개경사에 봉안하기도 하였다.

태조에서 태종 대에 이르는 조선조 초기에는 불경판 외에도 다른 서책들의 관판본과 사판본들의 간행이 상당히 성행하였다. 태조 대에는 계림부에서 중간(重刊) 등의 《경제육전(經濟六典)》, 권근의 《입학도설(入學圖說)》이 간행되었고, 정종 대에는 《향약제생집성방(鄕藥濟生集成方)》이 간행되었다.

태종 대에는 평양부에서 인출한 《주문공가례(朱文公家禮)》, 권근 등이 편수한 《동국사략(東國史略)》, 이승인의 유고집인 《도은문집(陶隱文集)》, 고려 이승휴의 《제왕운기(帝王韻紀)》 등 많은 서책들이 관판으로서 중앙 및 지방 관서에서 간행되었다.

또한, 조선 초기의 사판본으로 볼 수 있는 서책으로는 태조 대에 정도전의 《경제문감(經濟文鑑)》, 《삼봉집(三峰集)》, 태종 대에는 《길재선생시권(吉再先生詩卷)》, 《향약구급방(鄕藥救急方)》 등 많은 책들이 인출되었다.

이처럼 조선 건국 초기의 인쇄술은 서책을 인출하는 기관의 관제(官制)부터 불전(佛典)의 조조와 서적 인쇄에 이르기까지 그 전통이 거의 고려시대의 인쇄술을 그대로 계승하였다고 해도 과언이 아니다.

• 초기의 목활자 인쇄

조선 건국 이후 인쇄 업무를 관장하던 기관은 고려 공양왕 때 설치된 서적원과 그 직제인 영(令)과 승(承) 등을 그대로 이어받아 활용하였지만 건국 후부터 태종 3년(1403) 계미자가 동활자로 주조되기 전까지 12년 동안에 금속활자로써 서책을 인출했다는 자료는 발견할 수 없다. 이는 신구 왕조의 교체로 인한 혼란기였기에 서적원에서 인쇄 업무를 실시할 만한 형편이 되지 못했기 때문으로 보인다.

그러므로 계미자가 주조되기 전의 조선 건국 초기에는 주로 목판이나 목활자를 만들어 서적을 인출하였다. 이 무렵에 간행된 목판본으로는 태조 4년에

개국원종공신녹권

찍은 ≪개국원종공신녹권(開國原從功臣錄券)≫ 등이 있으며 목활자본으로는 태조 4년에 간행된 ≪대명률직해(大明律直解)≫, 태조 6년에 목판본을 목활자본으로 다시 찍은 ≪개국원종공신공록권≫ 등이 있다. 같은 개국공신 녹권이면서도 전자는 목판본으로 되었고 후자는 목활자본으로 되었는지의 이유를 알기는 어렵다. 그러나 당시의 활자 인쇄술로 보아 한꺼번에 많은 수량을 인출하기가 어려웠을 것이므로 수량이 많았던 태조 4년의 녹권은 목판으로 하고 수량이 적었던 6년의 녹권은 간편하게 목활자로 인출하게 된 것으로 추정되고 있다.

이들 중 ≪대명률직해≫를 찍은 목활자는 건국 초의 혼란기에서 인쇄 기능을 제대로 수행하지 못하고 있는 서적원을 대신하여 지방 관서에서 만들어 바친 것으로 서적원자라고 하고 녹권을 찍은 활자는 중앙 관서에서 만든 것으로 녹권자라 부른다. 목활자본은 대체로 글자체가 고르지 않고 나뭇결이 나타나 있지만 이들 책들은 조선조 초기 목활자본의 실증적 자료로서 매우 귀중한 만큼 현재 국보로 지정되어 있다.

• 유서(儒書)의 판각

조선 초기의 태종 대에 해당하는 명나라의 영락(永樂) 연간에 중국에서는 한·당·송 이래의 유서들을 총 취합하여 ≪사서(四書)≫와 ≪오경(五經)≫ 및 ≪성리대전(性理大全)≫ 229권을 편찬하였다. 이 책들은 당시의 학자로서는 반드시 정독하여야 할 귀중한 유교 경전의 주해서일 뿐만 아니라 인본은 지질이 매우 우수하고 판면과 글자체, 글자 획의 새김이 정교하며 표지 장정 또한 훌륭한 도서미를 갖추고 있다.

이 책들이 우리나라에 처음으로 들어온 것은 세종 원년(1419)인데 당시에는 곧바로 번각되지 못하여 종래부터 전해오던 ≪사서≫와 ≪오경≫의 판본들이 활용되고 있었다. 그런데 세종 8년(1426)에 본 서를 명으로부터 또다시 가져오게 되자 왕명으로 이를 각 지방관서에서 나누어 간행토록 하였는데 본 인본 229권 중 경상도는 ≪성리대전≫과 ≪역서대전≫, ≪춘추대전≫을, 전라도는 ≪시대전≫ 및 ≪춘추대전≫, ≪예기대전≫을, 강원도는 ≪사서대전≫을 각각 판각하였다.

이때 간행된 이 책의 초간본은 명의 영락 판본을 모각(模刻)한 것으로 보이지만 글자 획은 훨씬 정교하며 용지 또한 엷고 질긴 순백의 닥종이를 사용하여 오늘날까지도 선명한 묵흔(墨痕)을 볼 수 있는데 이는 당시의 인쇄술 및 먹의 제조술이 어느 정도 발전하였는지의 정도를 짐작할 수 있게 한다. 그 후 이책의 각판들은 각 도에서 취합해 중앙의 주자소에 보관하였다. 이로 미루어볼 때 당시 주자소에서는 금속활자를 만들어 각종 서책을 인쇄한 외에도 지방에서 올라온 목판본도 함께 관리하면서 서책을 인쇄하였음을 확인할 수 있게한다.

유교가 번성했던 조선시대에는 많은 유서(儒書) 중에서도 ≪사서≫와 ≪오경≫ 및 ≪성리대전≫은 경향 각지를 통해 가장 많이 읽혔으므로 주자소에 이관된 후에도 수요에 따라 수차에 걸쳐 중인하였으며 각 지방에서도 많은 번각본들을 보게 되었다. 이러한 번각본들 중에는 초간본의 면모를 거의 찾아볼 수 없을 정도로 품격이 현저히 저하된 것들도 많이 있다.

주자소에 보관된 목각판은 서책을 인출하여 각 지역의 향교 등에 배포하였을 뿐만 아니라 자비(自費)로 비치하려는 사람에게는 용지를 가져오면 인쇄해줄 만큼 중앙정부로서도 본 서의 인쇄 및 보급에 많은 관심을 가졌다.

(2) 불경 인쇄와 전파

• 해인사 대장경판의 중인(重印)

강화도의 선원사에 간직하고 있던 고려 대장경판을 태조 7년 합천 해인사로 옮긴 이후 태종 대에 이르러 처음으로 이를 중인했다는 기록이 있지만 이때는 팔만대장경의 일부분만 인출하여 태조가 세운 양주 개경사에 봉인하였다.

그러나 세조 3년(1457)에 왕은 해인사 대장경 50건을 중인할 계획을 세우고 전국 각지에서 경지(經紙)를 구입한 후 3개월의 기간을 거쳐 총 지수(紙數) 345,386권을 중인하였다. 사용된 종이는 모두 관비를 들여 구입하고 경지 한 장이라도 민가에서 거두는 것을 엄금하였으며 중인되어 왕에게 처음으로 진상된 대장경 3권은 흥천사에 두었다.

이처럼 거대한 양의 인쇄를 3개월 만에 완성했다는 사실은 당시 우리 선조들의 인쇄술의 저력이 얼마나 컸던가를 가히 짐작하게 한다. 아무리 왕명이라 하더라도 거창한 인경사업을 짧은 시간에 해냈다는 것은 당시의 인쇄술이 상당히 발달되지 않았다면 거의 불가능하였을 것이다.

이때 간행된 인본들은 원래의 중인 계획대로 선조들의 명복을 빌기 위해 전국 각 명산의 사찰에 봉안되었다. 그뿐만 아니라 일본 및 유구국(琉球國) 등에 국제간의 수호(修好) 증거품으로도 전해져 현재 일본의 증상사(增上寺) 등 각 사찰에 남아 있다.

• 간경도감 설치와 불경 인쇄

세조는 일찍이 불경에 흥미를 느껴 왕위에 오르기 전에는 세종의 뜻을 받들어 ≪석보상절(釋譜詳節)≫을 편찬하였으며, 왕위에 오른 뒤에도 ≪석보상절≫과 ≪월인천강지곡(月印千江之曲)≫을 합하여 ≪월인석보(月印釋譜)≫를 간행하기도 하였다.

월인석보

왕위에 오른 뒤 불경을 간행하려는 염원을 키워오다가 앞서 말한 해인사 대장경판을 중인하여 각 사찰에 봉안하였는가 하면 7년(1461)에는 간경사업을 더욱 활성화시키기 위해 간경도감(刊經都監)을 설치하였다. 간경도감이 설치되자 고려의 대각국사 의천이 많은 장경(藏經)을 수집해 ≪속장경≫을 도장사(都藏司)에서 간행했던 것처럼 대장경판 이외의 불전(佛典)들을 널리 수집하여 모인(摹印)하고 외국 불전들의 국역 간행사업도 힘썼다.

그러나 세조가 세상을 떠나자 불교를 억누르고 유교를 진흥시키고자 하는 유신(儒臣)들은 주자학으로써 국민의 지도 이념을 확립하고자 하는 동시에 간경도감을 원래 잠정적으로 설치된 관서일 뿐만 아니라 불경 간행으로 쓸데없는 경비가 많이 지출된다는 이유를 들어 이의 폐지를 강력히 주장하였다.

선왕인 세조의 유업을 계승하려던 성종은 유신들의 거센 반발에 부딪혀 마침내 동왕 2년(1471)에 간경도감을 폐쇄하였다. 설립 이후 10여 년 동안 많은 불경을 간행하였음에도 불구하고 세조가 시도했던 간경의 대사업이 유종의 미를 거두지 못한 채 배불(排佛)운동의 제물로서 막을 내리고 말았다.

간경도감에서는 많은 불경이 간행되었으나 의천의 속장경에서 볼 수 있는 ≪신편제종교장총록(新編諸宗教藏總錄)≫과 같은 장경 목록이 되어 있지 않아 간행된 불경 목록의 전모를 파악할 수 없다. 다만 현존하는 25종의 불전과 9종의 국역본 등의 간경도감본이나 중간(重刊)본은 간본의 말미에 적혀 있는 간기로써 간행처와 간행 연대를 파악할 수 있을 뿐이다.

간경도감 본들은 세조의 감독하에 간행된 것인 만큼 도서의 제작에 따르는 글자체나 글자 획, 판식, 판면, 용지 등 여러 부문에 걸쳐 도서로서 갖추어야 될 요건들에 대해 많은 노력을 기울였음이 엿보인다. 인본의 글자체는 굳건하고 육중한 촉체(蜀體)계의 것이 많고, 간기에는 대부분 필서자의 이름을 밝혔는데 당대의 명필가였던 강희안, 박경 등의 글씨체가 보인다.

판면은 원(元)판계보다는 송(宋)판계에 가까워 여유가 있고 균형이 잘 짜여 있으며, 용지는 대부분 지질이 엷은 최상급 닥종으로 되어 있어 서책으로서의 훌륭한 형체의 미를 갖춘 진인본(眞印本)으로 볼 수 있다. 다만 이 인본들의 제책의 형태나 표지의 장식은 현재 남아 있는 원판본이 희귀하고 설령 남아 있더라도 형태가 거의 변질되어 있어 그 원형을 짐작하기가 어렵다.

이처럼 이 인본들은 송·원판의 장단점을 절충하여 특색 있는 우리의 전통적 판본을 만들려고 노력했음을 역력히 엿볼 수 있는 만큼 그 당시 우리 인쇄술의 발전된 척도를 가능할 수 있는 중요한 인본이라고 할 수 있다. 그러나 현재 전해오고 있는 당시의 원각본들은 극히 드물고 그 후의 번각본조차도 흔하지 않은 실정이다.

• 인수대비의 인경사업

간경도감을 설치하여 많은 불경을 간행할 수 있었던 것은 세조의 공이 지대했지만 성종 초기에 간경도감이 폐지되고 나서도 불경의 간행사업이 오랫동안 지속될 수 있었던 것은 인수대비의 공력이 있었기 때문이다.

인수대비는 원래 왕세자로 책봉된 세조의 맏아들(덕종)의 부인이자 성종의 어머니이다. 왕세자가 왕위에 오르지 못하고 요절하자 세조의 둘째 아들인 예종이 왕위를 계승했으나 예종 또한 겨우 1년 만에 서거하자 인수대비의 둘째 아들인 성종이 왕위를 계승하게 되었다.

성종은 왕위에 오르자 선친인 왕세자를 덕종으로 추숭(追崇)하고 대비에게는 인수왕비의 조호를 드렸다가 이듬해 왕대비(王大妃)로 봉하였다. 그러나 대비가 57세 때 성종마저 왕위에 오른 지 25년 만에 세상을 떠나니, 인수대비는 세자빈과 왕대비의 영화를 누렸음에도 한 인간으로서의 갖은 비극과 참척을 뼈저리게 겪었다.

그리하여 인수대비는 요절한 남편과 왕위에 오른 지 1년 만에 서거한 시숙인 예종, 자신보다 먼저 서거한 성종의 명복을 부처님께 빌기 위하여 경판을 만들어 절에 시납(施納)하고자 하였다. 이는 또한 세조가 요절한 왕세자를 위해 친히 ≪금강경≫을 짓는 등 많은 불경을 간행한 데서도 영향을 받았으리라고 생각된다.

간경도감이 성종 2년에 배불숭유(排佛崇儒)의 정책에 따라 폐지되자 그다음 해에는 대비 자신이 직접 간경사업에 간여하여 각 처에 분산되어 있는 판본들의 소재처에서 각종 불전들을 복간하게 하였다. 이때 간행된 인본들은 글자체가 단정하고 글자 획의 조각이 정교한 것이 많이 보이는데 권말의 발(跋)은 거의 갑인자의 작은 글자로 인출되어 있다.

인수대비는 또한 목활자를 만들어 불전을 국역 인출하였으며 때로는 한자의 불전을 그대로 인출하기도 하였는데 이때 사용된 목활자를 인경(印經) 목활자라고 한다. 본 목활자는 《진언권공(眞言勸供)》의 발문에 의하면 "인수대왕대비가 승(僧)에게 명하여 《육조단경(六祖壇經)》을 국어로 번역하고 목활자로 제작하여 300건을 인출 반시(頒施)하고 또는 《진언권공》 400건을 인출하여 중외에 반시하였다"라고 적혀 있어 이러한 책들이 인수대비의 명으로 저작된 것임을 알 수 있게 한다.

인경 목활자는 당시의 인경사업에 상당히 많이 이용되었는데 글자 획이 고르고 글자체는 단정하고 부드러운 운치를 지닌 진체(晉體)여서 언뜻 보면 금속활자인 것처럼 보인다. 인본들은 대체로 여백이 약간 좁은 듯한 느낌이 없지는 않으나 전체의 판면으로 보아 조화가 잘되어 있어 목활자 인본으로서는 보기 드문 훌륭한 인본이다.

• 대장경판본의 전파

불교가 백제로부터 일본에 전파된 후 백제와 고구려의 승려들이 일본에 직접 건너가 불교 발전에 힘쓴 결과 불교가 융성해졌는데 일본은 고려 때부터 조선 초기에 이르기까지 고려 대장경의 인본은 물론 경판까지 30여 차례에 걸쳐 요청해왔다. 이때마다 경판본은 적당히 전해주고 때에 따라서는 해인사의 경판이 아닌 지방 사찰에서 만든 경판을 전해주기도 했으나 대개는 장경판이 1본밖에 없다는 이유를 들어 거절하였다. 이때 건너간 장경들은 그 종류나 수량이 상당히 많았으리라고 예상되나 문헌적으로 알려진 것으로는 겨우 10여 종을 들 수 있을 뿐이고 부수 또한 정확히 밝혀지지 않아 전체의 수량을 짐작하기 어렵다.

그러나 세조 대에 해인사 대장경판 전체를 50부 중인한 뒤로부터 성종 말경까지 약 35년 동안에 13회에 걸쳐 많은 수량의 장경들이 일본과 유구국에 전해졌다. 그러나 13회 중에서 장경의 경명과 부수가 비교적 자세히 적혀 있는 것이 겨우 5회뿐이고 나머지 8회는 밝혀져 있지 않다. 다만 현재 일본의 증상사(增上寺)나 남선사(南禪寺)에 소장된 수많은 대장경 판본들이 세조 때 해인사에서 인출된 것이라는 점을 감안하면 당시 일본에 건너간 장경들의 수량이 매우 많았음을 짐작하게 한다.

이때 건너간 고려 대장경들은 당시 일본의 간경 및 조판사업에 적지 않은 영향을 미쳤다. 당시 일본에서 대장경판을 구하고자 보내 온 서신 중에 "우리 의 대장경은 간행하기 어려워서 완비하지 못하나 조선의 간본은 조각이 극히 정교하다"라는 대목이 있어 우리의 대장경판이 일본의 간경사업에 직간접으로 적지 않은 영향을 미쳤을 것이라는 점을 추측해볼 수 있다.

동래선생교정북사상절

2. 금속활자의 개량과 발전

조선시대의 금속활자는 고려부터 이어받은 기술을 더욱 발전시켜 찬란한 인쇄문화를 일궈냈다. 역대 국왕들마다 금속활자를 주조하고 책을 인쇄하는 일은 중요한 문정(文政)의 하나로 여겼기에 많은 종류의 금속활자가 주조되었고 이에 따른 인본들도 많이 생산되었다. 또한 주조된 금속활자는 종류가 매우 다양하고 수량이 많아서 활자의 명칭은 대체로 제작 연도의 간지(干支)를 따서 붙였으나 경우에 따라서는 활자를 만든 기관이나 글자체 혹은 글자본을 쓴 사람의 이름과 활자의 용도 등을 따서 이름을 붙인 경우도 있다.

그런데 조선시대의 금속활자는 선조 25년(1592)에 일어난 임진왜란을 기준으로 하여 전란 전과 후 사이에는 많은 차이와 변화를 보이고 있다. 전란 중 중앙의 교서관을 비롯해 각 지방 관서의 인쇄 시설과 기구들이 많은 피해를 입었고 서책을 인출하는 데 쓰던 활자는 대부분 유실되고 말았다. 왜군은 많은 서책과 인쇄기들은 전리품으로 가져갔고 인쇄에 종사하던 사람들까지 데려가 활자 인쇄술을 터득하게 되었다.

또한, 임진왜란 전까지는 금속활자 주조의 전성기로 대부분의 활자가 왕의 칙명에 따라 국가기관인 교서관 등에서 주조되었기 때문에 품질도 매우 뛰어났다. 그러나 전쟁으로 입은 피해로 물자가 부족했던 후기에는 활자의 품격이 크게 떨어지고 사가(私家)에서 개인에 의해 만들어진 활자까지 등장하였다. 그러나 이는 오히려 관서를 중심으로 발전되어 온 금속활자 주조 기술이 일반인에게까지 널리 보급되고 상업적으로 사용되는 계기가 되었다.

이처럼 조선시대의 금속활자와 인쇄술은 임진왜란을 중심으로 하여 전기와 후기에 많은 차이와 변화가 나타나고 있는 만큼 임진왜란 이전을 전기, 이후를 후기로 나누어 살펴볼 필요가 있다.

(1) 조선 전기(前期)의 금속활자

• 계미자(癸未字)

새로 건국한 조선 왕조는 제3대 왕인 태종 대에 들어와 비로소 사회가 안정되고 문물이 정비됨으로써 왕조로서의 기틀이 잡혔다. 이에 따라 학문을 연구하려는 유생들이 크게 늘어났으나 책이 절대 부족하여 어려움을 겪자 태종 3년(1403) 2월에 고려 말기의 서적원 제도를 본받아 주자소(鑄字所)를 설치하고 수개월 사이에 큰 자와 작은 자, 특소 자를 합쳐 수십만 자의 동(銅)활자를 만들어 책을 인출하였다.

이 활자는 제작된 연도의 간기를 따라 계미자라 부르는데 성현(成俔)의 《용재총화(慵齋叢話》에는 이 활자로 서책을 인출한 해의 간기를 따라서 '정해자(丁亥字)'라고 기록하고 있어 이를 정해자라고 부르는 사람도 있다.

계미자는 조선시대에 들어와 처음으로 만든 금속활자이나 글자체가 크고 고르지 않아 오랫동안 사용되지는 못하고 18년이 지난 세종 2년(1402)에 경자자(庚子字)를 주조하면서 녹여버린 탓에 더 이상의 인출 기회를 갖지는 못하였다.

현재 전해지고 있는 본 활자의 인본에 의하면 글자체가 약간 큰 편이며 글자의 형태 또한 고르지 않지만 균형은 그런대로 잘 갖춰져 있다. 글자체가 크다는 것은 글자본 자체가 큰 까닭도 있겠지만 당시 주금술(鑄金術)에 대한 전문지식이 부족하여 합금의 비율이 적당치 않은 탓에 주금이 냉각할 때 수축이 심하게 됨으로써 주형(鑄型)과 같은 글자 형태가 되지 않았기 때문으로 보인다.

이 활자는 《직지》를 인쇄한 흥덕사 활자보다는 개량되기는 했으나 활자 주조와 인쇄기술이 미숙했던 초기의 특징이 그대로 나타난다. 인쇄 시에는 인판(印板) 바닥에 밀랍을 먼저 깔아 활자를 배열한 다음 열을 가해 밀랍을 녹이고 철판으로 활자를 고르게 누름으로써 활자 면이 편편하게 되면, 열을 제거하고 활자가 고정되게 하여 인쇄하였다. 이러한 방법은 활자가 밀랍에 잘 꽂힐 수 있도록 해야 했기 때문에 활자의 뒤끝이 모두 송곳처럼 뾰족한 형태를 띠고 있다.

그러나 밀랍은 속성이 부드럽고 응고력이 약해 식자가 든든하지 못한 탓에 활자가 유동되어 글자의 행이 일그러지는 결점이 있어 밀랍을 수시로 녹여서 부어야 했으므로, 밀랍의 소비량이 많으면서도 하루에 찍어내는 인쇄량도 십여 장 이내에 불과하였다. 이러한 기술 조건에서도 각종 서책을 대량으로 찍어 널리 보급하였음은 문화사적인 측면에서 매우 의의가 크다고 할 수 있다.

이 활자로 인쇄한 인본들은 지금까지 다수가 전해오고 있는데 이는 고려 고종 때 금속활자를 만들어 최초로 인쇄했다는 《고금상정예문》보다는 약 170년 이후이고 현존하는 세계 최고의 금속활자본인 《직지》보다도 26년 이후의 것이지만 독일의 구텐베르크가 서양에서 금속활자를 만들어 사용한 1440년경보다는 40여 년이나 앞서고 있다. 이러한 사실은 우리나라에서 주조한 금속활자가 세계 인쇄사에 뚜렷한 자취를 남기고 있음을 의미하는 것이라 할 수 있다.

• 경자자(更子字)와 갑인자(甲寅字)

세종 대는 조선시대에 있어 가장 문물이 잘 정비되고 학문이 번창하였던 시기였다. 민족문화 건설의 일환으로 경자자 및 갑인자 등의 동활자를 주조하여 명(明)에서 전해온 유경(儒經) 판본들의 번각은 물론 법전을 비롯한 천문, 지리, 음악, 농학, 의방서 등을 간행하였다. 또한 훈민정음을 창제하여 반포하고 각종 운서(韻書) 및 유·불교 경전의 간행사업에도 많은 업적을 남겼다.

경자자는 세종조에 들어와 처음으로 주조한 금속활자이다. 앞서 주조된 계미자가 모양이 가지런하지 못하고 글자 면이 거친 탓에 인쇄 도중 흔들림이 잦아 하루에 십여 장 내외밖에 인쇄할 수 없던 것을 개량하고자 세종 2년(1420)에 주조하기 시작해 2년간에 걸쳐 완성하였다.

활자의 모양은 끝이 송곳처럼 뾰족했던 계미자와는 달리 네모반듯한 입방체로 고쳤으며, 인쇄 방식에 있어서도 밀랍을 판에 녹여서 글자를 배열하던 방식을 개량해 글자 모양에 알맞게 인판을 만들고 죽목(竹木)으로 각 활자의 빈 공간을 메우는 방법을 활용함으로써 밀랍을 사용하는 비용을 절감하면서도 인쇄량과 인쇄효과는 오히려 높일 수 있게 되어 금속활자 인쇄술의 많은 발전을 보게 되었다.

이 활자로 찍은 인본은 현재 20여 종이 전해오고 있는데 이 중 소자(小字)로 된 《유설경학대장(類說經學隊仗》은 각 페이지는 16행, 18자 체제로 되어 있고 중·소자로 된 《사기(史記)》, 《문선(文選)》, 《선시연의(選試演義)》 등은 거의가 11행, 21자 체제로 되어 있다. 그러나 판심(版心)은 거의 같은 모양으로서 상하 판심에 흑구(黑口), 상하 내향 흑어미(黑魚尾), 그 안의 위에는 서명(書名), 아래에는 장수가 적혀 있다.

갑인자는 세종 16년(1434)에 앞서 주조한 경자자의 글자체가 너무 세밀하여 책을 읽기가 불편하자 좀 더 큰 형태의 금속활자로 개주(改鑄)하기 위하여 만들었다. 이 활자는 관서에서 만든 금속활자 중에서 가장 오랫동안 사용되면서 많은 인본들을 간행하였다. 또한 활자가 처음으로 만들어진 이후 조선조 말기에 이르기까지 모두 여섯 차례나 개주되었기 때문에 훗날 개주된 갑인자들과 구분하기 위하여 이를 '초주 갑인자'라고도 일컫는다.

이 활자는 이천의 감독 아래 장영실, 이순지 등의 천문 기기를 제작하던 과학 기술자들이 명나라 초기의 간본인 《논어》와 《효순사실(孝順事實)》 등

의 글씨를 자본으로 하고 부족한 글자는 진양대군의 글씨체로 보완하여 2개월
만에 20여만 자를 주조하였다.

천문기기 제작의 일류 기술자들을 동원하여 제작했기 때문에 글씨체가 단
정하고 명확할 뿐만 아니라 활자의 모양 또한 자못 정교하다. 경자자와 비교
하면 큰 자와 작은 자의 크기가 고르고 활자의 네모가 반듯하며 판짜기를 완
전한 조립식으로 고안하여 밀랍을 전혀 쓰지 않고 대나무만으로 빈틈을 메우
는 단계로 크게 발전시켰다. 그 결과 인쇄하기가 훨씬 쉬워져 하루의 인쇄량
도 경자자의 두 배인 40여 장이나 인쇄할 수 있게 되었다.

이 활자로 찍어낸 최초의 책은 활자를 주조한 해에 인출한 《대학연의(大
學衍義)》인데, 현재 전해오는 인본들을 보면 글자 획에 필력의 약동이 잘 나
타나고 글자 사이에 여유가 있어 판면의 균형이 잘 잡혀 있으며 먹물도 기름
먹에 아교를 진하게 섞어 찍어 글자가 한결 선명하고 깨끗하다.

초주 갑인자는 선조 13년(1580)에 재주되기까지 장장 1세기 반에 걸쳐 조선
시대 금속활자 중 가장 오래 사용되었다. 그렇기 때문에 활자가 점차 마멸되고
없어져 목활자나 다른 금속활자의 보충이 이루어지기도 하였다. 이렇듯 오래
사용되었지만 그 인본들은 활자의 정교도나 마모도, 다른 활자의 보충도 그리
고 책의 판식과 지질 등을 종합 고찰하면 그 인출 시기를 추정해낼 수 있다.

• 훈민정음자(訓民正音字)

훈민정음은 백성을 가르치는 바른 소
리란 뜻으로 세종 25년(1443)에 창제하여
동왕 28년(1446)에 반포한 우리 고유의
문자이다. 훈민정음을 창제하게 된 동기
는 《훈민정음(訓民正音)》의 〈어제서문
(御製序文)〉에 "우리말이 중국과 달라 백

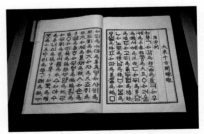

훈민정음

성들이 뜻을 전하고자 함이 있어도 이를 글자로 표현하지 못하니 이를 딱하게
여겨 새 글자 28자를 만드나니 백성들의 일상생활에 편리하게 쓰이게 하고자

한다"는 내용으로 잘 나타나 있다.

세종은 훈민정음을 창제한 후 이를 널리 보급하기 위하여 어제서문과 훈민정음의 음가(音價) 및 운용법을 밝힌 ≪훈민정음(訓民正音)≫을 목판본으로 간행한 데 이어 이듬해에는 최초의 한글 활자를 만들어 ≪석보상절(釋譜詳節)≫을 간행하고 이어서 ≪월인천강지곡(月印千江之曲)≫ 등을 간행하였다. 이때 사용된 한글 활자는 고딕체 모양의 큰 자와 가는 체의 작은 자가 있으며 인본에는 갑인자와 함께 병용되고 있다. 이들 한글 활자를 통상적으로 '훈민정음자', '월인석보 한글자' 또는 '초주 갑인자 병용 한글자'라고 일컫는다.

이들 한글 활자는 세종이 훈민정음을 창제하고 곧바로 주조하여 우리도 고유의 문화민족임을 상징케 했다는 점에서 의의가 매우 크다. 현존하는 인본을 보면 유려하고 부드럽게 운필된 필서체인 초주 갑인자와 강직하게 직선으로 그은 인서체인 한글 활자가 서로 조화 있게 배열되어 그 우아함과 정교도에 있어 우리나라 금속활자본 중 백미임을 자랑할 만하다.

석보상절

이 중 특히 ≪석보상절≫은 세종이 소헌왕후의 명복을 빌기 위해 동왕(同王) 29년(1447)에 수양대군에게 명하여 석가의 일대기를 엮고 이를 한글로 번역한 책인데, 한글 활자가 처음으로 사용되어 인출된 서책이라는 점에 의미를 부여하여 대한인쇄문화협회는 1988년 창립 40주년 기념사업으로 이 책이 간행된 날(9월 14일)을 '인쇄문화의 날'로 제정해 매년 기념해오고 있다.

또한 ≪월인천강지곡≫은 세종이 훈민정음으로 지은 장편 서사시로 자신의 불교 신앙을 표현한 것이지만 백성들에게도 불교의 진리를 쉽게 깨우치도록 지은 책인데 인본은 고딕체인 한글 활자와 갑인자가 잘 조화되어 있다. 우리나라가 1991년 유엔(UN)에 가입했을 때 증정한 기념품

월인천강지곡

이 바로 이 책의 인쇄 동판으로 우리 인쇄문화의 우수성을 전 세계에 알릴 수 있게 되었다.

• 병진자(丙辰字)와 경오자(庚午字)

병진자는 갑인자의 글자 모양이 좀 세밀하므로 보기가 다소 어렵다 하여 세종 18년(1436)에 훗날 세조로 즉위한 진양대군의 글씨로 대자(大字)로 만들어진 후 갑인자와 함께 사용되었다. 이 활자는 글자 형이 다른 활자에 비해 상당히 큰 편이었으므로 일반 서적의 인쇄에는 적당하지 않고 강목자 등에 주로 쓰였기 때문에 이를 '강목대자(綱目大字)'라고 부르는 이도 있다.

《용재총화》에는 본 활자가 납(鉛)을 녹여 만들었다고 기록되어 있는데, 이는 구텐베르크의 납활자보다 앞서 제작된 세계 최초의 납활자라는 점에서 크게 주목되고 있다. 하지만 현재 활자가 전혀 전해오지 않는 탓에 그 재질과 형태 등을 확인할 수는 없다.

경오자는 세종의 왕위가 끝나는 32년, 즉 문종 즉위 원년(1450)인 경오년에 만들기 시작하여 문종 2년, 즉 단종 즉위 원년인 임신년에 완성된 활자로 임신자(壬申字)라고 하기도 한다.

이 활자는 문종이 글자체가 작아 활용도가 낮았던 경자자를 녹이고 안평대군의 글씨를 글자본으로 하여 다시 만든 활자이다. 그러나 이는 《단종실록》에는 기록이 보이지 않고 《성종실록》에서 여러 금속활자를 논하는 중 "경오자는 매우 좋으나 안평대군이 쓴 까닭으로 이를 녹여버리고 강희안이 쓴 글자로 개조한 것이 을해자(乙亥字)이다"라는 데에서 그 이름이 처음으로 나온다. 또한 《정조실록》에도 "세종조에는 경자자와 갑인자가 있고, 문종조에는 임신자가 있으며, 세조조에는 을해자와 을유자가 있었다"라고 적혀 있어 경오자의 존재를 확인시켜주고 있다.

이 활자는 문종 원년인 경오년에 주조되었으나 세조 즉위 원년인 을해년에 강희안이 쓴 을해자로 개주되었으므로 사용된 기간은 6년밖에 되지 않는다. 이처럼 빨리 폐기된 이유로는 경오자의 글씨체가 송설체(松雪體)의 대표적인 것임을 들어 친명반원(親明反元)이라는 당시의 외교적 관계와 결부시키기도 하지만 세조 때 주조된 을해자와 을유자도 송설체임을 고려한다면 납득이 가지 않는다. 이러한 이유보다는 세조의 왕위 찬탈을 반대하다 죽임을 당했던 안평대군의 글씨체여서 세조가 즉위하자 녹여버렸을 것이라는 추측을 가능하게 한다.

비록 짧은 기간 사용되었다 하더라도 새로 만들어진 활자인 만큼 인본이 상당했을 것이지만 현재까지 전해오고 있는 본 활자의 인본은 매우 희소하며 그나마 대부분이 일본에 있고 국내에는 겨우 잔존본이 산재할 뿐이다.

• 을해자(乙亥字)와 을유자(乙酉字)

을해자는 세조가 단종을 폐위시키고 왕위에 오른 원년(1455)에 안평대군이 쓴 경오자를 녹인 후 강희안의 글씨를 글자본으로 하여 개주(改鑄)한 활자이다. 글자본을 쓴 강희안은 당대의 명필가로서 진체와 촉체를 겸한 서법에 능할 뿐 아니라 조선시대 전기의 3개 회화가 중의 한 사람으로서 의장과 필치가 탁월했는데 을해자는 촉체인 송설체보다는 진체인 해서체(楷書體)에 가까운 편이다. 글자체는 대체로 폭이 길이보다 조금 넓은 듯 하나 획이 굵고 필치가 곧다.

이 활자에는 큰 자, 중간 자, 작은 자의 3종류가 있는데, 중간 자와 작은 자는 균형이 안정되어 인쇄에 적합한 까닭에 갑인자와 함께 임진왜란이 일어나기 전까지 계속 사용되었을 뿐만 아니라 전란 후에도 을해자체 목활자를 만들어 혼용하면서 실록 인출에 사용되었기 때문에 인본이 많이 전해오고 있다. 큰 자는 가로세로가 모두 2cm이며, 중간 자는 세로 1.2cm, 가로 1.5cm이고, 작은 자는 세로 1cm, 가로 0.7cm이다.

이 가운데 강희안의 서체 특색이 가장 잘 나타난 것이 중간 자인데 중간 자는 큰 자와 작은 자에 비해 가장 많이 사용되었으며, 작은 자는 주로 중간 자의 아래에 두 줄의 주를 다는 데 사용되었기 때문에 폭이 좁게 만들어졌다. 이에 따라 이 활자로 찍은 인본은 몇 종의 큰 자나 작은 자로 찍은 것 외에는 대부분 중간 자 또는 중간 자 및 작은 자로 되어 있다.

을유자는 세조 11년(1465)에 왕명에 의해 중앙 관서에서 주조한 활자이다. 글자본은 초서에 능하고 촉체도 잘 쓴 정란종의 글씨로 만든 탓에 글자체는 굳세고 부드러운 필치를 가졌지만 활자 모양은 대체로 고르지 않다.

이 활자는 원각사를 준공하고 곧바로 ≪대방광원각수다라료경(大方廣圓覺修多羅了經)≫을 찍기 위해 주조된 것인데, 구결(口訣)을 달리하기 위해 한글 활자도 만들었다. 그러나 불경을 찍기 위해 만든 활자라는 점 때문에 유생들이 사용을 기피해 갑진자가 개주될 때까지 약 20년밖에 사용되지 않아 인본이 매우 적다.

막대한 국비를 들여 만들었을 활자를 이처럼 쉽게 폐기한 또 하나의 이유로는 명나라의 배원(排元) 정책에 영합하고자 원나라의 전통 서체인 촉체를 억압하고 명나라에서 많이 사용했던 진체를 권장코자 하는 데 있었던 것으로도 여겨진다.

• 갑진자(甲辰字)와 계축자(癸丑字)

갑진자는 성종 15년(1484) 을유자를 녹여서 큰 자부터 만들기 시작하여 다음 해에 작은 자까지 완성함으로써 30여만 자를 주조하였다. 활자체는 갑인자나 을해자보다 소형인데 인서에 알맞도록 글자 형의 짜임새가 잘되어 있다. 글자본은 ≪구양공집(歐陽公集)≫과 ≪열녀전(烈女傳)≫에서 발취하고 부족한 글자는 박경이 써 보완하였는데, 이로 찍은 인본은 지금까지 다수가 전해오고 있다.

이 활자를 주조한 동기는 당시 주로 쓰고 있던 갑인자와 을해자의 글자체가 커서 종이가 많이 들고 권질이 무거워 불편했을 뿐만 아니라 이들 활자들은 오랫동안 사용되어온 까닭에 인쇄가 처음과 같이 깨끗하지 못했으며 특히 을유자는 활자의 주조 동기가 불경 간행이었다는 점에서 유생들이 사용하기를 기피했기 때문이다.

그리하여 활자의 굵기와 크기가 적절하고 글자체가 명확한 것을 만들고자 하였는데, 이러한 동기에서 새로 만들어 냈기 때문에 종래의 어느 활자보다도 크기가 아주 작으면서도 모양이 단정하고 예쁘며 인본도 종이가 사뭇 덜 들고 책이 작아 가벼우므로 휴대하기가 편리하였다.

갑진자는 갑인자와 을해자 다음으로 오랫동안 사용되었으며 임진왜란 이전까지의 인본도 적지 않게 전해오고 있다. 이들 인본을 보면 초기에 인쇄된 것은 활자체가 단정하고 정교하나 중종조 이후의 것은 보주가 많아지고 활자의 획이 가늘어 쉽게 마모된 탓에 인쇄가 깨끗하지 못하며 판독하기 어려운 부분이 적지 않다.

계축자는 성종 24년(1493)에 새로 주조된 활자이다. 그러나 본 활자의 주조 기록이 ≪성종실록≫에는 보이지 않고 성현의 ≪용재총화≫에 "성종이 중조신판강목자(中朝新板綱目字)를 활자본으로 하여 계축자를 주조하였다"고 기록되어 있어 주조된 유래를 짐작할 수 있게 한다.

이 활자는 "명나라의 새로운 판본인 ≪자치통감강목(資治通鑑綱目)≫을 활자본으로 하여 계축자를 주조하였다"고 기록되어 있어 주조된 유래를 짐작할 수 있게 한다. 큰 자와 작은 자를 다 같이 크게 하여 전체적으로는 획이 굵고 단정한 진자체이지만, 큰 자는 극단적으로 굵고 크며 작은 자는 큰 자에 비해 너무 작아 활자로서의 균형이 잘 짜여 있지 않다.

또한 이 활자는 글자가 너무 작고 획이 가늘어 쉽게 마모된 탓에 인쇄 상태가 깨끗하지 못한 갑진자의 결점을 보완하기 위해 만들었음에도 주조 솜씨는 오히려 뒤떨어진다는 평가를 받고 있다. 중종 중기까지 40여 년 동안 사용되면서 ≪동국여지승람(東國輿地勝覽)≫ 등을 인출해냈다.

• 성종실록자(成宗實錄字)와 병자자(丙子字)

조선시대의 왕조실록은 4부씩 정사(正寫) 또는 인쇄하여 춘추관·전주·충주·성주의 각 사고(史庫)에 분장하였는데 태조부터 태종 대까지의 실록은 사본(寫本)으로 되어 있고 세종부터 예종까지의 실록은 을해자로 인출되어 있다. 성종부터 명종에 이르기까지 5대의 실록은 인출된 시기가 각각 다름에도 같은 활자로 인출되었는데, 이 활자를 총칭하여 '성종실록자'라고 부른다. 이 실록자는 어느 때 주조되었는지 문헌적으로 명확히 고증할 수 없으나 초인본인 ≪성종실록≫이 연산군 5년(1499)에 편찬된 점을 감안한다면 이미 그 이전에 만들어졌으리라고 믿어진다.

자치통감

이 활자는 진체(晉體)인데 글자 형이 중소형으로 되어 있어 서책의 인쇄에 가장 알맞은 형체이다. 이 활자의 인본은 실록 이외에는 전혀 보이지 않으며 인출된 실록 인본들은 각 페이지마다 16행이고 1행은 36자로 된 장방형 형태를 띠고 있다.

병자자는 선조들이 만든 금속활자를 잘 보관하지 못하여 간간이 유실되고 이들을 목활자로 보충하였으나 마모가 심해 인쇄에 어려움을 겪자 중종 11년(1516) 주자도감(鑄字都監)을 설치하고 만들기 시작했으나 사정상 일시 중단하였다가 동왕 14년(1519)인 기묘년에야 완성하게 되어 기묘자(己卯字)라고도 부른다.

자치통감강목

글자본은 명판본(明板本)인 ≪자치통감(資治通鑑)≫으로 하고 갑인자와 갑진자를 개주하였는데 글자는 갑인자나 을해자보다 작은 편이고 갑진자보다는 조금 큰 중간형이다. 이 활자는 중종 대부터 선조 대까지 약 60년 동안 사용되었다.

• 재주(再鑄) 갑인자와 인력자(印曆字)

선조 대에 들어 갑인자를 두 번째로 주조한 동활자가 재주 갑인자이다. 이 활자의 재조에 대하여는 선조 6년(1573) 계유(癸酉)와 선조 13년(1580) 경진(庚辰)에 이루어졌다는 두 기록이 있다. 이 중 계유자는 ≪선조실록≫에는 기록되어 있지 않으나 유희춘의 《미암일기초(眉巖日記草)》에 주조 기록이 나타나고 있으며 경진자는 《광해군일기(光海君日記)》에 나온 기록을 근거로 하고 있다.

이 두 기록에 대한 종래의 견해는 계유자만을 재주 갑인자로 인정하는 사람이 있는 반면 계유자는 소규모의 갑인자 재주이고 경진자는 대규모의 갑인자 재주라고 보는 사람이 있었다. 그런가 하면 《선조실록》에 을해자와 경진자로 《무경칠서(武經七書)》를 찍었다는 점을 들어 경진자는 재주 갑인자가 될 수 없고 '재주 을해자' 또는 '방을해자체 활자'로 보아야 한다는 견해가 나오기도 하였다.

그러나 근래에 새로 발굴된 김귀영의 《동원집(東園集)》에 "재주 갑인자는 선조 13년(1580)에 갑인자본 《대학연의(大學衍義)》를 글자본으로 하여 9개월에 걸쳐 주성한 것"이라고 소상히 밝히고 있어 경진자가 재주 갑인자임을 입증해주고 있다.

김귀영은 선조 대 우의정과 판중추부사를 거쳤던 당대의 고관이었다는 점과 이 기록이 《광해군일기》와도 일치된다는 점에서 경진자가 재주 갑인자임을 뚜렷하게 입증해준다. 따라서 재주 갑인자의 주조년 간지에 의한 정식명칭은 '경진자'라 일컬음이 옳다 하겠다.

이 활자는 초조 갑인자에 비하면 주조의 정교도가 떨어져 글자체가 조금 투박하고 글자 획이 운필(運筆)의 형태를 띠고 있어 박력이 없어 보이지만 이후에 계속해서 주조된 개주(改鑄) 갑인자들보다는 낫게 만들어졌다. 현존하고 있는 이 활자의 인본은 활자 주조 후 얼마 되지 않아 발발한 임진왜란으로 인해 인출 기간이 짧아서 종류와 수량이 많지는 않지만 인쇄 상태가 대체로 깨끗하고 정교한 면모를 보이고 있다.

인력자는 관상감(서운관)에서 각종 역서(曆書)를 찍은 활자인데, 언제부터 이루어졌는지 기록과 실물이 전해지고 있지 않아 자세히 알 수 없다. 현재 전해지고 있는 인본 중에서 임진왜란 때 유성룡이 전란의 수습을 지휘하고 명령한 것을 기록한 《대통력(大統曆)》을 보면 쇠활자 큰 자와 작은 자로 찍혀 있다. 이를 '인력자' 또는 '관상감(서운관) 철활자'로 일컫고 있다.

인력자가 언제, 누구에 의해 주조되었는지를 자세히 알 수 없으나 심수경의 ≪견한잡록(遣閑雜錄)≫에 "항상 주자로 책력을 찍어 반포해왔는데 임진왜란 때 서울 함락으로 책력 기구가 모두 없어지고 흩어져버렸다. 그런데 이듬해 환도하니 인력주자(印曆鑄字)를 수습하여 바치는 이가 있어 이전과 같이 역서를 찍어 반포할 수 있었다"는 기록이 있다.

이것은 임진왜란 전부터 이미 금속활자로 책력 등의 각종 역서를 찍었음을 뒷받침해주는 자료가 되며 이러한 인본들도 전해오고 있다. 또한 임진왜란 후 본 활자들을 수습하고 부족한 것은 목활자로 보충하여 찍은 역서들도 역시 현존하고 있다.

이 활자의 재료는 무쇠로 여겨지고 필서체의 큰 자와 작은 자로 이루어졌으며 주조 솜씨가 비교적 정교한 편이다. 특징 중 하나는 연주(連鑄)활자가 많이 쓰인 점인데 자주 쓰이는 날짜, 간지, 절기 등 두 글자가 하나의 글자처럼 잇따라 주조되어 있다.

(2) 조선 후기(後期)의 금속활자

• 선조실록자(宣祖實錄字)와 갑인자 보주(補鑄)

임진왜란으로 인해 춘추관 · 전주 · 충주 · 성주의 4대 사고에 보관했던 태조부터 명종에 이르는 13대에 걸친 실록들이 전주 사고본을 제외하고는 모두 소실됨에 따라 선조 39년 전주본을 토대로 하여 정본 3건과 초본 1건을 새로 인출하였다. 그런 다음 원본인 전주 사고본은 강화도 마니산에, 정본 3건은 춘추관, 묘향산, 태백산에, 초본은 오대산의 각 사고에 분장하였다.

왕조실록 복구가 시급히 이뤄져야 했기 때문에 전란 후 교서관에 남아 있던 종전의 금속활자인 갑인자 및 계유자와 을해자 및 경진자의 일부와 전후에 응급조치로 만든 목활자를 서로 보충해 사용하였는데 이를 편의상 '선조실록자'로 부르고 있다.

이 인본들은 종래의 활자 인본들처럼 일정한 형태를 가지고 있지 못하고 글자 형이나 체제도 매우 조잡한데 존엄을 요하는 왕조실록을 이러한 활자로써 인출하게 된 것은 전란 후의 사회적 혼란과 물자의 결핍 등으로 인해 어찌할 수 없었던 당시의 여건 때문으로 추정된다.

이에 따라 임진왜란 이전의 왕조실록 원본과 선조실록자를 사용하여 새로 인출한 실록의 활자체는 매우 다르다. 원본은 정성 들여 쓴 사본(寫本)이거나 왕명에 의해 잘 주조된 을해자 또는 성종실록자로 되어 있지만 선조실록자로 인출한 새 인본은 앞서 밝힌 바와 같이 여러 활자가 뒤섞인 선조실록자로 되어 있다.

이 활자는 실록을 새로 인출한 이후에도 《광해군일기》, 《인조실록》 및 《선조개수(改修)실록》 등의 인쇄에 사용되었으며, 효종 초기까지 50여 년에 걸쳐 각종 공신녹권을 비롯해 《국조보감(國朝寶鑑)》, 《무정보감(武定寶鑑)》 등 중요한 문적(文籍) 인쇄에도 널리 사용되었다.

한편 임진왜란 이후 부족한 활자는 목활자를 만들어 보충했던 관계로 글자체가 투박하고 손상과 마모가 심하여 인쇄 효과가 떨어지자 종래의 금속활자 인쇄 제도를 복구하고자 광해군 9년(1617)에는 주자도감을 설치하고 세종 때의 갑인자를 활자본으로 하여 다시 주조하기 시작하였다.

이때 주조된 갑인자는 다른 금속활자처럼 단독으로 서책들을 수시로 인출할 수 있는 수준의 대규모 개주가 아니고 일부 마모되기 쉬운 목활자를 금속활자로 보주한 것에 지나지 않기 때문에 활자의 이름을 따로 붙이지 않고 있다. 그러나 일부 학자들에 따라서는 이를 전면 개주로 보아 '삼주(三鑄) 갑인자' 또는 활자가 완성된 해의 간지를 따서 '무오자(戊午字)'라고 일컫기도 한다.

이 활자는 갑인자를 개주한 것 중 가장 정교도가 떨어지고 글자체가 투박하며 글자 획에 박력이 없어 인쇄가 깨끗하지 못하다는 평가를 받고 있다. 또한 전란 후의 어려운 사정 속에서 이루어진 개주이기 때문에 그 규모가 작았고 광해군 말기의 실정(失政)으로 서책의 인쇄가 이뤄지지 못한 탓에 전해오는 인본도 극히 드물다.

• 효종실록자(孝宗實錄字) 및 현종실록자(顯宗實錄字)

효종실록자는 현종 2년(1661)에 인출된 《효종실록》에 사용된 활자인데, 선조실록자에 비해 글자체가 단정하여 《선조실록》이나 《인조실록》보다는 인본의 체재가 훨씬 정돈되어 있다.

이때는 임진왜란이 끝난 지도 60여 년이 지났고 병자호란을 겪은 지도 20여 년이 지나 시국도 상당히 안정되어 문물이 차차 부흥되던 때였다. 따라서 존엄을 요하는 실록의 인쇄에도 체재를 보다 개선하기 위해 활자를 주조하게 된 것으로 믿어진다.

그러나 이 실록도 단정한 글자체 활자로만 되어 있지 않고 선조실록자도 상당히 섞여 있으며, 이 활자의 인본은 《효종실록》 이외에는 전혀 보이지 않고 있어 이용의 범위가 극히 국한되었던 것으로 짐작된다.

현종실록자는 숙종 3년(1677)에 《현종실록》을 인출하기 위해 본래 낙동계(洛東契)라는 민간단체가 만들어 사용하던 금속활자 3만 5천여 자를 구입하고 새로 주조한 4만여 자를 합한 활자이다. 이 활자는 주조 솜씨가 정교하지는 못하지만 글자체는 단아한 진자체(晉字體)로 되어 있어 《현종실록》 외에도 조선조 말기에 이르기까지 역대 실록의 인쇄에도 계속해서 사용되었다.

이 활자는 또한 숙종 초기부터 고종 초기까지 190여 년간에 걸쳐 오랫동안 사용되었다. 현재 본 활자의 실물은 국립중앙박물관에 많이 간직되어 있는데 활자의 뒷면이 움푹하게 파여져 있다. 이는 동(銅)의 절약을 꾀하면서 반건성 또는 불건성의 점착물을 사용하여 판을 짜는 경우 점착물이 그 속에 꽉 차서 움직이지 않게 하기 위한 고안인 것으로 여겨진다.

• 삼주(三鑄) 갑인자와 한구자(韓構字)

삼주 갑인자는 현종 9년(1668) 병조판서 겸 호조판서였던 김좌명이 호조 및 병조의 물자와 인력을 이용하여 임진왜란 이후 처음으로 대규모로 주조한 금속활자로서, 조선 전기의 금속활자가 주로 왕의 칙명에 의한 것과는 달리 개인의 감독 아래 만들어진 것이다.

이 활자의 주조에 관한 기록은 ≪현종개수(改修)실록≫에 "교서관의 금속활자가 임진병란에 산실(散失)된 후 다시 개주하지 못하고 목활자로써 책을 인쇄한 까닭에 글자체가 단정하지 못하였는데 호조판서였던 김좌명이 금속으로 활자를 주조함으로써 공사 문적이 처음으로 단정케 되었다"고 적혀 있으나 활자의 글자체나 글자본 또는 주조된 과정에 대해서는 전혀 밝혀지지 않고 있다.

이 활자의 이름은 왕조실록이나 다른 문헌에 밝혀져 있지 않지만 인본의 활자들은 모두 갑인자체를 글자본으로 하고 있다. 갑인자는 세종 16년(1434)에 처음 주조된 후 선조 6년(1573)에 대규모의 2차 개주가 있었고 본 활자로 인해 3차 개주가 이루어진 까닭에 본 활자를 '3주(三鑄) 갑인자'로 부르고 있다. 그러나 광해군 10년(1618)의 보주 갑인자를 3주 갑인자로 보는 학자들은 본 활자를 '4주(四鑄) 갑인자' 또는 주조된 해의 간지를 붙여 '무신자(戊申字)'로 부르기도 한다.

원래는 수어청(守禦廳)에서 큰 자 6만 6천여 자와 작은 자 4만 6천여 자를 만들어 사용했으나 김좌명의 사후에는 교서관으로 이관된 이후 공용 문적(門籍)과 함께 각종 서적을 인출하였다. 이 활자도 재주 갑인자로서는 정교하지는 못하나 광해군 때 보주한 갑인자보다는 글자체와 글자 획이 훨씬 박력 있게 주성되었으며 영조 말기까지 90여 년에 걸쳐 사용되어 인본의 종류와 수량은 매우 많다.

이처럼 오랫동안 사용된 까닭에 초기 인본은 매우 깨끗하고 훌륭하지만 시일이 경과하면서 활자가 점차 마모됨에 따라 보주가 계속되었던 까닭에 후기의 인본들은 글자체가 고르지 않고 글자 획도 매우 가늘어진 모습을 보이고 있으며 목활자가 적지 않게 섞여 있어 인쇄 상태가 조잡한 편이다.

한구자는 삼주 갑인자의 주조를 맡았던 김좌명의 아들인 김석주가 숙종 초(1677년경)에 당대의 명필가인 한구(韓構)의 독특하고 매력적인 필서체 작은 글씨를 바탕으로 하여 사적으로 만든 활자이다. 이 활자에 대해서는 ≪동국문헌비고(東國文獻備考)≫에 "숙종 초에 김석주가 한구에게 작은 글자를 쓰게 하여 동(銅)으로 활자를 만드니 이것이 소자강목(小字綱目)이다"라고 적혀 있어 주조 배경을 알 수 있게 한다.

따라서 이 활자는 조선 전기의 금속활자들처럼 왕의 칙명이나 국가기관인 교서관 등에서 만든 것이 아니라 개인이 사적으로 만든 것임을 확인할 수 있다.

김석주가 이 활자를 만들게 된 동기는 인서의 필요에서 비롯된 것임은 두 말할 나위가 없겠지만, 동기의 일부는 삼주 갑인자를 주조했던 부친에게서 영향을 받아 인서에 흥미를 느껴 주조했던 것으로 생각된다.

왜냐하면 이 활자의 초기 인본들은 고급 용지를 사용하였을 뿐만 아니라 판면의 조화나 표지의 도안, 제책의 체제 및 형태 등에까지도 세심한 주의를 기울여 매우 보기 좋은 인본들을 펴냈기 때문이다.

이 활자는 김석주가 죽자 한동안 인서에 활용되지 않았으나 호조(戶曹)에서 매수한 후 교서관으로 이관해 영조 초기까지 각종 서적의 인쇄에 사용되었다. 초기의 인본은 대체로 정교하나 영조 대에 이르러서는 활자에 마멸이 생기고 인쇄가 깨끗하지 못하다.

때문에 정조 6년(1782)에 이르러서는 이 활자를 재주했는데 이를 '재주 한구자' 또는 만든 해의 간지를 붙여 '임인자(壬寅字)'라고 부르며 내각(內閣)에 두고 사용하였다. 초주활자를 닮게 잘 만들었으나 그중에는 재주의 특징을 나타내는 글자가 있어 두 활자의 식별을 가능하게 한다.

재주 한구자는 그 후 주자소로 옮겨져 사용되었으나 화재로 모두 소실되자 철종 9년(1858)에는 규장각 관리들에게 명하여 3만여 자의 '삼주 한구자'를 다시 주조하였다. 이때 개주된 활자는 글자 획에 박력이 없고 만든 솜씨가 거칠며 활자체도 정연하지 못하여 별로 이용되지 않았다. 따라서 이 활자의 실물은 현재 국립중앙박물관에 소장되어 있으나 그 인본은 별로 찾아볼 수 없다.

• 교서관(校書館) 인서체자(印書體字)

교서관 인서체자는 명나라 중기경부터 많이 쓰여 오던 명체(明體)를 모각(模刻)하여 교서관에서 만든 활자로 일명 '당자(唐字)'라고도 부른다. 명나라 인서체가 최초로 도입된 본 활자의 가장 큰 특징은 종래의 모필체(毛筆體)와는 달리 서구의 프린트식 글자 형을 연상시킬 만한 새로운 서체의 면모를 보이고 재질 또한 종래의 동(銅)과는 달리 철(무쇠)로써 만들어졌다는 점이다. 그러나 재질이 무쇠인 까닭에 활자 획이 좀 굵고 글자 모양이 가지런하지 못하며 만든 솜씨 또한 약간 거친 편이다.

이 활자는 주조된 시기와 글자체의 형태에 따라 두 종류가 있는데, 첫 번째 활자는 숙종 초(1684년 이전)에, 두 번째 활자는 경종 초(1723년 이전)에 주조된 것이다. 따라서 숙종 때 만든 것을 '전기 교서관 인서체자' 또는 '전기 교서관 인서체 철활자'라 하고, 경종 때 만든 것을 '후기 교서관 인서체자' 또는 '후기 교서관 인서체 철활자'라고 한다.

첫 번째 활자는 세로획이 굵고 가로획은 가늘어서 그 차이가 현저하며 인본도 다소 협소하고 조밀한 느낌을 준다. 반면에 두 번째 주조된 활자는 글자체가 정연하고 종횡의 굵은 차이도 심하지 않아 첫 번째 활자보다 훨씬 여유가 있어 보이지만 재질이 역시 무쇠인 까닭에 섬세하지 못하고 딱딱한 감을 느끼게 한다.

두 활자가 서로 차이를 보이는 것은 명나라로부터 수입해 온 인본을 글자본으로 하여 주조하였기 때문으로 보이는데 첫 번째 활자의 인본은 명나라 중기경에, 두 번째 활자의 인본은 명나라 후기경에 많이 나타나고 있다. 현재 전해지는 교서관 인서체자의 인본과 명나라에서 간행된 인본을 비교하면 글자체가 서로 구별하기 힘들 정도로 거의 일치되고 있어 명나라 인본들이 교서관 인서체자의 글자본이 되었음을 짐작할 수 있게 한다.

이 활자들이 어느 때 만들어졌는지에 대해서는 명백한 기록이 없다. 다만 오늘날 전해지고 있는 인본의 간행 연대 등으로 미루어 추정할 수 있을 뿐이다. 첫 번째 인서체자는 삼주(三鑄) 갑인자의 글자체가 중·대형이어서 인쇄하는 데 불편을 느끼게 되자 중·소형으로 된 인서체자를 교서관에서 주조하게 되었으며 두 번째 활자는 첫 번째 활자의 미비점을 보완하여 더욱 발전시킨 것으로 생각된다.

30여 년간만 사용된 첫 번째 인서체자와는 달리 두 번째 인서체자는 영·

정조 대를 거쳐 철종 대에 이르기까지 130여 년 동안이나 계속 사용되었다.

이 활자는 중간 자와 작은 자로 되어 있어 각종 서적의 간행에 편리했던 관계로 그 인본들이 다수 전해오고 있는데 관부(官府)의 서적뿐만 아니라 사가(私家)의 문집 인쇄에도 널리 사용되었다. 이는 이 활자가 교서관 소유의 관부활자이면서도 사가 문집의 인쇄에도 널리 이용되었음을 알 수 있게 한다.

• 임진자(壬辰字)와 정유자(丁酉字)

임진자는 정조가 동궁으로 있던 영조 48년(1772)에 갑인자로 찍은 ≪심경(心經)≫과 ≪만병회춘(萬病回春)≫을 글자본으로 하여 주조한 동활자이다. 이 활자의 주조에 관한 기록은 ≪정조실록≫에 "왕이 춘저(春邸)에 있을 때 관료에게 명하여 갑인자 15만 자를 만들어 예각(藝閣)에 소장하게 하고 ≪경서정문(經書正文)≫ 등을 인쇄하였는데 이 활자는 갑인자로 인쇄한 ≪심경(心經)≫을 글자본으로 하여 만든 것이다"라고 밝혀져 있다.

정유자는 정조 원년(1777)에 평양감사 서명응에게 명하여 갑인자 15만 자를 더 주조토록 한 동활자이다. 따라서 정조가 왕위에 오르기 전 춘저에 있을 때 만든 활자가 임진자(壬辰字)이며 즉위 원년에 또다시 갑인자를 글자본으로 하여 추가로 만든 것이 정유자(丁酉字)이다. 그러나 정유자는 임진자에 보태지 않고 규장각의 본원인 내각에 따로 두고 사용하였다.

임진자나 정유자 모두가 갑인자를 글자본으로 하여 거의 같은 시기에 새로 만들어진 활자인 만큼 그 인본을 서로 구분하기가 매우 어렵고 정조 원년이자 활자 주조가 완성된 해인 정유년을 기념하는 뜻에서 두 활자를 합해 '정유자'라고 통칭하고 있다. 정유자는 정조 원년에 주조된 이후 순종 3년(1909)에 이르기까지 130여 년 동안이나 각종 관서의 문서나 서적들을 인쇄하는 데 사용되었지만 글자 형이 다른 활자들보다 비교적 큰 탓에 중·소형인 정리자나 전사자보다는 널리 이용되지 못하였다. 그런데 순종 3년은 한일합방이 되기 바로 전해이므로 이 활자의 인본이 공용(公用)으로는 조선시대 최후의 인본이라 할 수 있으며, 활자는 현재 국립박물관에 대부분 보존되어 있다.

• 원종자(元宗字)와 율곡전서자(栗谷全書字)

원종자는 숙종 19년(1693)에 인조의 아버지인 원종이 쓴 글씨를 바탕으로 하여 주조한 동활자를 말한다. 그리고 국영문을 찍기 위해 한글 활자도 주성하였는데 이를 '원종 한글자'라고 일컫고 있다.

이 활자의 인본으로는 ≪맹자대문(孟子大文)≫과 ≪맹자언해(孟子諺解)≫ 등이 전해오고 있는데 활자의 주조가 정교하여 원종의 예리한 필서체의 특징을 잘 나타내고 있으며, 한글활자도 인서체에서 필서체의 구성으로 바뀌는 특징을 나타낸다. 관련 기록에 의하면 이들 활자의 수량은 원종자는 5,594자, 원종 한글자는 4,605자이다.

율곡전서자는 영조 25년(1749)에 홍계희가 스승인 이재가 엮은 ≪율곡선생전서(栗谷先生全書)≫를 인출하기 위해 문하생 및 벗들과 더불어 사사로이 주조한 동활자이다.

이 활자는 홍계희가 충청도 관찰사에 부임하여 서책을 인출하면서 충청감영과 관찰사 직함을 표시했던 관계로 한때는 감영에서 주조한 활자로 보고 '금영인서체자(錦營印書體字)'라고도 하였으며, 홍계희가 주축이 되어 주조하였다 하여 '홍계희자'라고도 불렀다.

그러나 활자 주조가 관찰사로 부임하기 전에 이뤄졌다는 점에서 금영인서체자라는 명칭은 옳지 못하며 스승이 못다 한 일을 문하생과 벗들이 서로 노고와 경비를 함께하여 이룩한 공로를 특정인 한 사람에게 돌린다는 것도 온당한 일이 아니다. 이 활자의 주성 목적이 ≪율곡선생전서≫를 인출하기 위함이었다는 점에서 '율곡전서자'로 명칭을 붙이는 것이 타당하다고 하겠다.

이 활자는 ≪강희자전≫의 글씨체를 닮게 쓴 고딕 인서체인데, 생생자와 정리자가 만들어지기 40여 년 전에 이미 중국 서체의 영향을 받은 활자라는 점에서 주목된다. 활자의 재료는 무쇠인 것으로 여겨지며 개인들이 사적으로 주조하였기 때문에 기술이 미숙하여 만든 솜씨가 치졸하며 인본 또한 먹 묻음의 차이가 심하여 인쇄 상태가 매우 나쁘다. 이러한 이유 때문인지 현재 전해오는 인본은 매우 드물다.

• 정리자(整理字)와 철활자(鐵活字)

정리자는 정조 19년(1795) 목활자인 생생자(生生字)를 글자본으로 하여 큰 자 16만여 자와 작은 자 14만여 자를 주조한 동활자이다. 원래 생생자는 정조 16년(1792) 청(淸)의 ≪강희자전(康熙字典)≫을 글자본으로 하여 32만여 자를 만든 목활자로 만든 해의 간지를 붙여 '을묘자(乙卯字)'라고도 일컫는다. 이러한 생생자가 각성(刻成)된 이후 3년 만에 본 활자를 글자본으로 삼아 동(銅)으로 다시 주조한 것이 정리자이다.

활자 보관함

이 활자는 본래 ≪정리의궤통변(整理儀軌通辯)≫을 찍기 위해 주조한 데서 그 명칭이 붙여졌으며 뒤에 이뤄진 개주와 구별하기 위하여 구체적으로는 '초주 정리자'라고 부르고 있다. 큰 자는 글자체가 넓적하고 글자 획이 굵은 인서체인 것이 특징이며, 작은 자는 오늘날의 인서체와 같이 정교하고 단정하다.

초주 정리자는 정조 18년(1794) 창경궁의 옛 홍문관에 새로 설치한 주자소로 옮겨졌으나 주자소의 화재로 정유자, 한구자 등과 함께 모두 소실되자 철종 9년(1858)에 또다시 큰 자와 작은 자 9만여 자를 만들었는데 이를 '재주 정리자'라고 부른다. 활자 주조의 정교도나 글자 모양이 초주 정리자보다 훨씬 떨어진다.

그럼에도 다른 활자와 비교해 보면 글자체가 보기 좋고 활자 크기가 적당한 인서체여서 구한말에 이르기까지 관서의 공문 및 서적 인쇄에 널리 사용되었다. 특히 고종 20년(1883)에 근대식 납활자가 수입되어 각 부문의 인쇄에 다양하게 사용되었음에도 불구하고 이 활자는 외국과의 조약서나 갑오개혁 이후의 관보 또는 학부가 편집한 교과서 등에 이르기까지 널리 사용되었다. 이로 미루어 볼 때 이 활자는 중·소형자의 인서체로 되어 있어서 근대식 연활자처럼 인쇄에 편리했음을 짐작할 수 있게 한다.

한편, 조선시대 말기에 이르러서는 민간인들이 직접 활자를 주조하여 상업적으로 사용한 경우가 있었는데 이 중에는 활자의 재질을 동이 아닌 철을 사용해 만든 활자가 있다. 이들 철활자는 누가, 언제, 어디서 만들었는지에 대한 기록이 전혀 나타나지 않고 있어 아직 활자 이름을 정식으로 붙이지 못하고 있는데 대표적인 것으로 '정리자체 철활자'와 '필서체 철활자'가 있다.

정리자체 철활자는 정조 말기(1798년경)에 민간인이 주조한 것으로 활자 모양이 정리자를 닮았다. 이 활자는 구한말에 이르기까지 서울과 호남지방 등지에서 문집, 족보, 경서, 한의서, 충의록, 효행록, 각종 전기류 등 각계각층에서 필요로 하는 책을 찍어 널리 보급하였는데, 그중에는 인쇄 의뢰자의 요구에 따라 의뢰처의 간인(刊印)을 표시한 것도 볼 수 있다.

필서체 철활자는 순조 초기에 사자원(寫字員)의 서체를 바탕으로 민간인이 주조한 것으로 상업적으로 널리 사용되었다. 이 활자 역시 언제, 누가, 어디서 만들었는지에 대해 기록이 전혀 전해지지 않고 있으며 순조 대부터 고종 대에 이르기까지 주로 민간의 문집, 족보 및 일반 서적 인쇄 등에 널리 이용되었다.

이 활자는 그 뒤 관서의 서책 인쇄에도 사용되었는데, 이는 구한말 시대에 이르러 활자를 사들였거나 세를 내어 쓰다가 나라의 주권을 잃게 되자 총독부로 그대로 인계된 듯하다. 그것이 훗날 국립중앙박물관으로 옮겨져 오늘날까지 전해오고 있다.

이들 철활자들은 무엇보다 종전까지의 관서 위주의 인쇄에서 벗어나 민간 인쇄를 촉진시키고 시민 문화와 시민 의식 계발에 크게 기여했다는 점에서 그 의의가 자못 크다.

• 취진자(聚珍字)와 전사자(全史字)

취진자는 순조 15년(1815)에 간행된 남공철의 저서 ≪금릉거사문집(金陵居士文集)≫에서 처음으로 면모를 보인다. 활자의 명칭이 취진자로 정해진 것은 초인본인 문집의 머리글에 '취진판본(聚珍板本)'이라고 적혀 있는 데서 유래한다. 취진판이라 함은 원래 중국에서 목판본에 대해 활자본을 총칭하는 의미로 사용되었는데 여기서도 취진판은 곧 활자판을 의미하는 용어로 사용되었다.

　이 활자로 주조된 배경이 명확히 밝혀져 있지 않지만 남공철이 자신의 문집을 간행하기 위해 새로 주조한 것으로 생각되고 있다. 글자체는 필서체의 일종으로 명나라에서 인출된 ≪전목재초학집(錢牧齋初學集)≫을 글자본으로 하여 주조된 것으로 보인다. 이 책은 우리나라에도 많이 수입되어 널리 애독되었고 글자체는 중국에서도 많이 모각(模刻)되었기 때문에 활자를 주조할 때 글자체를 쉽게 모각할 수 있었으리라 보여진다.

　이 활자는 순조 15년부터 헌종 4년까지 약 24년 동안 사용되었는데 인본은 관서의 서적에서 보이지 않고 사가(私家) 문집만이 전해온다. 또한 인본의 체재나 표지, 장정 등은 거의 대부분이 당본(唐本)을 그대로 모방하였는데 이는 우리나라 인쇄술이 차츰 퇴조되기 시작하였음을 보여주고 있다.

　전사자는 순조 22년(1822) 청(淸)의 건륭칙판(乾隆勅板)인 21사자(史字)를 글자본으로 하여 주조한 활자로 인서체의 일종이다. 본 활자의 이름은 남공철의 문집에 적힌 '전사체자(全史體字)'에서 유래하는데 왕의 칙명에 의해 주조된 것이 아니라 순조의 외삼촌이었던 박종경에 의해 만들어진 만큼 왕조실록에는 그 기록이 보이지 않는다. 따라서 이 활자는 박종경이 사사로이 만든 인서체 활자라는 점에서 그의 호를 따 '돈암인서체자(敦巖印書體字)'라고 부르기도 한다.

　이 활자의 인본은 관부에서 간행된 서적도 일부 있지만 대다수가 개인의 저서와 편찬서를 비롯한 불교서, 도교서 등으로 전해오고 있다. 이는 이 활자가 개인에 의해 주조되어 사용된 탓도 있지만 본 활자가 사용된 같은 시기에 왕명으로 주조된 정유자나 정리자가 관부의 서적들을 널리 인출했기 때문으로 생각된다.

　그러나 이 활자는 단순히 사가(私家)의 소유로만 그치지 않고 훗날에는 교서관 등 관청의 소유로 돌아갔음을 짐작할 수 있는데 이는 활자가 주조된 초기인 순조 대에는 사가의 문집들이 주로 인출되었으나 후기인 고종 때에는 관서의 공용문서들도 적지 않게 인출되었기 때문이다. 활자의 모양은 근대식 납활자와 같이 균정하고 크기가 적당하며 주조가 정교하여 민간에게 널리 애용되었기 때문에 인본이 많이 전해오고 있다.

(3) 금속활자의 주조와 인쇄

• 금속활자의 주조 방법

금속활자 인쇄술은 11세기 중엽 송나라 필승(畢昇)이 교니(膠泥)활자로써 활판을 제작한 데서 그 연원이 시작되었다는 것은 널리 알려져 있다. 그러나 이 활자를 어떻게 제작하였다는 구체적인 방법은 전혀 알려지지 않고 있다.

직지 금속활자 활자 만들기

금속활자를 주조하여 실제로 사용한 것은 세계에서 고려가 가장 먼저라는 것이 여러 문헌을 통해 이미 공인되어 있고 ≪직지≫와 같은 실물도 전해오고 있지만, 고려의 금속활자 또한 제조 방법 등에 대해서는 전해오는 바가 없다. 또한 금속활자의 주조 방법은 시대에 따라 다르며 관서와 사찰 그리고 민간인 등의 주조 주체에 따라서도 다르게 각각 나타나고 있다.

조선시대에 중앙 관서에서 금속활자를 주조한 방법에 대한 기록은 조선시대 성종 대 간행된 성현의 ≪용재총화(慵齋叢話)≫에서 처음으로 보인다.

이 기록에 의하면 먼저 글자본을 정하고 글씨를 잘 쓰는 사람에게 크고 작은 글씨를 쓰게 하거나 이미 간행된 책의 글자를 본으로 삼을 경우 그 책에서 크고 작은 글자체를 가려내고 부족한 글자는 인본의 글자체와 닮게 써서 보충하였다.

그런 다음 바닷물에 일정 기간 담가 진을 빼 조각하기 쉬운 나무를 어미자 크기에 따라 잘라 각목을 만들고 글자본을 뒤집어 붙여서 글자를 새긴 후 크기가 일정하도록 정밀하게 손질했다.

암수 두 틀로 구성된 쇠 거푸집에는 갯벌의 해감 모래를 체로 쳐서 고루 다지고 면을 편편하게 한 다음 준비해둔 어미자를 줄을 맞춰 심고 쇳물이 흘러들어가는 홈을 만들었다. 거푸집의 암수 두 틀은 서로 달라붙지 않도록 표면에는 숯가루를 고루 뿌려 결합시키고 잘 다진 다음 조심스럽게 분리하고 어미자를 뽑아내었다.

이러한 과정을 거치면 어미자가 있었던 자리에는 글자 모양의 홈이 생기는데 여기에 쇳물을 부었다. 쇳물이 응고되어 활자가 완성되면 이를 떼어내어서 거스러미 등을 제거하는 등 마지막 손질 작업을 거치는 형식으로 제작되었다.

이때 나무에 글자를 새기는 사람을 각자장(刻字匠), 주금(鑄金)을 주성하는 자는 주장(鑄匠), 만들어진 글자를 분리해 저장하고 지키는 자는 수장(守藏)이라고 하였다.

한편, 조선시대 후기까지 주로 민간에서 사용해온 금속활자의 주조 방법은 《동국후생신록(東國厚生新錄)》에 잘 소개되어 있다.

이 기록에 따르면 우선 질그릇 만드는 찰흙을 곱게 빻아서 잘 빚은 것을 네 둘레에 테를 돌린 나무판에 판판하게 깔고 다져 햇볕에 반쯤 말렸다. 글자본은 필요에 따라 임의로 쓰거나 기존의 인본을 판 위에 덮어 붙이고 각수에게 오목 새김을 하도록 하였다.

그런 다음 녹인 쇳물을 국자로 떠서 오목 새긴 곳으로 흘러들어 가게 하면 활자가 만들어지는데 이를 하나씩 떼어내어 줄로 깎고 깨끗하게 다듬어 완성시켰다. 이 방법으로는 동일한 글자체의 활자를 만들기는 어렵지만 사찰에서 사용했던 전통적인 방법보다는 손쉽고 비교적 가지런한 금속활자를 만들 수 있다.

• **금속활자의 재료와 형상**

조선시대 전기에 만들어진 금속활자의 실물들은 현재 거의 남아 있지 않다. 이는 금속활자를 개주할 때 새로운 주금(鑄金) 재료를 준비하여 만들기도 하였지만 대부분 사용해오던 활자를 다시 녹여서 개주하는 예가 많았기 때문이다.

이것은 금속활자의 원료인 금속들을 적절한 비율로써 배합하기가 어려운 기술적인 문제도 있었겠지만 당시로서는 매우 귀중한 금속들을 새로 마련해야 되는 경제적 여건과도 관련이 있었을 것으로 생각된다.

조선시대 금속활자들의 금속 함유량의 비율은 활자의 종류에 따라 다소 차이가 있으나 일반적으로 동(銅)활자라고 불리는 갑인자 계통의 활자나 정리자 등의 주재료는 청동(靑銅)이다.

청동은 냉각하면서 응고될 때 수축이 가장 적으며 견고성이 강할 뿐만 아니라 용해할 때는 유동성이 크므로 활자를 주조하는 재료로서는 매우 적합하다. 이러한 청동의 속성으로 인해 활자는 글자 모양이 미세한 부분까지도 정교하게 될 수 있다.

이에 반해 교서관 인서체 활자는 철(鐵)활자라고 통용되어왔는데 이들 활자의 금속 비율은 철이 80% 이상을 점유하고 있고 다음으로 청동, 비소, 탄소 등의 순으로 되어 있다. 그러므로 철활자라는 칭호는 금속 함유량의 비율에 중점을 두고 붙여졌음을 알 수 있게 한다.

그러나 일반적으로 금속활자를 지칭할 때는 금속의 함량 비율에 관계없이 동활자 및 철활자 모두를 통칭하는 경우가 많으며 당시에도 명확한 구분이 없이 주자(鑄字)라고 불린 경우가 많았다.

이들 금속활자의 형상은 글자본의 서체나 활자의 대소에 따라 다소의 차이가 있으므로 일괄적으로 평하기는 어렵다. 하지만 글자 형은 대부분 폭보다는 길이가 조금 긴 장방형이고 글자 획의 부분은 전면이 위로 노출되어 있는 반면 활자의 뒷면은 가운데가 움푹 들어간 오목형[凹形]으로 되어 있다. 양측 끝은 또한 활판 위에 고정시키는 데 편리하도록 서로 대치되어 있다.

이처럼 조선시대의 금속활자는 주조 과정이나 재료의 배합 및 형상에 이르기까지 금속활자로서 실용에 알맞도록 기술을 완성시켰다. 글자체의 높낮이를 균일하게 하고 후면의 양쪽 끝을 판면에 고착시킨 다음 활자 면에 먹을 골고루 발라서 종이에 인쇄하도록 되어 있다.

• 금속활자의 인쇄 방법

금속활자로 판을 짜서 서책을 인쇄하는 방법에는 고착식과 조립식이 있었다. 초기에는 활자의 크기와 모양이 가지런하지 않고 밀랍과 같은 점착성 물질에 활자를 붙여 인쇄하는 고착식이 사용되다가 점차 조립식으로 발전하였다.

고착식은 네 모퉁이가 고정된 틀의 위아래 변에 계선까지 붙인 인판 틀을 마련하고 바닥에 밀랍을 깐 다음 그 위에 활자를 배열하였다. 이것이 완료되면 열을 가하여 밀랍을 녹이고 위에서 철판 등으로 균일하게 눌러 활자 면을 편편하게 하고 이를 식힌 다음에 인쇄를 하였다.

고려시대에 활자인 '복'자의 뒷면을 보면 타원형으로 파져 있는데, 이는 밀랍을 채워서 굳으면 움직이지 않게 하기 위해서이다. 조선조 초기에 만들어진 계미자도 끝을 송곳처럼 뾰족하게 개량하여 밀랍 속에 박아 움직이지 않게 하였다.

그러나 갑인자에 이르러서는 활자의 네 면을 반듯하게 하고 인판 틀 또한 편편하고 튼튼하게 만들었기 때문에 판이 크면서도 밀랍을 전혀 쓰지 않고, 활자 사이의 빈 공간을 죽목(竹木)이나 파지 등으로 메우면서 조립식으로 판을 짜는 기술을 개발하였다. 이러한 방법은 밀랍을 녹이는 비용을 절감하면서도 인쇄량과 인쇄효과도 훨씬 높이게 되었다.

조선시대 후기의 활자를 보면 뒷면을 둥글게 파서 동(銅)을 절약하는 한편, 밀랍이 꽉 차서 움직이지 않게 하는 고착식이 병용되기도 하였다. 그러나 이때는 밀랍을 참기름과 같은 반건성유와 피마자기름과 같은 불건성유를 배합해 굳지 않게 하여 열을 가하지 않고도 활자를 밀착시키는 단계로까지 발전시켰다.

금속활자의 인쇄술은 이처럼 판짜기 방법이 시대에 따라 변천되면서 발전해왔지만 가장 대표적인 것이 관서(官署)의 조립식 판짜기였는데 이를 중심으로 인쇄 방법을 살펴보면 다음과 같다.

첫째, 먼저 동으로 만든 인판 틀을 준비하여 네 변에 둘레를 돌리고 중간에는 판심을 마련하되 그 사이에 어미(魚尾)와 흑구(黑口) 등과 같이 접지와 제책의 기준이 되는 장식을 넣었으며 각 줄마다 칸막이를 하는 데 필요한 계선

을 준비하였다. 인판 틀은 최소한 두세 개를 마련하였는데 하나를 인쇄하는
동안 다른 것에는 판을 짜야 했기 때문이다. 인쇄량이 많을 때는 인판 틀을 네
댓 개 이상 준비하는 경우도 있었다.

둘째, 인판 틀이 준비되면 원고를 차례로 부르고, 여기에 해당되는 활자를
찾아 원고 위에 벌려놓은 다음 골라놓은 활자가 한 장 분량이 되면 판에 올렸
다. 이 판 올림을 상판(上版)이라 했는데 이는 활판인쇄에서의 식자(植字)에
해당된다. 원고를 부르는 자는 창준(唱準)이라 하여 글자에 해박한 지식이 있
는 사람이 맡았으며 원고 위에 활자를 올려놓는 일은 활판인쇄의 문선(文選)
에 해당하는 것으로 수장(守藏)이나 택자장(擇字匠)이 맡았다.

셋째, 활자 배열이 끝나면 글자 사이의 공간을 죽목이나 파지로 메워 움직
이지 않게 하고 편편하게 고르고 나서 먹솔로 활자 면에 먹물을 골고루 칠한
다음에 종이를 놓고 말총이나 헝겊뭉치 등으로 골고루 문지르거나 눌러서 인
쇄를 하였다. 이때 활자 사이의 공간을 메우고 활자 면을 편편하게 하는 사람
을 균자장(均字匠)이라 하였고, 종이를 활자면 위에 놓고 문질러서 인쇄하는
사람을 인출장(印出匠)이라 하였다.

넷째, 초본이 나오면 오자와 탈자를 비롯해 삐뚤어진 것, 희미한 것, 너무
진한 것 등을 바로 잡고 교정자와 균자장이 서명을 하였다. 이때 인쇄 작업의
감독을 맡은 사람을 감인관(監印官)이라 하였다. 교정이 철저하게 이루어지면
서책의 머리에 '교정(校正)'이라는 도장을 찍고 계획한 부수대로 인쇄해냈다.

≪경국대전(經國大典)≫의 〈공전(工典)〉에는 금속활자 인쇄에 관계되는 교
서관 소속의 장인과 인원수를 규정하였고 그 뒤에 나온 ≪대전후속록(大典後
續錄)≫에는 벌칙까지 마련되어 있다. 이에 따르면 감인관, 창준, 수장, 균자
장은 한 군에 한 자의 착오가 있으면 30대의 곤장을 맞고, 한 자씩 더 틀릴 때
마다 한 등씩 더 벌을 받았다. 인출장은 한 권에 먹이 진하거나 희미한 글자
한 자가 있을 때 30대의 매를 맞고 한 자가 더할 때마다 벌이 한 등을 더했다.
교서관은 다섯 자 이상 틀렸을 때는 파직되었고 창준 이하의 장인들은 매를
맞은 뒤 50일의 근무 일자를 깎는 벌칙이 적용되었다.

이처럼 금속활자 인쇄에는 엄한 규칙이 마련되어 있었기 때문에 우리나라 관서의 활자본에는 오자나 탈자가 거의 없고 인쇄가 정교한 것이 널리 자랑할 만하다.

• 금속활자체의 변천

우리나라의 서체는 삼국시대부터 대부분 중국의 영향을 받았으며, 통일신라시대의 비문이나 석경(石經) 등도 당의 구양순이나 안진경의 필법을 벗어나지 못하였다.

고려에 들어와서도 초기의 금석문들은 예외가 없는 것은 아니나 거의 구양순의 필법을 모방하였으며 중기 이후에는 왕희지의 필법이 차츰 유행하였다. 진체(晉體)인 왕희지의 서체는 위부인체(衛夫人體)라고도 부르는데 이는 왕희지가 위부인의 제자로서 그 필법을 이어받았기 때문이다.

그런데 고려 후기에 들어서는 원나라 조송설의 필법이 전해져와 크게 유행하게 되었다. 송설체는 촉체(蜀體)라고 부르며 고려의 금속활자본인 ≪직지≫도 글자 획은 진체보다 굵고 글자체는 폭보다는 길이가 긴 촉체에 가까운 장방형 형태를 띠고 있다.

조선시대에 들어와서도 초기에는 고려 말의 전통을 이어받아 촉체인 송설체를 많이 사용하였다. 대표적인 서예가로는 안평대군을 비롯하여 박팽년, 정란종, 김인후 등을 들 수 있으며 이 중 안평대군은 경오자, 정란종은 을유자의 글자본을 쓰기도 했다.

그러나 배원친명(排元親明) 정책을 표방하던 당시에 있어 원의 대표적 서체인 촉체에만 의존할 수 없었던 까닭에 세종 대에 이르러서는 승문원(承文院) 사자관(寫字官)들의 필체를 진체로 바꾸게 하였다. 이러한 서법(書法)의 전통과 국가의 정책에서 영향을 받아 조선시대 금속활자의 글자체도 많은 파란을 겪지 않을 수 없었고 이에 따라 활자체는 많은 변천의 자취를 보이고 있다.

즉, 구양순체인 계미자나 경자자는 촉체인 경오자와 을해자로 개주되었으나 얼마 사용되지 못하고 녹여졌고 정란종이 쓴 을유자도 성종 때 갑진자를 만들 때 다시 녹여지고 말았다.

경오자의 경우 세조가 왕위에 오른 후 정권 탈취 과정에서 의견 대립이 심했던 안평대군의 글자체인 관계로 폐기한 것으로 보이며 을유자는 필체가 단정하지 못하다는 이유도 있었지만 촉체가 원의 전통 서체임을 감안한다면 당시의 친명 정책과도 관련이 있으리라 여겨진다.

반면에 진체에 속한 금속활자들은 대부분 임진왜란 전까지 계속 사용되었다. 진체와 촉체의 겸용인 을해자의 경우는 글자체의 대소가 인쇄에 적합하도록 균형이 잘 짜여 있어서 진체인 갑인자와 함께 오랫동안 이용되었다.

계축자의 경우는 진체에 속하는 활자이면서도 작은 활자가 큰 활자에 비해 너무 왜소해 균형이 잘 맞지 않은 결점이 있었던 까닭에 오랫동안 사용되지는 못하였다.

조선 후기에도 금속활자의 글자체는 진체와 촉체가 혼용되었는가 하면 인서체(印書體)와 행서체(行書體)가 새로 도입되거나 생겨나 사용되었다.

임진왜란으로 소실된 실록과 각종 서적들을 찍기 위한 선조실록자는 진체와 촉체를 혼용했으나 전쟁 이후 응급조치로서 급박하게 만든 관계로 일정한 형태를 띠지 못한 채 조잡성을 보이고 있다.

금속활자는 아니지만 임진왜란 이후 많은 서적

활자 전시대

을 인출했던 훈련도감자는 조선 초기에 이미 자취를 감추기 시작한 촉체로 제작된 것이다. 본 활자체가 임진왜란 이후 다시 등장한 것은 당시 훈련도감에서 활자를 만들던 사람들이 촉체를 선호하였던 까닭으로 생각되며 전후 국력이 완전히 회복될 때까지 50여 년 동안이나 계속 사용되었다.

후기에 들어 특히 주목을 끄는 것은 서구의 활자체에서 영향을 받은 것으로 볼 수 있는 명체(明體) 인본들을 글자본으로 한 교서관 인서체자와 청(淸)의 판본을 글자본으로 한 인서체 활자의 등장이다. 본 활자들은 종래의 붓으로 쓴 서체들과 달리 글자 획이 서구식 프린트의 글자 형과 비슷하며 글자체가 중소형으로 되어 있어서 인쇄에 매우 적합하도록 되어 있다. 또한 행서체의 등장은 오랫동안 사용되어오던 진체에 대한 염증과 이에 대한 반발 사조(思潮)의 변천으로 짐작된다.

한편, 조선시대 전 기간을 통해 나타나는 목활자는 대부분 금속활자 인본을 그대로 모각(模刻)한 것들이다. 이는 필명 있는 사람에게 글자본을 쓰게 하는 것보다는 금속활자의 인본을 모각하는 것이 글자 형이나 판면이 고르게 되며 제작 과정 또한 용이하여 민간에서 목활자를 제작할 때는 주로 이 방법이 활용되었다. 시대 상황에 따라 변천을 거듭해온 금속활자의 글자체는 목활자 글자체에도 직접적인 영향을 미쳤던 것이다.

• 조선시대의 인쇄 기관

조선시대 최초의 인쇄 기관으로는 서적원(書籍院)을 들 수 있다. 서적원은 원래 고려 마지막 왕인 공양왕 4년(1392) 즉, 조선 태조 원년 1월에 금속활자 인쇄를 전담하기 위해 설치했던 기관이다.

태조 이성계는 역성혁명을 일으켜 즉위한 후 관제를 제정함에 있어 고려 말의 모든 제도를 그대로 계승하였는데 서적원이라는 기관도 고려 말의 명칭을 그대로 이어받은 것이다. 그러나 고려 말의 서적원은 금속활자 인쇄를 관장하는 기관이었으나 조선 초의 서적원은 단지 서적을 인쇄 출판하는 기관으로만 기록되어 있어 동일한 명칭이었음에도 불구하고 관장 범위에 있어서는 약간의 차이가 있었던 듯하다.

서적원은 영(令)과 승(丞) 등의 직제 아래 관원을 두고 각종 서적을 인출했는데, 이 중에는 목활자 도서인 《대명률직해(大明律直解)》나 《개국원종공신록권(開國原從功臣錄券)》 등이 있는 것으로 보아 주로 목판본이나 목활자본을 인쇄했던 것을 알 수 있다.

태종 원년(1401)에 이르러 관제를 정비하였는데 이때의 기록에는 서적원이라는 인쇄 기관이 보이지 않고 태조 대의 관제에 있었던 교서감을 교서관(校書館)으로 개칭하여 인쇄 업무를 담당케 하였다. 이는 아마도 태조나 정조 대

에 서적원이 교서감에 합쳐짐과 동시에 서적원이 분장하던 서적의 인쇄 및 반
포 업무를 교서관에서 관장하게 된 것으로 보인다.

교서관은 서적원보다 위계(位階)를 격상시키고 관원을 크게 확충하였다.
또한 이와는 별도로 금속활자를 만들어 서책을 인출할 목적으로 태종 3년
(1403)에는 주자소(鑄字所)를 설치하여 동활자를 주조하였는데, 이것이 조선
조 최초의 금속활자인 계미자이다.

주자소는 금속활자 인쇄를 전담하던
기관으로 약 60년간 존재하면서 많은 책
을 인출하였다. 그러나 ≪경국대전(經國
大典)≫에 정식으로 등재된 기구가 아니고
임시로 특설된 기구여서 교서관과는 달리
일정한 직제가 갖춰져 있지 않았다. 주자
소는 설치 이후 명칭이 바뀌고 역할이 달
라지기도 했는데 문종 때는 정음청(正音

주자소 그림

廳)으로서 주자 인서의 일을 일부 대행하게 했고 단종 때는 궁내에 설치했던
서방(書房)을 주자소에 귀속시켰다.

주자소는 세종 11년(1429) 이후에는 주자본 외에도 목판본까지 관장하면서
서책을 인출하였지만 세조 6년(1460)에는 목판본 인쇄를 전담하던 교서관에
병합시킴으로써 교서관은 금속활자의 주조와 함께 목판본과 금속활자본까지
담당하는 기관이 되었다.

≪경국대전≫의 〈공전(工典)〉에 의하면 교서관 소속으로 야장(冶匠), 균자
장(均字匠), 인출장(印出匠), 각자장(刻字匠), 주장(鑄匠), 조각장(雕刻匠), 목
장(木匠), 지장(紙匠) 등을 볼 수 있는데 이는 교서관에서 금속활자 인쇄와 목
판인쇄를 함께 하였음을 입증해주고 있다.

교서관은 세조 12년(1466) 전교서(典校署)로 개칭되면서 위계가 정3품에서
정5품으로 강등되고 기구가 축소되었다. 그러나 성종 15년(1484)에 또다시 교
서관으로 복구되었으며, 이때 종전의 직제와 기구로 환원되었다. 교서관은 그

후 예각(藝閣), 내서(內書), 비서(秘書), 전교(典校), 외각(外閣) 등의 별칭으로 불리면서 3백여 년 동안 계속해서 서적의 인쇄와 출판 업무를 담당하였으며, 규장각(奎章閣)이 설치된 영조 52년(1776)의 이듬해인 정조 원년(1777)에 규장각에 합속되어 규장외각(奎章外閣)으로 개칭되었다.

정조 18년(1794)에는 내각(內閣)에 수장되었던 금속활자를 창경궁으로 이장하고 주자소라는 옛 이름을 그대로 복구시켰다. 그리고 철종 8년(1857)에는 주자소가 화재로 소실되자 다음 해에는 활자의 주조 및 보관 업무를 규장각(奎章閣)으로 이관시켜 금속활자본 외에도 많은 목판까지 소장, 관리하면서 서책들을 인출해냈다.

3. 목활자와 도활자

(1) 목활자(木活字) 제작과 활용

목활자는 활판인쇄를 하기 위해 나무에 새겨 만든 각종 크기의 활자를 말한다. 목활자에 대한 동양에서의 최초의 기록은 북송의 심괄(沈括)이 지은 ≪몽계필담(夢溪筆談)≫의 〈판인서적(板印書籍)〉에서 보인다.

그러나 목활자의 사용이 확실하게 나타나는 것은 1300년 원나라 왕정이 엮은 ≪농서(農書)≫로, 그 책 끝에 〈조활자인서법(造活字印書法)〉이라는 제목으로 목활자 인쇄 절차에 대해 소상하게 설명하였다.

우리나라에서도 초기의 목활자 인쇄에 관한 기록이 전해지지 않아 언제 시작하였는지 알 수 없다. 다만 현재 전해오고 있는 고려 우왕 3년(1377)의 금속활자본인 ≪직지≫를 면밀히 분석해볼 때 부족한 글자를 목활자로 충당하고 있어 이미 그 이전부터 목활자가 인쇄에 쓰였던 것으로 여겨진다.

조선시대에 들어와서 금속활자로 인쇄할 때도 벽자와 부족한 글자를 손쉽게 나무에 새겨 보충 사용했던 경우가 종종 있었지만 이러한 것들은 목활자본으로 볼 수 없다. 목활자본이란 인본에 사용된 활자가 모두 목활자로 이루어진 것을 의미하는데 우리나라에 현재 전해지고 있는 최초의 목활자 인쇄물로는 조선 태조 4년(1395) 및 동왕 6년(1397)에 인출한 ≪개국원종공신녹권(開國原從功臣錄券)≫이라는 문서이다.

우리나라에서 목활자의 제작 방법을 소상히 소개하고 있는 책으로는 조선 후기의 실학자인 서유구의 ≪임원십육지(林園十六志)≫ 등이 있다. 이들 기록을 참작하여 목활자 제작법을 개략하면 다음과 같다.

첫째, 금속활자의 경우와 같이 먼저 글자본을 정하고 이를 명필가에게 크고 작은 활자의 규격에 따라 글자를 쓰게 하거나 기존의 금속활자 인본의 글자 등을 이용하기도 하였다. 이때 같은 글자를 모두 몇 벌씩 중복되게 쓰고 어조사 등과 같이 많이 사용되는 글자는 필요한 수량만큼 충분히 준비하였다.

둘째, 활자를 새길 나무를 준비하여 적당한 크기의 판자로 켜서 판면을 고르고 편편하게 대패질을 한 다음 새기고자 하는 활자 크기와 높이의 각목으로 만들었다. 목활자로 쓰이는 재료는 글자를 새기기 쉽게 재질이 연하면서도 오래 견딜 수 있고 먹물 흡수가 좋아 인쇄가 잘될 뿐만 아니라 구하기 쉬운 나무를 사용하였는데 관서에서는 주로 황양목(黃楊木)을 사용하였지만 민간에서는 대추나무, 배나무, 감나무, 은행나무 등이 폭넓게 사용되었다. 준비된 나무는 통나무째로 바닷물에 담그거나 웅덩이나 연못 등의 민물에 오랫동안 담가 진액을 빼고 결을 삭혀서 글자를 새기기 쉽게 한 다음 통풍이 잘되는 음지에서 충분히 건조시켰다. 그러나 시일이 촉박한 경우는 처리 과정을 단축시키기 위해 짠물에 나무를 쪄서 진액을 빼고 결을 죽여 햇볕에 말리는 방법을 택하기도 하였다.

셋째, 준비된 글자본을 각목 위에 뒤집어 붙이고 비쳐 보이는 글자체의 획이 볼록 나오도록 하여 하나하나 새긴 다음 이를 다시 실톱으로 하나씩 잘라 네 면의 모양을 가지런하게 하고 높이를 일정하도록 손질하였다. 이때 어조사와 같이 많이 쓰이는 글자는 같은 글자를 필요한 만큼 여러 개 만들었는데 이는 어미자를 사용해 필요한 개수만큼 만들었던 금속활자 주조법과 다른 점이다.

이러한 과정을 거쳐 완성된 목활자는 활자의 배열법에 따라 보관함에 정돈한 다음 서책을 인쇄할 때마다 꺼내어 적절하게 사용하였다.

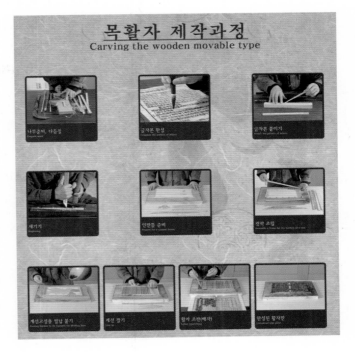

(2) 목활자의 활용

목활자로 책을 찍어내기 위해 판을 짜는 데도 금속활자 인쇄처럼 고착식과 조립식이 있었다. 관서에서는 금속활자의 인쇄 방법에 준하여 조립식을 많이 사용하였지만 민간에서는 주로 고착식 인쇄 방법을 사용하였다. 조립식 인쇄 방법은 앞서 설명한 금속활자 인쇄 방법과 같으므로 생략하고 여기서는 고착식 인쇄 방법만을 간단히 살펴보고자 한다.

고착식 인쇄 방법은 첫째, 판판하고 곧은 판목을 적당한 크기와 두께로 잘라 인판 대를 만들고, 그 위에 네 변을 고정시킬 테두리와 중간에 판심을 마련한 다음 밀랍을 계선 사이의 인판 바닥에 계선의 높이보다 약간 낮게 깔았다. 판심에는 어미와 흑구 등과 같이 접지와 제책의 기준이 되는 장식을 넣고 각 줄마다 칸막이를 하는 데 필요한 계선은 대조각을 깎아 준비하였다. 작업 능률을 올리기 위해 인판 틀을 두세 개 이상 만들기도 했는데, 하나로 인쇄하는 동안 다른 틀에는 활자를 배열해 판을 짜야 했기 때문이다. 밀랍은 밀초에 반건성유인 참기름과 불건성유인 피마자 기름을 반반씩 배합한 후 끓여서 만들었다. 이렇게 만들어진 밀랍은 딱딱하게 굳지 않으면서도 점착력을 오래 유지하여 활자를 보다 쉽게 고착시킬 수 있었다.

둘째, 금속활자 인쇄법과 같이 찍고자 하는 글의 내용에 따라 목활자를 골라서 원고 위에 놓고, 이것이 한 판 분량이 되면 그 체제대로 인판에 올렸다. 활자의 배열이 끝나면 활자 다지기로 다져서 고르게 하고 마지막으로 넓은 철판 등을 사용하여 활자의 윗면을 고르게 눌러서 편편하게 하였다. 이때 인판의 활자면 고르기는 매우 중요한 과정이라서 숙련된 기술자가 맡았다. 활자를 고르는 것은 문선(文選)에 해당하는 것으로 민간에서는 대개 활자의 주인이 이 일을 맡았다. 또한 활자의 판올림을 상판(上版)이라고 하는데 이는 활판인쇄에서의 식자(植字)에 해당되며 활자를 인판에 배열할 때는 오른손에 쥔 대나무 칼로 활자를 붙일 수 있을 만큼의 밀랍을 떠서 왼손으로 활자를 붙였다.

셋째, 먹물을 준비하여 먹 솔로 활자 면에 골고루 칠한 다음 종이를 그 위에 놓고 말총이나 헝겊뭉치 등으로 문지르거나 눌러서 찍어냈다. 목활자에 쓰이는 먹은 금속활자에 쓰이는 유연 먹과는 달리 송연 먹이 많이 사용되었다. 송연 먹은 먹을 분쇄하여 물에 담가 풀어지게 한 다음 적당한 양의 술이나 알코올성 물질을 배합했는데, 이는 먹의 주성분인 탄소가 고루 확산되고 물기가 빨리 증발되며 탄소와 아교를 응결시켜 글자가 번지지 않게 하는 역할을 하였다.

이러한 과정을 거쳐 애벌을 찍은 다음 오자와 탈자, 비뚤어지거나 거꾸로 된 글자, 또는 희미하거나 너무 진한 글자 등을 바로잡아 교정을 하고 교정본을 다시 확인한 다음 필요한 부수만큼 찍어내 장책을 하였다.

(3) 목활자의 종류

우리나라에서 목활자가 사용되기 시작한 것은 목판의 틀린 글자를 고치는 데 쓰거나 금속활자를 만들 때의 어미자가 목활자라는 것을 생각하면 고려 때부터로 추정된다. 하지만 현재 전해오는 목활자 인본 중에는 고려시대의 것은 없고 모두가 조선시대에 들어와 만들어진 것들이다. 이 중에는 관서에서 목활자를 만들어 인쇄한 것이 많지만 민간에서 직접 목활자를 만들어 찍어낸 인본들도 많다.

원래 목활자는 금속활자처럼 왕명에 의하거나 주자소 등에서 정책적으로 제작되는 것이 아니고 서원 같은 공동 기관이나 사가(私家)에서 만들어진 것들이 많아 활자가 제작된 과정이나 계통들을 체계적으로 정리하기가 어렵다. 그러므로 해당 목활자들의 인본이 적혀 있는 간기에 의하여 전해온 과정을 어느 정도 밝힐 수 있을 뿐이며 글자 형태에 따라 같은 종류의 인본들을 분류할 수 있다. 그러나 인본마다 간기가 밝혀져 있는 것이 아니어서 글자체로써 인본의 제작시기 등을 짐작할 수밖에 없는 것들도 많은 실정이다.

이들 목활자의 인본은 조선시대 전기에는 주로 관서에서 찍은 것들이 많은 반면 후기로 올수록 민간본이 많이 나타나고 있다. 특히 후기에는 관상감이나 사역원 같은 중앙 관서나 지방 관서인 감영 등에서도 자가(自家) 공용서를 인출하기 위해 목활자를 보유하고 있었으며 서원이나 민간인들이 각종 문집이나 족보 등을 인출하기 위해 목활자를 소유하기도 하였다.

현존하고 있는 목활자 인본 중 중요한 것들을 중심으로 목활자의 종류를 개략하면 다음과 같다.

• 서적원자(書籍院字)와 녹권자(錄券字)

태조 이성계는 새로운 왕조를 수립하고서도 고려의 관제를 답습하여 도서를 관장하는 교서관과 고려 공양왕 때 설치한 서적원은 물론 금속활자 인쇄를 맡는 직책까지 그대로 두었다. 그러나 왕조 교체의 혼란기 때인지라 서적원에서 인쇄 업무를 수행할 형편이 못되었다.

그러던 중 태조 4년(1395) 백주 지사인 서찬이 목활자를 만들어 서적원에 바침으로써 건국 초기에 절실히 필요했던 《대명률직해(大明律直解)》를 백여 부 찍어서 반포했다. 이 목활자를 '서적원자'라 일컫는데 서찬이 만들어 바친

활자라는 점에서 '서찬자'로 불리기도 한다.

이 활자는 건국 초에 서적원이 아직 인쇄 기능을 제대로 수행하지 못할 때 지방 관서가 만들어 바친 것이지만 조선조에 들어와 최초로 만들어진 활자이고 당시 필요했던 책을 찍어 보급했다는 점에서 의의가 자못 크다. 본 활자로 찍은 인본은 이외에도 많았을 것으로 추정되지만 그에 관한 기록이나 인본들이 나타나지 않아 자세한 사항은 알 수 없는 실정이다.

또한 태조는 개국 후 즉위하자 가장 먼저 공신도감(功臣都鑑)을 설치하고 개국 공신과 원종공신들에게 녹권(錄券)과 교서(敎書)를 내려 논공행상을 하였는데 이들 녹권과 교서가 처음에는 모두 필서(筆書)에 의해 이루어졌다.

그러나 필서에 의한 녹권은 본문 내용이 동일함에도 필서자에 따라 글씨체가 각각 다르고 오탈자가 적지 않아 이를 보충하는 등 조잡한 면을 보였다. 이러한 폐단을 없애기 위해 태조 4년(1395) 목활자와 목판인쇄를 병행하였는데 이때 사용된 목활자를 '녹권자(錄券字)'로 부르고 있다.

이 활자로 인쇄한 《개국원종공신록권(開國原從功臣錄券)》은 책자가 아닌 두루마리로 되어 있다. 활자를 만든 솜씨가 치졸하여 모양과 글자 획이 가지런하지 않고 인쇄가 조잡한 편이지만 현존하는 목활자본 중 가장 오래된 인본이라는 점에서 그 가치가 귀중하게 평가되고 있다.

• 동국정운자(東國正韻字)와 홍무정운자(洪武正韻字)

《동국정운》은 세종이 우리나라의 한자음을 바르게 잡기 위해 편찬한 책으로 훈민정음 제정 원리와 배경 연구에 있어서 매우 귀중한 자료이다. 이 책을 신숙주 등 집현전의 여러 학자들이 왕명을 받들어 완성하자 세종 29년(1447) 목활자를 만들어 찍어낸 다음 각 도와 성균관 등에 배포하였다.

이 책을 찍은 목활자 중 한자 큰 자를 '동국정운자', 한글 큰 자를 '동국정운 한글자'로 부르고 있다. 한글 큰 자의 글자체는 강직한 직선을 그어 제작한 고딕 인서체로 훈민정음의 원형을 잘 나타내며 인본의 큰 자에 운을 단 한자의 작은 자는 초주 갑인자이다. 활자의 새김이 매우 정교하여 인본에는 필체가 잘 나타나고 있으며 인쇄 상태 또한 매우 깨끗하다. 인본은 현재 2부가 전해오고 있으며 모두 국보로 지정되어 있다.

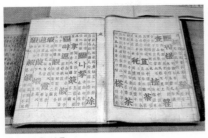
홍무정운역훈

한편 세종은 훈민정음을 창제한 후 우리나라의 한자음을 바로잡고자 동왕 29년(1447)에 ≪동국정운≫을 완성하고 또다시 한자의 중국 음을 정확히 나타내기 위해 당시 명나라에서 새로 엮은 ≪홍무정운≫의 음을 한글로 표기하는 작업을 착수하였다. 이 작업은 사람을 요동에 보내 정확한 음운을 결정하게 하는 등 오랜 시일이 걸린 탓에 세종 때 작업이 완성되지 못하고 문종 때 교열을 거쳐 단종 3년(1455)에야 비로소 ≪홍무정운역훈(洪武正韻譯訓)≫이 인출되었다.

이 책을 인출하기 위해 쓰인 목활자 중 한자의 큰 자를 '홍무정운자'라 하고 한글의 큰 자와 작은 자를 '홍무정운 한글자'라고 부른다. 이 책의 한자 작은 자는 초주 갑인자를 사용하였다. 이 인본에서 한자인 홍무정운자는 동국정운자와 비슷한 면모를 보이고 있으나 한글자는 강직한 직선으로 새겨진 인서체가 아니라 부드러운 필서체인 것이 특징이다.

• 을유자체자(乙酉字體字)와 인경자(印經字)

세조 때의 호불 정책과 불서 간행사업의 촉진은 사찰에 큰 영향을 주어 많은 불교서적을 목활자로 찍어내게 하였다. 이때의 목활자는 제작한 사찰과 시기, 그리고 인출 경위 등에 관해서는 전해오는 바가 없어 자세히 알 수 없으나 글자체가 을유자와 닮아 '을유자체 목활자'로 불리고 있으며 제작 연대는 15세기 후반 무렵일 것으로 추정되고 있다.

현재까지 전해오는 이 활자의 인본으로는 ≪금강반야바라밀경≫을 비롯하여 ≪벽암록(碧巖錄)≫, ≪석씨요람(釋氏要覽)≫, ≪석가여래행적송(釋迦如來行蹟頌)≫ 등 다수가 있는데 주로 장소류(章疏類)가 많다.

이 목활자는 하나하나 손으로 새겼기 때문에 금속활자인 을유자에 비하면 글자의 크기와 모양이 일정하지 않고 글자 획도 가지런하지 않지만 활자를 만들어 바로 찍어낸 책들을 보면 먹색의 진함과 인쇄의 선명도는 금속활자인 을유자보다 오히려 나은 편이다.

한편, 성종이 승하하자 대비들이 명복을 빌기 위해 연산군 원년(1495) 원각사에서 대대적으로 불경을 찍고 동일한 내용의 단일 발문을 작성한 다음 목활자를 만들어 찍어 모든 책 끝에 똑같이 붙였다. 이듬해에 임금이 내탕(內帑)으로 불경의 간행사업을 직접 도와줌으로써 성종의 계비인 정현대비와 덕종의 비인 인수대비가 주관하여 정성껏 목활자를 더 만들고 불경을 잇달아 찍어냈는데 이때 만든 한자 목활자를 '인경자'라 하고 한글 목활자를 '인경 한글자'라고 한다.

글자체는 부드러운 필서체로 새김이 정교하고 활자 모양도 단정하며 가지런할 뿐만 아니라 인쇄 또한 먹색이 사뭇 진하고 깨끗하여 인본들이 매우 정교하면서도 우아하여 언뜻 보면 금속활자처럼 보인다.

이 목활자로 찍어낸 국역 불서는 한글의 표기가 당시 한자음의 실제 음으로 되어 있어 국어학 연구에 있어서도 매우 귀중한 자료로 손꼽히고 있는데 현재 낙질본만 산재할 뿐 완질본은 전해오지 않고 있다.

• 훈련도감자(訓練都監字)와 실록자(實錄字)

임진왜란으로 인해 의주까지 피난을 갔던 선조는 양병의 필요성을 절실히 깨닫고는 동왕 27년(1594)에 훈련도감을 설치하였다. 그러나 전란 직후의 혼란과 물자의 결핍으로 세태가 흉흉해지면서 훈련도감의 운영은 난관에 봉착하여 유지하기가 지극히 어려웠다. 물론 훈련도감의 운영 경비를 조달하기 위해 둔전법을 실시했지만 이것만으로는 자급자족이 어려운 실정이었다. 그 결과 훈련도감은 유휴 병력을 이용하여 활자를 만들고 교서관을 대신하여 실비를 받아 책을 찍어줌으로써 경비의 부족분을 충당하는 방안을 강구하였다. 전란을 겪으면서 흩어졌던 금속활자들을 다시 주워 모으고 부족한 것은 목활자로 보충하여 긴요한 서적부터 우선 찍어냈는데 이러한 인쇄사업은 매우 중요하고도 시의적절한 사업이었다.

훈련도감의 인쇄사업은 선조 말기부터 시작되어 광해군 시대를 거쳐 인조 후기 무렵까지 지속되었다. 인쇄하려는 책이 늘어나자 옛 금속활자의 글자체를 본뜬 각종 목활자를 만들어 다양하게 책을 찍어냈는데 이들 활자를 총칭하여 '훈련도감자'라 부르지만 구체적으로 표현할 때는 '갑인자체 훈련도감자', '경오자체 훈련도감자', '을해자체 훈련도감자' 등으로 글자체별 활자명을 붙여 부른다. 본 활자로 찍은 인본들은 다양한 글자체에 따라 현재 적지 않게 전해오고 있다.

이 목활자는 인쇄 업무에 별로 경험이 없던 병사들이 만든 것이어서 글자 모양이 바르지 않고 글자 획도 고르지 않아 인쇄도 정교하지 못하며 인본도 대체로 조잡한 편이다. 그러나 한 나라의 인쇄 업무를 맡은 교서관의 기능이 마비되었을 때 그 업무를 대신 수행하여 문화 발전에 기여했으므로 인쇄문화사적인 관점에서는 의의가 매우 크다.

실록자는 임진왜란으로 인해 각 사고에 보관해오던 왕조실록이 전주 사고본을 제외하고는 모두 소실되자 전란 직후 실록청에서 태조에서 명종까지의 13대 실록을 전주 사고본에 의해 새로 찍기 위해 사용한 목활자이다. 실록처럼 귀중한 문적은 통상 금속활자로 찍어야 했음에도 전란으로 대부분의 금속활자가 소실되어 버린 탓에 옛 갑인자와 을해자를 수집하는 한편 부족한 많은 활자들은 훈련도감 병사들을 데려와 목활자로 만들어 보충하였던 것이다.

이때 찍은 태백산 사고본을 살펴보면 태조부터 명종까지의 실록은 기존의 금속활자에다 새로 만든 목활자를 보충하여 갑인자와 목활자 또는 을해자와 목활자로 찍었으며 선조부터 효종까지의 실록은 목활자를 주로 하여 찍었는데 이때 사용된 목활자를 총칭하여 '실록자'라고 일컫고 있다.

이 중 《선조실록》은 새김이 거친 목활자로만 찍혀져 있어 인쇄 상태가 조선왕조실록 중 가장 좋지 않으며 전국 각지에서 황양목을 구하고 각수들을 모집하여 목활자를 대대적으로 들여 찍은 《인조실록》과 《효종실록》은 글자체가 단정하고 판식이 훨씬 정돈되어 있어 인쇄가 깨끗하고 또렷한 편이다.

• 교서관 필서체자(校書館筆書體字)와 생생자(生生字)

임진왜란과 병자호란을 거쳐 인조 말기에 이르러 비로소 국가의 인쇄 업무가 교서관으로 다시 돌아오게 되자 훈련도감에서 활자 만들기와 판짜기 등의 인쇄 기법을 경험한 장인들이 교서관으로 옮겨와서 인쇄 업무를 재개하게 되었다.

이 무렵부터 현종 때 무신자(戊申字)가 주조되어 중앙 관서의 금속활자 인쇄 업무가 다시 원활하게 수행되기까지의 사이에 교서관이 갑인자와 을해자의 필서체를 답습한 목활자로 책을 찍어 공급하였는데 이때 사용된 목활자를 '교서관 필서체자'라고 한다. 교서관 필서체자는 숙종 대에 들어와 만들어진 목활자도 있는데 이는 초기의 활자보다 크기가 작고 단정한 모양을 띠고 있다.

생생자는 정조 16년(1792) 청나라의 ≪사고전서(四庫全書)≫에 들어 있는 취진판 ≪강희자전(康熙字典)≫의 글자를 글자본으로 삼고 황양목을 사용하여 만든 목활자로 크고 작은 활자가 32만여 자에 이른다. 본 활자는 조선시대에 만들어진 목활자 중 가장 대규모로 관서에서 제조한 목활자인데, 철종 8년(1857)의 주자소 화재로 인해 대부분 소실되고 말았다.

전해오는 인본을 보면 큰 활자는 글자 모양이 넓적하고 글자 획이 굵은 인서체인 것이 특징이며, 작은 활자는 근대식 활자처럼 글자 모양이 가는 인서체이다. 본 활자는 원래 어제(御題)를 찍기 위해 만든 활자이므로 새김이 매우 정교하여 인본의 모양 또한 정연하면서도 미려하다. 이 때문에 인본들은 본 목활자를 글자본으로 하여 훗날 만든 정리자의 금속활자 인본을 방불케 하여 식별이 거의 어려울 정도이다.

• 학부 인서체자(學部印書體字)와 야소삼자경자(耶蘇三字經字)

고종 31년(1894)의 갑오경장으로 관제 개혁이 거듭되어 내각의 명칭 아래 7개 부(部)가 새로 마련되었는데 그중 하나가 교육을 담당하는 학부(學部)

였다. 학부 편집국에서는 당시의 새로운 문물과 근대화 의식을 수용하기 위해 교과서의 개편 작업이 시급했는데 그 결과 무쇠로 만들어 쓰다가 마모되어 방치해 둔 후기 교서관 인서체자와 이를 바탕으로 인서체 목활자를 만들어 개편된 교과서를 다량으로 찍어냈다.

이때 사용한 목활자를 '학부 인서체자'라 부르며, 특히 한글을 찍기 위해 만든 활자를 '학부 인서체자 병용 한글자' 또는 '학부 한글자'라 일컫는다. 이들 인본을 살펴보면 글자 획이 가늘게 닳고 일그러진 것은 교서관 인서체 철활자이고 글자 획이 굵고 먹색이 시커멓게 묻은 것은 새로 만든 학부 목활자이다. 그리고 한글 활자는 모두 목활자로 새로 만든 것들이다.

이들 목활자는 응급적인 조치로 서둘러 만들었기 때문에 글자 획이 가지런하지 않고 활자 모양이 정연치 않아 인쇄 상태가 조잡한 편이다. 본 활자의 인본은 고종 32년(1895)부터 몇 년 동안 각 분야의 교과서를 다양하게 찍어 보급했기 때문에 현재 많은 종류가 전해오고 있다.

야소삼자경자는 19세기 말에서 20세기 초에 기독교 선교를 위해 어린이용 ≪훈몽삼자경≫의 체제를 본떠서 만든 ≪야소삼자경≫을 찍기 위해 만든 목활자이다. 인본은 한자로 번역한 기독교 교리의 중요 대목을 큰 한자 밑에 작은 한글자로 훈과 음을 표시하고 끝에는 한글로 토를 달아 인쇄해냈다. 이를 총칭하여 '야소삼자경자'라고 하며, 구체적으로는 한자 큰 자를 '야소삼자경 대자', 한글 작은 자를 '야소삼자경 한글자'로 일컫는다.

이 활자의 인본은 현재 3종이 발표되었는데 아동들에게 기독교 진리를 교육시키려는 것이 주목적이지만, 한편으로는 한자의 초보적 교습을 위한 부차적인 목적도 함께 수행할 수 있도록 엮어진 것이 큰 특징이다.

• 기타 목활자

지금까지 살펴본 주요 목활자들을 제외하고도 조선시대에는 많은 목활자들이 만들어 사용되었고 현재 전해오는 인본 또한 매우 다양하다.

임진왜란 이전에도 전국의 여러 곳에서 목활자를 만들어 사용했기 때문에 현재 전해오는 것만 해도 중종 때 나주목에서 만든 '금성자(錦城字)', 명종 때 대제학을 지낸 정사룡이 사사로이 만든 '호음자(湖陰字)', 광해군 때 평양에서 만든 '추향당자(秋香堂字)', 그리고 선조 18년(1585)에 교정청에서 ≪효경대의≫를 찍기 위해 만든 '효경대자(孝經大字)'의 인본 등 많이 있다. 이외에도 서울을 비롯해 지방의 여러 도시와 각 서원 등에서도 목활자를 만들어 책을 다양하게 찍어냈지만 기록이 제대로 전해오지 않고 인본 또한 별로 나타나지 않아 이들 목활자의 내력을 정확하게 알 수는 없는 실정이다.

특히 조선 후기에 들어 내의원 같은 중앙 관서나 지방 관서의 감영은 물론 서원이나 사찰, 또는 민간인들이 사사로이 많은 목활자를 만들어 각종 서책이나 문집, 족보 등을 인출하는 데 사용하였다.

이들 중에는 임진왜란이 끝난 후 선조 41년(1608)부터 광해군 7년(1615)까지의 사이에 내의원의 의관(醫官)들이 의서를 엮은 다음 이를 찍어내기 위해 만든 '내의원자(內醫院字)'를 비롯해 광해군 13년(1621)에 경상도 관찰사였던 정조가 그의 친구인 문계박에게 의뢰해 만든 '문계박자(文繼朴字)', 17세기 후반에 나주목에서 만든 '나주자(羅州字)', 정조 21년(1797)에 ≪춘추좌씨전(春秋左氏傳)≫을 인출하면서 사용한 '춘추강자(春秋綱字)', 동왕 22년(1798)에 김한동이 조상의 문집을 찍기 위해 평남 성천에서 만든 '성천자(成川字)' 등이 있다.

이후에도 많은 목활자가 개인들에 의해 사사로이 만들어졌는데, 순조 10년(1810)에 장혼이 사적으로 책을 찍기 위해 소형 목활자로 만든 '장혼자(張混字)', 동왕 15년(1815)에 예조판서 등을 지낸 남공철이 자신의 저서를 찍기 위해 만든 중간 자와 작은 자의 '금릉취진자(金陵聚珍字)', 동왕 25년(1825)에 박병은 등이 ≪중주삼자경≫을 인출하기 위해 만든 '훈몽삼자경자(訓蒙三字經字)', 그리고 고종 6년(1869)에 양주의 보광사에서 불서를 찍어내기 위해 만든 '보광사자(寶光寺字)' 등 일일이 열거할 수 없을 정도의 많은 목활자가 있었으며 이들의 인본 또한 다양하게 전해오고 있다.

(4) 도활자(陶活字)

도활자란 질그릇 만드는 찰흙을 빚어 만든 활자로 오지활자라고도 한다. 중국에서는 북송의 필승이 만든 교니활자(膠泥活字)에서 비롯되었지만 이를 실용화하는 데는 실패하고 원나라 초기에 종래의 점착성 물질을 개량하여 책을 찍어냈으나 역시 어려움을 겪었다. 하는 수 없이 쇠로 만든 인판을 진흙으로 만든 인판으로 바꾸고 찰흙을 얇게 깐 위에 이미 구운 활자를 배열한 다음 다시 가마 속에 넣고 구워서 한 조각으로 고착시킨 다음 인쇄를 하였다고 전해진다.

이러한 식으로 인쇄하면 활자를 한 번밖에 사용하지 못하므로 활자 인쇄로서는 그 기능을 잃게 된다. 따라서 중국에서 도활자 인쇄에 성공한 것은 다른 활자와 비교하여 시기가 매우 늦은 18세기 이후 청나라 때의 일로 알려지고 있다.

이러한 도활자가 우리나라에서는 언제 처음으로 만들어져 인쇄에 사용되었는지는 자세히 알 수 없다. 다만 현재까지의 기록으로는 18세기 초반에 만들어진 것으로 나타나고 있어 중국에서 도활자가 실용화되었던 시기와 비슷하다.

도활자에 대한 기록으로는 편자가 밝혀지지 않은 ≪동국후생신록(東國厚生新錄)≫이라는 필사본에 이재항이 해주 병영에서 친히 글자를 써 토주(土鑄)를 구워냈다고 밝히고 도토(陶土)로써 토주를 구워내는 방법과 그 과정을 다음과 같이 설명하고 있다.

오지그릇 만드는 찰흙을 곱게 빻아 유자나무즙 같은 기름을 섞어서 골고루 잘 찧어 빚는다. 이에 앞서 쇠로 된 둥근 주판알과 같은 구멍을 줄줄이 뚫고 뒷등의 흙이 나오는 곳에 주사위같이 만든 나무판을 사용하여 활자 모양의 네모꼴을 만들어낸다. 이것을 햇볕에서 반쯤 말린 다음 글자본을 쓴 얇은 종이를 그 위에 뒤집어 붙여서 그대로 새기고 거기에 밀랍을 두텁게 칠한 뒤 불에 구워 하나씩 만들어낸다.

이렇게 도활자를 만든 이재항은 영조 5년(1729) 6월에 황해병사(黃海兵使)

로 부임하여 1년 3개월 동안을 황해도 해주 병영에 있었는데 바로 그 무렵에 만들었던 것으로 여겨진다. 도활자의 실물은 현재 국립중앙박물관의 2백여 자를 비롯해 성암고서박물관과 개인 소장품 등 몇 종이 있는데, 활자 모퉁이에 구멍이 뚫려 있는 것이 많다. 이는 인쇄판을 짤 때 철사나 끈으로 꿰었던 것으로 여겨진다.

도활자는 금속활자처럼 글자 형이 아름답고 고르지는 못하나 비교적 균형이 잘 짜여 있고, 활자의 재질도 매우 견고하여 목활자처럼 쉽게 형체가 이지러지지 않도록 되어 있다. 언뜻 본뜻 보면 철활자와 비슷한 느낌을 줄 만한 활자로서 실용적 가치가 인정될 만큼 잘 만들어져 있다.

그러나 도활자의 인본으로서 전해오는 것은 극히 드물다. 이것은 도활자의 주조 과정이 금속활자와 비슷하므로 목활자를 만드는 것보다 매우 힘들며 실물을 보관하는 데에도 그 재질이 목활자보다는 견고하나 역시 잘 이지러졌기 때문으로 생각된다.

또한 도활자를 만드는 것보다는 경비를 좀 더 들여서 글자 형이 단정하고 보관에도 편리한 금속활자를 만들거나 혹은 복잡한 제조 과정을 거치지 않고도 손쉽게 만들 수 있는 목활자가 더 편리하였으므로 민간에서는 도활자를 만들지 않고 주로 목활자를 만들어 이용하였던 까닭이라고 본다.

4. 목판인쇄술의 발달

(1) 관판(棺板)

관판본은 중앙의 교서관이나 주자소 등에서 인쇄한 국가의 전장(全章)과 사서, 왕실의 기록 등과 같은 중요한 관찬서에 속하는 것인데, 대개는 중앙에서 먼저 활자판으로 인쇄하여 관서 및 관원들에게 반사(頒賜)하였다. 그러나 널리 보급할 필요가 있는 것이나 후대에까지 전해야 할 중요한 서책들은 그 활자본을 지방의 각 감영에 보내어 관명으로 다시 각판하게 하고 때로는 서책의 종류에 따라 처음부터 교서관이나 감영에서 각판케 하는 것도 있었다. 또한 사가(私家)의 저술이라도 국가 사회의 발전과 교육 문화의 향상에 중요한 것이라면 관명으로 중앙이나 지방 관서에서 각판케 하는 예도 적지 않다.

관판본은 인본을 만든 주체에 따라 교서관 등에서 만든 중앙판과 지방의 각 감영 등에서 만든 지방판으로 구분할 수 있지만 현존하는 판본 중에는 이를 엄격하게 구분할 수 없는 판본들도 적지 않으며 그중에는 원래 중앙에서 관판으로 인쇄된 것인데, 그 후에 지방에서 다시 번각한 것들도 있다.

관판본은 현재 서책으로 전해지고 있는 것 외에도 왕조실록 등에 목록이 등재되어 있거나 내사기(內賜記)가 밝혀진 것들이 많이 있다. 그러나 왕조실록의 기록 중에는 서책의 편성과 인출과의 사이에 그 기록이 일치되지 않은 것이 있을 뿐만 아니라 서로 중복된 것들이 적지 않다.

예컨대 어떤 도서는 이미 출판된 것처럼 적혀 있으나 실제로는 인출되지 않은 것이 있는 반면, 출판되지 않은 것처럼 보이는 것이 이미 출판된 것도 있다. 내사기도 인출 직후에 곧바로 내사되는 것이 통상적이어서 내사의 시일이 간행 연월과 거의 일치되는 것이 많으나 때에 따라서는 인출된 시일이 훨씬 지난 뒤에 내사된 것들도 있다.

따라서 조선시대 관판본의 정확한 인출 사항과 간행 연월을 파악하기란 어려운 실정이지만 이들에 대한 목록은 정조 원년(1776)에 규장각을 설치하고 이듬해 각 도에 명하여 공사(公私) 소장의 간행서목과 장판(藏板) 수를 조사한 후 서유구 등으로 하여금 각 서책의 조례들을 분류하여 채록케 한 《누판고(鏤板考)》에 대부분 기록되어 있다.

《누판고》는 정조 초기까지 국내에서 간행되어 현존하던 중앙 및 지방의 모든 공사 판본들을 수록한 귀중한 문적인데 총 7권으로 되어 있다. 본서의 편술 내용은 먼저 왕이 편찬한 어찬(御撰) 20종과 왕명으로 편수한 어정(御定) 46종을 수록한 다음 한적(漢籍)들을 사고 분류 방법에 따라 경(經) · 사(史) ·

자(子)·집(集)의 4부로 나누어 각 서책들의 저자 이름과 관직을 간략하게 밝히고 그 장판들이 소장된 곳을 자세히 기록하였다.

중앙 관서에 속하는 것으로는 교서관·주자소·관상감·사역원·혜민서·훈련도감·장악원 등 각 관서의 장판을 들었으며 지방 관서에 속하는 것으로는 경기·호서·호남·영남·해서·관동·관북·관서 등의 관찰영(觀察營)을 비롯하여 각 관찰영 소속의 부·목·군·현의 장판들을 밝혔다. 또한 사판에 속한 것도 그 장판의 소장처인 사찰, 서원 및 사가 장판의 성명 등을 자세히 기록하고 있다.

여기에는 총 2,152종이 수록되어 있는데 이 중 대장경판 1,539종은 해인사의 《고려대장경판목록》을 그대로 전재하였으나 나머지 613종의 판본들은 각 서체의 해제에 필요한 서(序)와 발(跋)을 간간이 인용하였을 뿐 아니라 그 책들의 인쇄에 필요한 용지의 수량 등도 밝혀져 있다.

이 책에 수록된 관판 중에는 중복되는 서책의 판본들도 적지 않으나 이처럼 많은 양의 각 판들을 중앙 및 지방 관서에서 조조(造雕)하였다는 것은 그 당시의 조판(雕板) 인쇄술의 발전에 관판 인본들의 비중이 얼마나 컸던가를 실증해주고 있다.

(2) 사판(私板)

사판은 크게 나누어 사찰판과 서원판, 사가판으로 구분할 수 있다. 사찰판과 사가판은 고려시대부터 이미 시작되어오던 간본사업에서 영향을 받았는데 사찰판은 국가 지원의 간경사업에 힘입어 크게 번창했으며 사가판은 가문을 중시하는 풍조가 왕성해짐에 따라 선조들의 문집을 간행하여 가문을 빛내고자 하는 목적에서 성행하게 되었다.

이에 반해 서원판은 조선조 중기 무렵에 들어와 생겨나기 시작한 서원에서 간행한 것으로 후기에 들어서 성행하였으며 사가판에 속하는 방각판본은 조선 후기에 이르러서야 본격적으로 나타나기 시작하였다.

• 사찰판(寺刹板)

사찰판은 주로 왕가에서 선조와 요절한 왕손들의 명복을 빌기 위하여 국탕(國帑)이나 궁정의 내탕(內帑)으로써 경판을 만들거나 당시의 부호들이 간경의 자금을 불사에 희사하여 각 사찰에서 개판한 것들이다.

따라서 사찰판은 대개 종래의 불전들을 그대로 복각한 것들이 많지만 때로는 우리나라 법사들의 법어나 어록, 문집 등의 저작물도 있다. 이 밖에도 불전과는 직접 관련이 없지만 사찰 자체의 수요에 의해 만든 관판본의 번각본도 있고 사가판본으로서 사찰에 의뢰하여 개판한 것들도 있다.

이들 사찰판은 대부분 권말에 명백한 간기가 간경의 시주, 연판, 각수, 역승(役僧) 등의 이름과 함께 병기되어 있어서 우리나라 인쇄술의 발달 과정과 판본을 고증하는 데 귀중한 자료가 되고 있다.

그런데 현존하는 사찰판들을 보면 각 사찰끼리의 상호 연락이나 계획이 없이 같은 판본들을 수시로 개판해왔음을 알 수 있다. 그 일례로서 《묘법연화경》 등은 각 사찰에서 개판된 횟수가 30여 회에 이르며, 10회 이상 개판된 것들도 다수가 있다. 이는 당시의 승려들이 민중의 요구에 부응코자 경판을 중복해 개판하는 경우도 있었지만 대개는 간경비(刊經費) 지출의 책임을 진 시주들의 기원에 따라 다른 사찰들과는 상호 연락이 없이 수시로 개판했기 때문으로 추정된다. 만약에 각 사찰에서 계획적으로 보다 많은 불전을 보급하기 위한 것이었다면 동일한 경판보다는 다른 종류의 경판들을 골고루 개판하였을 것이다.

현재 알려진 조선시대의 사찰판만도 6백여 종이 넘는데, 이는 당시 각 사찰들의 불경 판각사업이 얼마나 왕성했던가를 짐작할 수 있게 하며 이 많은 경판을 개판하였다는 것은 판목과 용지, 각수, 제책 등과 같은 인쇄사업에 관련된 저력이 각 사찰에 있었다는 증거이다. 실제로 우리나라의 우수한 각수나 조판 및 제지공들 중에는 승려가 많았던 것으로 보아 사찰판은 우리의 인쇄문화 발달사에 중요한 위치를 차지하고 있음을 알 수 있다.

• 서원판(書院板)

서원은 원래 백성들을 지도하는 사설 교육기관으로서 많은 인재들을 육성하였으며, 학문을 장려하기 위하여 필요한 서책들을 출판해내기도 하였다.

조선조 최초의 서원은 중종 38년(1543)에 당시 풍기 군수였던 주세붕이 고려 안향의 거처였던 백운동에 세운 백운동 서원으로, 임진왜란 이후에는 서원의 활동이 점차로 활발해지면서 전국 각지에 생겨나 조선 말기경에는 그 수가 8백여 개에 이르렀다. 서원판들은 주로 그 서원에서 모시는 선현이나 그 서원과 연고가 있는 인사들의 저서를 출판하기 위해 판각되었는데 서유구의 《누판고》에는 73개 서원에서 펴낸 167종의 각판 목록이 수록되어 있다. 서원판과 유사한 것으로는 사궁판(祠宮板)이 있다. 사궁은 원래 충절이 뛰어난 선열들을 봉사(奉祀)하는 재궁(齋宮)으로 그 선열의 유사나 유적에 관한 저서들을 출판하였으나 서원에서처럼 선현들의 문집도 적지 않게 출판되었다.

• 사가판(私家板)

고려 말기에 들어서 생겨나기 시작한 사가판은 조선조에 들어와 더욱 발전을 보게 되었다. 원래 사가판은 저자의 자손들이 사비로써 인출한 선조의 시문집이었으나 친척이나 문인들이 지방의 감사나 수령이 되었을 때 사재를 들여각판하는 것도 있으며 시문집 외에 단행본으로 출판된 것들도 많이 있다.

사가판 문집들의 체제는 대개 저자의 시문(詩文) 등을 문체에 따라 분류하여 수록하고 저자의 행장과 연보 혹은 당시의 제문(祭文) 등을 첨부하는 것으로 되어 있다. 이러한 판본들을 인출한 목적이 주로 저자의 자손들이 자신의 선조들에 대한 추모와 효성을 표시하고 가문의 전통을 자랑하고자 하는 데 있는 만큼 인본의 형태에 있어서도 가문의 재력에 따라 각양각색으로 되어 있다.

사가판본은 우리나라의 판본 중에서 가장 많은 부수를 차지하고 있을 뿐만 아니라 조선시대의 인쇄사 및 출판사 연구 자료로도 중요한 위치를 차지하고 있다. 또한 인본에 실린 기사들 중에는 우리 역사의 귀중한 기록의 하나로서 영구히 보존되어야 할 것들도 있으며 당시의 사상이나 사회적 배경을 연구하는 데 있어서도 매우 귀중한 자료가 되고 있다. 그러나 서유구의 《누판고》에 수록되어 있는 사가판들은 그 수가 극히 제한되어 있는데 이는 중앙의 규장각에서 각 도의 경판들을 조사할 때 사가의 소장판들이 많이 누락되었기 때문으로 생각된다.

사가판본들은 대체로 관판본에 비하면 양과 질적인 면에서 크게 뒤떨어지고 지질이나 각판, 장정 등 인쇄술적인 면에서도 비교가 되지 않을 정도로 빈약하다. 이러한 측면만 고려한다면 조선시대 인쇄술은 관에서만 활성화되었고 민간인들은 발달된 기술을 갖지 못한 것처럼 생각하기 쉬우나 실제에 있어서는 숙련된 인쇄 기술자들이 거의 민간인이나 승려들이었다.

따라서 관판본이라는 것도 관비(官費)로써 인출되었다는 것에 지나지 않은 것이고 실제에 있어서는 민간에서 인쇄된 사판본이나 거의 다름이 없다. 사가판본들이 관판본에 비하여 질과 양이 떨어지고 장정 등에서 미적인 면이 모자라는 것은 인쇄술에 관련된 문제가 아니라 인쇄사업을 추진하는 경제적 여건에 좌우된 것이다. 이러한 점들을 감안한다면 조선시대의 인쇄술이 널리 보편화되었음을 알게 된다.

• 방각판(坊刻板)

방각판은 민간인이 영리를 목적으로 서책의 내용을 목판에 새긴 것을 말하며, 이 판으로 찍어낸 책을 방각본이라 한다. 방각본은 방본(坊本)으로 통용되는데, 원래 중국 남송시대에 서방(書坊)이나 서사(書肆)에서 판매하기 위하여 출판한 서방본(書坊本)을 총칭한 것이다. 따라서 방각이란 명칭은 중국의 서지학에서 널리 사용되었을 뿐 우리나라에서는 사본(肆本) 혹은 사각판(肆刻板) 등으로 통용되어왔으나 근래 들어서 방각판이라는 용어가 사용되기 시작하였다.

우리나라에서 방각본이 나타나기 시작한 연대에 있어서는 그 견해가 일정치 않으나 17세기 중기부터 18세기 후반까지로 보고 있다. 그러나 방각본의 규정을 영리를 목적으로 출판된 서책들로 통칭한다면 방각본 출현 시기는 임진왜란 이전까지로 소급할 수 있다.

우리나라는 원래 서책을 상품으로서 매매하는 관습이 없었으나 명종 6년(1551)에 서사(書肆)를 따로 두어 종이나 곡식, 면포 등으로써 서책을 교환할 수 있도록 하는 제도를 마련하였다. 또한 사찰에서도 천자문 등을 개판하여 연소한 승려들에게 문자를 습득시키고 이를 필요로 하는 수요자들에게도 판매함으로써 제작 경비를 충당하기도 하였다.

특히 임진왜란 이후에 설치된 훈련도감에서는 전란 중에 소실된 서책들을 복구하기 위하여 활자를 만들고 각판을 하여 다양한 서책들을 인출하였는데 인출된 서책들의 일부는 팔아서 군비를 보충하기도 하였다.

그러나 당시까지의 인본들은 군비나 사찰 경비를 보충하기 위한 일시적 조처에 지나지 않으며 서점에서 서책을 상품으로서 자유롭게 매매하는 제도가 생겨난 것은 아니었다. 판매를 목적으로 하는 방각본은 19세기 초에 이르러서야 비로소 나타나고 있다.

그러므로 우리나라의 방각본은 17세기 중기인 인조 말기부터 시작되어 18세기에는 한때 감추었다가 19세기 초인 순조 초기에 이르러서 서울을 중심으로 한 경판본(京板本)과 전주를 중심으로 한 완판본(完板本) 등을 비롯해 전국 각 지방에서 방각본들이 널리 성행하였다.

방각본이 처음 출현한 17세기 중기는 임진왜란과 병자호란을 겪어 사회 질서가 안정되지 않았으나 전란 중에 소실된 서책들을 시급히 복구할 목적으로 값싸게 출판할 수 있는 방각본들이 생겨났으나 18세기의 영·정조 대를 거치면서 사회가 안정되고 관판이나 관서의 금속활자 인본들이 대량으로 인출되자 방각본이 자취를 감춘 것으로 추정된다.

그러나 19세기 들어 사회 질서가 평온하게 되고 특수 계층의 전유물이었던 서책들이 일반 민중들에게까지 수요가 늘어나자 방각본이 다시 생겨나기 시작했으며 시장 거래도 종전과는 달리 보편적으로 활용할 수 있게 되어 영리를 목적으로 하는 값싼 방각본들의 매매가 차차 활발하게 되었던 것이다.

처음에는 서책의 내용을 목판에 새겨놓고 필요한 사람이 요구하면 찍어서

팔았지만, 뒤에 이르러서는 목활자와 금속활자를 한 벌 만들어 가지고 다니면서 필요한 책을 찍어주고 값을 받기도 하였다. 따라서 방각본 중에는 목판에 의한 인본 외에도 목활자나 금속활자에 의한 인본도 많이 섞여 있다.

방각본은 서원이나 서당 등에서 연소자들의 학습이나 교과용으로 널리 사용되던 ≪천자문≫이나 ≪명심보감≫, ≪소학집주≫, ≪사서삼경≫ 등이 많이 인출되었다. 이 외에도 시나 율의 작성에 필요한 운서나 옥편, 관혼상제의 의식과 서간(書簡) 양식과 관련된 서적, 그리고 약간의 의방서나 농서, 병서 등도 전해오고 있다.

이 밖에 국문 소설이 생겨나 민중들의 독서열이 왕성해지자 ≪홍길동전≫, ≪구운몽≫, ≪사씨남정기≫, ≪삼국지≫, ≪서유기≫, ≪심청전≫, ≪춘향전≫, ≪흥부전≫ 등의 소설류도 다양하게 생겨났는데 이들 국문 소설들은 한가한 노인이나 부녀자들이 널리 애독했으므로 영리를 목적으로 한 방각본의 출판에는 가장 적합하였을 것이다. 그러나 이러한 서책들은 대부분 간행 연대가 명시되어 있지 않아서 정확한 간행 시기를 알 수 없는 것들이 많다.

이렇듯 방각본은 관판본이 충당해주지 못하는 영역, 다시 말해 아동학습용 교재나 지방 유생들의 과거용 서책, 일상생활에 긴요한 실용서, 소설류 등이 많아 일반인과 서민들의 면학과 생활에 기여했고 독서의 저변 확대에도 크게 기여하였다.

(3) 금속활자본의 복각(復刻)

조선시대에 들어와 금속활자 인쇄가 성행하면서 금속활자본을 저본으로 하여 각판하는 방법이 널리 행하여졌다. 이는 당시의 금속활자 인쇄술로는 많은 수량의 서적을 한꺼번에 인쇄하기가 어려워지자 널리 보급코자 하려는 서책의 경우 이러한 방법

중용언해

에 많이 의존하였기 때문으로 추정된다.

　금속활자본을 복각하는 경우는 고려시대에도 이미 있었다. 이미 잘 알려진 바와 같이 고려 우왕 3년(1377)에 청주 흥덕사에서 ≪직지≫를 금속활자로 찍은 이듬해 이를 저본으로 하여 여주 취암사에서는 목판본으로 복각하기도 했었다.

　조선시대의 복각판들은 금속활자의 인본들을 저본으로 하여 판각되었기 때문에 계미자, 경자자, 갑인자 등 각 금속활자의 특징이 잘 나타나 있다. 중앙의 교서관에서는 국가의 사서나 왕실에 관한 중요한 서적의 경우 처음에는 활자 인본으로 하였다가 이것을 다시 각판케 하였으며, 널리 반포할 필요가 있는 것은 교서관에서 활자본으로 인출하여 그 인본을 지방 감영에 보내어 각판하도록 했다.

　이러한 실례는 "≪좌전(左傳)≫은 학자들이 반드시 읽어야 될 것이다. 금속활자로 인출하면 널리 반포하기 어려우니 각판(刻板)으로써 광행(廣行)케 하라"는 ≪세종실록≫의 기록 등에서도 확인되고 있다.

　이처럼 교서관에서 출판된 관찬(官撰)의 많은 금속활자 인본들은 지방 감영을 통해 목판으로 다시 복각되었다. 이러한 복각판들은 상당수에 달했을 것임에도 현재 전해오는 것은 금속활자의 인본에 비하면 극히 소량에 불과하고 조선조 후기로 올수록 거의 없다.

　이는 금속활자 인본들 중 복각판으로 만들어진 것들이 그다지 많지 않았음을 반증하는 것으로 볼 수 있으며, 후기로 올수록 금속활자 인쇄술이 발전됨에 따라 굳이 복각판을 만들 필요가 없었기 때문으로도 풀이된다. 그러나 현재 전해오는 복각판도 판각된 일시나 장소 등을 적은 간기가 거의 보이지 않아 정확한 내용을 알 수는 없다.

(4) 판각 및 인쇄 방법

　목판본은 서책을 간행하기 위하여 글자와 그림을 새긴 목판에서 찍어낸 책을 말하며, 판각본(板刻本)·판본(板本)·각본(刻本)·조판본(雕板本) 등 다양한 용어가 쓰이고 있다.

목판본을 만들기 위해서는 먼저 글자를 새기기 위한 판목(板木)을 준비해야 하는데 이에는 주로 야생의 자생 교목인 박달나무, 돌배나무, 자작나무, 산벚나무 등이 사용되었다. 또한 남해안의 여러 섬 지방에 자생하는 후박나무도 많이 사용하였는데, 고려시대의 팔만대장경판은 주로 후박나무로 만들어졌다.

판각용 나무는 베어낸 다음 적당한 크기와 부피로 판목을 켜서 바닷물에 담가 글자를 새기기 쉽도록 결을 삭이는데, 짠물에 담글 수 없는 경우는 민물 웅덩이에 오랫동안 담그거나 밀폐된 곳에 넣고 쪄서 송진을 빼고 살충을 한 다음 충분히 건조시켜 뒤틀리거나 금이 가지 않도록 하는 처리 과정을 밟았다.

그런 다음 목수가 판목의 양쪽 판면을 대패질하여 반듯하게 하고 양 끝에 마구리를 붙이는 작업을 하였다. 사찰판에는 간기 다음에 이러한 연판처리(鍊板處理)를 한 사람과 목수의 이름이 표시되기도 한다.

판목에 글자를 새기는 절차는 먼저 저작물의 본문을 새기고자 하는 크기와 판식 및 계선을 갖춘 얇은 한지에 글씨에 능한 명필가가 깨끗이 정서하였다. 이 같은 서본이 마련되면 판목 위에 뒤집어 붙이고 비쳐 보이는 반대 글자체의 자획과 판식을 각수가 그대로 새기며 한 판의 새김을 마치면 그 판에 해당하는 권이나 장을 새기고 끝판에는 간기와 각수 이름을 표시하였다.

때로는 기존의 인본을 해체하여 판각용 저본으로 사용하는 경우도 있었는데 이를 번각본(飜刻本) 또는 복각본(覆刻本)이라 부른다. 우리나라의 복각본 중에는 기존의 목판본을 바탕으로 삼은 경우도 있지만 활자본을 바탕으로 삼은 경우가 더욱 많았다.

판목의 편면이나 양면에 글자 새김이 끝나면 새긴 본문을 하나하나 검토하여 잘못 새김이 있을 경우 그 곳을 도려내고 고쳐 새기는 교정을 한다. 이런 과정을 거쳐 판각해낸 것을 판목(板木)·각판(刻板)·책판(冊板)이라 일컬으며 불경인 경우는 경찬(經板)이라고도 한다.

인쇄를 하기 위해서는 인쇄용 먹물, 종이 및 인쇄 도구의 준비가 선행되어야 한다. 우리나라에서 사용한 먹에는 송연 먹[松煙墨]과 유연 먹[油煙墨]이 있었다. 송연 먹은 소나무를 태워 만든 그을음과 아교를 녹여 섞어서 만든 것으로 먹색이 진하고 선명하다. 유연 먹은 각종 기름을 태워 만든 그을음과 아교를 녹여 섞어서 만든 것으로서 먹색이 희미하나 걸지 않아 필사용으로 적합하며, 또 기름은 번지지 않고 응고력이 좋아 금속활자 인쇄에 적합하다.

목판본의 인쇄는 주로 송연 먹을 사용했는데 먹을 갈아 먹물 그릇에 담아 두었다가 인쇄할 때는 술이나 알코올성 물질을 섞어 사용하였다. 이는 먹물이 골고루 침투하면서도 증발이 빨라 번지지 않고 아교의 응결을 촉진시켜 윤기를 내게 하기 위해서였다.

종이는 닥종이가 주로 사용되었다. 닥나무 껍질을 물에 넣고 삶아서 찧은 다음 표백하여 풀 닥을 섞어 치밀한 대발로 떠서 만드는데 장지(壯紙)와 같은 상품은 두껍게 떠서 풀까지 먹여 마름질하므로 빳빳하고 희면서도 윤이 나며 사뭇 질겨서 오랫동안 보존할 수 있었다. 인쇄 도구로는 먹솔 또는 먹비와 말총 또는 긴 모발을 뭉쳐 만든 인체(印髢)를 비롯하여 밀랍, 먹판, 먹물 그릇 등을 준비한다.

인쇄하는 방법은 찍고자 하는 목판의 글자가 위로 향하도록 평평히 놓고 글자 면에 말총 등으로 만든 인체에 밀랍 또는 기름을 칠하여 위아래로 골고루 가볍게 비벼서 박았다. 인쇄가 끝나면 판목을 깨끗이 닦아 말린 다음 통풍이 잘되는 곳에 보관하였다.

우리나라의 인쇄사를 기술함에 있어 시대 구분을 명확히 하기란 매우 어려운 일이지만 일반적으로 근대 인쇄
자와 근대식 인쇄기가 도입되었다는 데 그치지 않고 제도 및 문물의 변화와 더불어 문화산업적인 측면에서도
리 영리를 목적으로 하는 민간 인쇄사까지 생기나 인쇄사가 비로소 기업 형태를 띠게 되었다는 점이 큰 특징이

근대식 인쇄기가 처음으로 도입된 1883년부터 시작하여 1945년 8·15광복까지로 봄이 타당할 것이다. 고대 인쇄와 근대 인쇄를 구별하는 요인은 단순히 남함
□에서 독창적으로 개발해 발전되어오던 인쇄술이 외부로부터의 영향에 힘입어 성장, 발전하였다는 점과 주로 관서 인쇄 위주로 발전되어왔던 그전까지와는 달

근·현대 인쇄사

承古禪師常勤諸人莫笑佛法但自無心於事　根

人盡時解脫鈍根人或三五年乃不過十年必六

悟去老僧替你入糞舌

白雲和白抄錄佛祖直指心體要節卷下

宣光七年丁巳七月　日　清州牧外興德

寺鑄字印施

1. 근대 인쇄술의 도입

(1) 서양 인쇄술의 전래

우리나라의 인쇄사를 기술함에 있어 시대 구분을 명확히 하기란 매우 어려운 일이지만 일반적으로 근대 인쇄라 한다면 서양의 신문물의 유입으로 근대식 인쇄기가 처음으로 도입된 1883년부터 시작하여 1945년 8·15광복까지로 봄이 타당할 것이다.

고대 인쇄와 근대 인쇄를 구별하는 요인은 단순히 납활자와 근대식 인쇄기가 도입되었다는 데 그치지 않고 제도 및 문물의 변화와 더불어 문화산업적인 측면에서도 뚜렷한 구별을 나타내고 있다.

즉 국내에서 독창적으로 개발해 발전되어오던 인쇄술이 외부로부터의 영향에 힘입어 성장, 발전하였다는 점과 주로 관서 인쇄 위주로 발전되어왔던 그전까지와는 달리 영리를 목적으로 하는 민간 인쇄사까지 생겨나 인쇄사가 비로소 기업 형태를 띠게 되었다는 점이 큰 특징이라고 할 수 있다.

근대 이전의 인쇄는 대부분 국가가 통치권을 행사하거나 존속시키려는 수단으로 활용하면서 조정이나 지방 관아에서 직접 경비를 지출하여 인쇄 기관이나 담당 부서를 운영하였기 때문에 이윤 창출이나 영리를 거의 도외시하였다.

또한 금속활자를 발명한 우리 선조들은 다른 부문들에서처럼 외국과 교류하는 일이 거의 없이 자체적인 기술로만 운영하여왔기 때문에 금속활자를 발명한 영예로움에도 불구하고 그 기술을 더 이상 발전시키지 못했으며 기술 수준이 상대적으로 낙후되고 말아 근대 인쇄술은 외국으로부터 도입하지 않으면 안 되었던 것이다.

우리나라의 근대 인쇄는 이처럼 우리의 인쇄술을 계승, 발전시키지 못한 채 외국으로부터 기술을 도입해 활용하고 관 주도로 운영되어오던 인쇄에서 벗어나 영리를 목적으로 하는 인쇄업체들이 등장하게 되었다는 점에서 고대 인쇄와는 뚜렷이 구별된다.

이에 따라 우리나라의 근대 인쇄사를 다루는 데 있어서는 우리 민족이 걸어온 발자취만을 다뤄야 함에도 불구하고 우리 인쇄 발전에 지대한 영향을 끼친 외국을 거론하지 않을 수 없으며 특히 일제가 끼치고 간 영향을 기술해야만 하는 안타까움은 어찌할 수 없다.

우리나라를 비롯한 동양의 근대 인쇄술은 모두 15세기 중엽 독일의 구텐베르크에 의해

구텐베르크 인쇄기 그림

발명된 납활자와 이를 이용한 활판인쇄술에서 영향을 받았다. 활판인쇄술은 서구 세력의 확장과 기독교의 선교 활동으로 세계 각지로 전파되어, 1555년경에는 포르투갈의 선교사에 의해 동양 최초의 활판인쇄소가 인도의 고아 지방에 설치되었고, 1588년에는 마카오까지 전파되었다.

활판인쇄술은 1590년에는 이탈리아 선교사에 의해 일본과 중국에까지 전파되었다. 그러나 이들 국가에서는 활판인쇄술을 이단시하여 2백여 년 동안이나 방치하였다가 1807년 기독교 선교사 로버트 마리슨(Robert Marison)이 중국에서 ≪중국어사전≫을 인쇄, 출판함으로써 근대 인쇄술에 대한 새로운

인식을 갖고 발전하게 되는 계기가 되었다.

당시에 사용한 한문 활자는 주조 방식에 의한 것이 아니라 활자 재료인 합금에 글자를 직접 새긴 직각활자(直刻活字)였으나 활판인쇄술의 장점을 인식하게 되어 널리 보급될 수 있었던 것이다.

그러나 우리나라는 조선 왕조의 오랜 쇄국정책으로 인해 중국이나 일본처럼 서양인의 손에 의해 직접 전달받지 못하고 근대 인쇄술의 중요성을 뒤늦게

요하네스 구텐베르크 동상

인식한 우리 민족 스스로의 필요에 따라 70여 년이 지난 뒤에야 일본인으로부터 간접적으로 전해 받게 되었다.

세계에서 최초로 금속활자를 발명하였고 인쇄술을 일본에 전해주기도 했던 우리가 근대 인쇄술을 일본으로부터 역수입하게 되었다는 것은 참으로 안타까운 일이 아닐 수 없다. 우리의 선조들이 독자적으로 발명했던 금속활자처럼 인쇄기나 인쇄술 개발에도 좀 더 많은 노력을 기울였더라면 근대 인쇄술을 외국으로부터 받아들이지 않아도 되었을 것이다.

(2) 근대 인쇄술의 도입

• 근대식 납활자의 도입

우리나라에서의 근대식 납활자는 두 가지 경로로 수입되었다. 그 하나는 중국을 거점으로 하고 있던 기독교 세력에 의한 한글 납활자 제작과 그 인쇄

물이고 다른 하나는 일본을 거쳐 수입된 것들이다. 이처럼 근대 인쇄술이 국내에 도입되기 전에도 이미 중국과 일본에서는 근대식 한글 납활자가 만들어져 사용되었다.

최초의 근대식 한글 납활자는 1880년(고종 17년) 성경을 출판하기 위해 일본에 주재

활판인쇄기

하고 있던 프랑스의 천주교 신부인 리델(Ridel)의 지도 아래 최지혁이 쓴 글자를 글자본으로 하여 일본 요코하마에서 처음으로 주조되었다. 이 활자가 만들어진 1880년에 요코하마에서 ≪한불자전(韓佛字典)≫이 간행되고 다음 해인 1881년에는 ≪한어문전(韓語文典)≫과 ≪텬쥬셩교공과(天主聖敎工課)≫가 간행되었다.

1883년에는 이 활자가 요코하마에서 나가사키로 이송되어 천주교 성경과 조선 문화에 대한 서적들이 계속 인출되었으며 1886년 한불조약이 조인된 후에는 이 활자가 우리나라로 수입되어 서울에서 성서를 간행하기도 하였다.

이와는 별도로 개신교에서는 1882년에 처음으로 ≪누가복음≫과 ≪요한복음≫을 중국 만주의 봉천과 우장에서 간행하였다. 이는 조선 왕조의 기독교 탄압과 관련되어 있는데, 서양 선교사들은 탄압을 피하기 위해 한국인 신자들의 협력을 얻어 선교 목적의 각종 복음서를 인쇄했던 것이다.

이 인본들은 당시 만주에서 선교활동을 하던 영국 장로교 선교사 로스(John Ross)와 매킨타이어(Mecintyre)가 우리나라의 서상륜과 이응현 등의 도움을 얻어 번역을 하고 글자본을 써서 활자를 만든 다음 북중국에 있는 영국 성서공회에서 3천 부를 찍어 만주 및 한반도에 배포하였다.

1883년에는 영국 성서공회가 우리나라의 성서사업을 맡기로 협정되어 전해에 간행된 ≪누가복음≫과 ≪요한복음≫을 다시 고치고 새로 ≪마태복음≫과 ≪마가복음≫을 함께 만주에서 간행하였다.

그리고 1884년에는 일본에 건너간 관비 유학생 이수정이 번역한 ≪마가복음≫을 미국 성서공회가 일본 요코하마에서 간행하였는데 이듬해 미국 초대 선교사였던 언더우드(H. G. Underwood)와 아펜젤러(H. G. Appenzeller)가 이 성서를 가지고 인천으로 들어왔다.

이처럼 최초의 근대식 한글 납활자는 성경을 인쇄하기 위한 목적으로 서양의 선교사들에 의해 일본과 중국에서 만들어졌으며, 이 중 일부의 활자는 훗날 국내로 들여와 성서를 간행하는 데 계속 사용되었다. 당시의 간행된 한글 서적들은 한문 읽기에 능숙하지 못한 부녀자나 일반 서민들에게 가장 접근하기 쉬운 선교 매체였으며 서양 종교에 대한 호기심을 쉽게 접근시킬 수 있는 수단이 되었던 탓에 널리 활용될 수 있었다.

• 활판인쇄술의 도입

우리나라의 근대식 납활자와 활판인쇄술이 처음으로 상륙한 것은 1881년 12월 10일 부산에서 창간된 ≪조선신보(朝鮮新報)≫를 기점으로 한다. 이는 부산에 거주하고 있던 일본인들의 상인단체인 재부산항상법회의소의 기관지로 발행된 것인데 10일 간격으로 낸 정기간행물이었다.

이 간행물의 내용은 그 발행 기관이 상인단체였던 만큼 경제 분야의 기사가 주된 범위였고, 그 밖에 잡보나 상황(商況) 등으로 꾸며져 있었다. 구독 대상이 일본인이긴 했으나 한국인들에게도 보이기 위해 당시 전용되고 있던 한문을 주로 사용하였다.

≪조선신보≫는 발간 주체가 비록 일본인이긴 하지만 우리나라에서 근대식 납활자를 최초로 사용한 인쇄물이었다. 그러나 단지 일본인에 의해 일본 거류민을 대상으로 인쇄 반포된 인쇄물이었기 때문에 우리나라 인쇄문화 발전과는 직접적인 관련이 있다고 보기는 어렵다.

우리 민족에 의해 직접 수입된 근대식 납활자와 활판인쇄술은 1883년 7월 새로운 문물과 제도에 따르는 신문이나 서책들을 출판하기 위하여 통리아문 (統理衙門) 관하에 박문국(博文局)을 설치하고 동년 10월 1일 ≪한성순보(漢城旬報)≫를 발간하면서부터이다.

그러나 근대 인쇄술의 도입 기운은 그 이전부터 이미 싹트고 있었다. 조선 정부는 1876년 2월 일본의 무력 외교에 굴복하여 강화도조약(병자수호조약)을 체결함으로써 흥선대원군 정권 이래의 쇄국정책을 무너뜨리고 개항을 하게 되었다. 조약이 체결된 이후 일본은 자신들의 문명개화 실상을 견문토록 하여

한성순보

조선 정부에 영향을 줌으로써 차후의 협상을 원활히 할 목적으로 사절단을 파견해줄 것을 요청하였다.

이에 따라 그해 4월 파견된 수신사 일행은 2개월간에 걸쳐 일본의 관공서와 산업 시설 등을 견학하였다. 이때 수신사의 일원이었던 김기수는 ≪일동기유(日東記遊)≫를 저술해 일본의 근대 문물을 소개했는데 그중에서도 특히 활자 인쇄의 정교함과 신속함에 감탄하고 신문의 중요성을 강조하였다.

조선 정부는 일본 개화의 실태를 보다 정확히 알고자 1881년 신사유람단을 파견했는데 이들도 조지소(造紙所)와 인쇄소 등을 시찰하고 근대 인쇄술의 경이로움과 중요성을 절감하게 되었다.

1882년 수신사로 일본에 갔던 박영효는 민중을 계도하고 국력을 부강하게 하려면 무엇보다 신문의 발간이 필요하다고 보고는 이듬해 귀국길에 신문 발행에 필요한 납활자와 활판인쇄기 등의 시설을 들여왔다. 이때 들여온 인쇄기는 일본에서 제작된 수동식 활판기였다.

박영효는 시설 도입과 함께 신문 제작을 도와줄 이노우에[井上角五郎]를 초빙하고 수명의 인쇄 기술자까지 데려왔다. 이노우에는 박문국에 채용되어 신문 제작을 돕고 우리나라 사람들에게 활판인쇄술을 가르치기도 했지만 갑신정변에 적극 개입하고 정변이 실패하자 김옥균 등 개화파 인사들과 일본으로 도주하여 정변의 전말을 상부에 소상히 보고하는 등 우리나라를 일본에 예속시키려는 정치적 야망을 내보이기도 했던 인물이다.

박문국은 1883년 10월 1일, 일본으로부터 수입한 근대식 납활자와 활판인쇄기로 ≪한성순보≫를 간행하여 공보(公報) 중심으로 시사적인 내용을 게재하였는데 이것이 우리나라에서 발행된 최초의 신문이다. 비록 순한문으로 발행되긴 했으나 외국난에는 동서양 각국의 소식을 게재하고, 국내 소식으로는 정부 각 부처의 소식과 일상생활에 필요한 시중 물가까지도 보도하였다.

신문은 4호 크기의 한자 활자를 사용하여 양지(洋紙)에 책자 형태로 발간되었는데, 소형 수동 원압식 활판인쇄기를 이용하여 찍었다. 신문을 당초에는 한글과 한문을 혼용해 발행할 예정이었으나 한글 활자의 미비와 수구파의 반대로 순한문으로 발행되었으며, 발행인은 수구파의 중심인물이었던 민영목이었다.

1884년 초에는 우리나라 기술자들이 조판과 인쇄의 전 공정을 맡게 되었다. 그러나 10월에 갑신정변이 일어나 개화파들에 의해 민영목이 살해되고 수구파들의 선동으로 박문국이 파괴되면서 활자 및 인쇄 시설이 모두 불타게 되어 《한성순보》의 발행은 중단되고 박문국의 근대식 인쇄 시설은 개화의 사명을 다하지 못한 채 사라지고 말았다.

그러나 《한성순보》를 개화파들의 정치적 선전 도구로 내몰았던 수구파 인사들도 신문의 필요성을 깊이 인식하게 되어 1886년 1월에는 《한성주보(漢城周報)》라는 이름으로 16면짜리 책자 형태로 복간하였다. 신문의 본문은 국한문을 혼용해 제작했는데, 이것이 우리나라 최초의 신문체(新文體)이다. 그러나 《한성주보》는 운영난을 겪다가 창간 2년 반 만에, 박문국이 완전히 폐지된 1888년 7월에 폐간되고 말았다.

2. 근대 인쇄술의 발달

(1) 활판인쇄술의 보급

박문국이 설치되어 《한성순보》를 발간하기 시작한 이듬해에는 광인사인쇄공사(廣印社印刷公社)가 설립되어 서책들을 인쇄해내기 시작하였다. 광인사는 원래 목활자로 인쇄를 하던 반관반민(半官半民)의 재래식 인쇄소였으나 일본에서 활판인쇄기와 납활자를 도입하여 서양식 인쇄 시설을 갖추고 1884년 2월에 합자회사 형태로 새롭게 출범하였다.

광인사는 최초의 근대식 민간 인쇄업체이지만 당시에는 인쇄와 출판이 명확히 분리된 개념이 아니었기에 인쇄와 출판을 함께 겸하고 있었다. 따라서 광인사는 활판인쇄술의 보급에 기여했음은 물론 한글 활자까지 완비하고 최초의 국한문 혼용 책자 등을 다수 발간했다는 점에서도 인쇄·출판 문화사적 의의가 크다.

여기에서 간행된 《충효경집(忠孝經集)》은 한문으로 되었지만 국내에서 간행된 최초의 납활자 출판물이라는 점에서 의의가 크며, 《농정촬요(農政撮要)》는 납활자 도입 이후 국한문을 혼용해 처음으로 제작된 책자라는 점에서 그 가치가 지대하다.

근대 활판인쇄술의 보급과 발달은 각 종교의 선교단체들이 운영한 인쇄소로부터도 많은 도움을 받았다. 천주교의 성서활판소, 개신교의 배재학당인쇄소, 안식일교의 시조사인쇄소, 천도교의 보성사인쇄소 등은 각각 설립 연도는 다르지만 활판인쇄술의 보급에 크게 기여하였다.

1884년 프랑스 신부에 의해 건립 중이던 명동 성당 안에 설치된 인쇄소에서는 《텬쥬셩교백문답》, 《쟝자로인론》 등이 순 한글로 간행되었다. 그리고 1887년에는 배재학당 인쇄부에서 순 한글로 된 최초의 신약전서 완역본인 《예수셩교젼셔》를 간행하였다.

이 무렵에 간행된 천주교와 개신교 서적들은 당시의 조선사회에 매우 이질적인 수단이었지만 이를 접한 당대인들에 있어서는 서구 세계와 그 가치관을 체험하는 계기가 되었고 여러 유형의 선교 책자 제작과 보급이 실현됨으로써 인쇄·출판문화를 발전시킬 수 있었다.

당시의 인쇄소들 중에서도 배재학당 인쇄부는 우리나라 근대 인쇄사에서 빼놓을 수 없을 정도로 큰 위치를 차지하고 있다. 미국의 감리교 선교사 아펜젤러는 1885년 8월 우리 역사상 최초의 근대식 중등 교육기관인 배재학당을 세우고 이듬해에는 학당 안에 근대식 활판인쇄 시설을 갖춘 인쇄소를 개설하였다.

처음에는 주로 기독교 선교와 계몽을 위한 전단과 책자를 발행하다가 1889년에는 선교사이자 인쇄 기술자인 올링거(Rev F. Ohlinger)를 상해로부터 초빙하여 종교소설인 《텬로력뎡(天路歷程)》을 발간하였다. 이 책은 우리나라에서 출판된 최초의 서양 장편소설이자 국문으로 번역된 최초의 단행본인데 활자판으로 횟수를 거듭하여 출판되어 신문화 수입의 이정표 역할을 하였다.

배재학당 인쇄부는 발전을 거듭하여 1892년에는 영문 활자와 한글 활자를 직접 주조해서 사용할 만큼 규모가 큰 근대식 인쇄 시설을 갖추었고, 1895년에는 중국 상해에서 대량의 자모(字母)를 구입해 오는 한편 제책소를 따로 설치하기도 하였는데 우리나라 사람들이 인쇄 기술자로 취업하여 일하기도 하였다.

특히 1896년(고종 33년) 4월 7일에 창간된 ≪독닙신문(독립신문)≫을 이곳에서 인쇄할 수 있도록 적극 후원하기도 했으며 이듬해 2월부터는 아펜젤러에 의해 ≪조선 그리스도인 회보≫라는 한글판 주간지를 발간하기도 하였다.

독립신문

독립신문은 갑신정변의 실패 후 미국으로 망명했던 서재필이 미국 시민의 자격으로 돌아와 민중적 정치단체인 독립협회를 창설하고 그 기관지로서 발간한 것으로 우리나라 최초로 순 한글만을 사용하여 펴낸 순수 민간지이다. 이 신문은 외세 배척과 독립주권 옹호, 계급타파, 민권신장 등 독립협회의 지도 정신을 선전하면서 국민들에게 자주독립 의식을 갖게 하고 민권 사상을 북돋아 주는 한편 개화사상의 대중적 기반을 확립시키는 데 큰 공헌을 하였다.

배재학당 인쇄부는 일본으로부터 들여와 사용하던 근대식 납활자를 국내에서는 최초로 주조하여 순 한글 신문을 인쇄하였으며, 미국제 자동절단 전지기(全紙機)를 도입하여 최초로 석유 발동기를 사용하여 돌렸다. 여기에다 올링거 선교사가 내한한 1889년부터는 인쇄술을 정식 과목으로 채택하여 학생들에게 인쇄 과정에 대한 전반적인 교육까지 실시함으로써 활판인쇄술 보급에 크게 기여하였다.

또한, 1898년 1월부터는 배재학당의 학생들이 조직한 협성회의 회장직을 맡은 양홍묵에 의해 《협성회회보》가 이곳에서 발행되었다. 그러나 나라의 개화와 국민의 계몽을 내세웠던 이 회보는 수구파들의 책동으로 이내 폐간되고 말았다. 양홍묵은 이에 굴하지 않고 협성회 회원이었던 유영석, 이승만 등과 협력하여 우리나라 최초의 순 한글 일간지인 《매일신문》을 창간하여 정치문제와 개화문물에 관한 기사 등을 실어서 민족의 대변지 역할을 하였다. 이는 배재학당이 인쇄술의 활용과 보급뿐만 아니라 신교육과 국민계몽 활동에도 앞장섰음을 의미한다.

이처럼 국내에 도입된 납활자와 근대식 활판인쇄술은 그 편리성과 효용성이 알려지면서 널리 보급되기 시작하였다. 납활자를 이용한 인쇄 방식은 종래의 수공업적인 수동식 인쇄기구에 의한 것과는 달리 기계화가 된 것이며 재래식 활자 인쇄물은 국한문을 혼용하거나 순 한글만을 사용하여 인쇄한 것이 이 무렵 인쇄의 특색이라고 할 수 있다.

(2) 관영 인쇄소의 설립

근대식 납활자가 도입되고 나서도 관서의 인쇄는 한동안 주자소에 있던 정유자나 정리자, 전사자 등의 고활자를 사용하거나 새로 도입한 납활자를 병용하기도 하였다. 특히 갑오개혁 이후에도 학부에서는 단독으로 인서체 목활자를 만들어 많은 교과서를 인출하기도 하였다.

이처럼 납활자는 도입 직후에는 그다지 널리 이용되지 못하고 작은 활자를 필요로 하는 인쇄물 등에 한정적으로 사용되다가 점차 공공 인쇄는 물론 민간 인쇄에도 많이 이용되었다. 이는 우리의 고활자가 신문화 운동이 본격적으로 전개되던 시기까지는 납활자와 함께 실용적 가치를 지녔던 것으로 볼 수 있다.

그러나 당시 조정에서는 외국에서 인쇄하여 수입해 오던 우표와 엽서 등을 직접 인쇄하기 위해 1896년 관영 인쇄소를 설치하고 일본에서 조각사 및 인쇄 기술자를 초빙하여 1899년 최초의 우표 시제품을 인쇄하였다. 하지만 인쇄 상태가 선명하지 못해 일본 대장성 인쇄국의 조각사와 제판사를 다시 초빙하였으며, 1900년 3월에는 정식으로 농상공부에 인쇄국을 설치하여 중앙 관서의 한 국(局)으로 정식 발족시켰다.

이때 초빙된 일본인 기술자들은 한국인 인쇄국장보다 직급도 오히려 높았고 대우도 훨씬 좋았다. 이는 초창기의 인쇄술을 하루빨리 본궤도에 올려놓으려는 고육지책으로도 볼 수 있으나 사실은 한반도의 구석구석까지 침략의 야욕을 뻗치던 일본 제국주의자들의 강요에 의해 이뤄졌던 것이다.

1901년 2월에는 상설 주전소(鑄錢所)인 전환국(典圜局)에 기존의 주조과 외에 인쇄과를 신설하였다. 이어서 한 달 후에는 농상공부의 인쇄국을 폐지한 다음 조각 및 인쇄 시설 일체를 전환국으로 옮김에 따라 일본인 기술자들도 모두 전속되었다. 전환국의 인쇄 시설은 모두 독일에서 도입한 것이었으며 각 부서의 책임자는 모두 일본인이었다.

전환국에서는 그해 11월 국내에서 생산된 한지를 사용하여 지폐 견본을 인쇄하였는데, 이 지폐는 문자와 도형이 정교하고 은서(隱書)까지 들어 있어 외국 것에 비해 손색이 없었으나 실용품은 끝내 인쇄하지 못한 채 1904년 전환국이 폐쇄되고 말았다. 이는 제판이나 인쇄술에 관한 문제가 아니라 당시에는 일본의 제일은행권이 국내에서도 자유로이 유통되던 시대였기 때문에 지폐의 실용품을 발행하지 못하였던 것이다.

일본의 내정 간섭이 점차 심화됨에 따라 인쇄도 영향을 받게 되었다. 1902년에는 일본의 제일은행이 우리나라에서 은행권을 발행하기 시작하여 재정권이 박탈되었으며 1904년에는 한일의정서가 체결되어 외교권을 빼앗기게 되는 등 주권국가로서의 기능을 거의 상실하게 되었다.

1904년에는 일본인 메가타(目賀田種太郎)가 탁지부(度支部)의 고문으로 앉게 되자 인쇄과와 제지 공장만을 남겨두고 전환국을 폐지시킨 다음 12월에는 탁지부에 새로 인쇄국을 설치하여 전환국의 인쇄 시설과 제지 공장을 이어받았다.

이처럼 전환국을 폐지시키면서도 인쇄소와 제지 공장을 남겨둔 것은 이미 계획된 일본의 식민지화를 위한 준비 작업에 소요될 각종 인쇄물 생산이 필요했기 때문이다. 또한 인쇄 업무를 중요시했기 때문에 경찰을 파견하여 탁지부 인쇄국을 경비하도록 하였다.

탁지부 인쇄국은 1906년 3월 1일 불의의 화재로 각종 인쇄 시설이 모두 불타버렸으나 대대적인 복구 작업을 거쳐 1909년에는 인쇄 공장과 제지 공장이 증축되고 인쇄 및 제지 기계, 발전 설비 등이 크게 확충되었다. 특히 인쇄국에는 활판과 석판인쇄 시설 외에도 활자 주조 시설, 인쇄잉크 제조 시설 등을 갖추게 되었고 전기 도금판과 사진제판술까지 도입되었다.

탁지부 인쇄국이 일본 통감정치의 일익을 맡았던 것은 사실이지만 활자 개혁을 단행하여 표준 규격의 새로운 활자를 민간 인쇄업계에 보급시키는 한편 인쇄 기술자를 양성하고 활판인쇄술의 보급에 기여하기도 하였다.

(3) 민간 인쇄업체의 등장

신문물 도입의 영향으로 늘어나는 서책 등 각종 인쇄물의 수요가 늘어나자 최초의 근대식 민간 인쇄업체인 광인사(廣印社)를 기점으로 민간인들의 인쇄업 참여가 점차 이뤄지기 시작하였다. 광인사는 일본에서 납활자와 활판인쇄기를 도입하여 인쇄 시설을 완비하고 한때는 갑신정변으로 파괴된 박문국 인쇄 공장을 대신하여 《한성순보》를 인쇄하기도 하였다.

그러나 민간 기업으로서 규모가 짜인 인쇄업체들은 1900년대에 들어와 비로소 등장하였다. 이 무렵에 설립된 인쇄소로 대표적인 것은 광문사(廣文社)와 박문사(博文社)이다. 광문사는 활판 조판과 인쇄 시설을 갖추었고 박문사는 각종 활자의 주조 시설 및 양장 제책 시설까지 갖춘 종합 인쇄소였다.

1905년에는 이종일의 보성사(普成社)가 설립되었는데, 이 회사는 8면 활판기 등을 독일에서 수입하고 석판인쇄 시설까지 갖춰 당시 한국인 인쇄소로서는 시설이 가장 좋았다. 1908년에는 최남선에 의해 신문관(新文館)과 보인사(普印社)가 설립되었다. 신문관에서는 최초의 근대 종합잡지인 《소년(少

年)≫을 펴냈으며 보인사는 활판 시설 외에 석판기와 사진제판부, 제책부까지 갖추고 있었다.

≪소년≫은 국판 80여 페이지의 잡지로 구독 대상은 어린이가 아닌 젊은 세대로 하여 세계의 신지식과 신문화를 다양하게 소개한 계몽 교양지였다. 창간호는 표지가 3색도 인쇄인데다가 고급 백상지의 전면 화보 3매를 붙이고 본문의 앞부분 약간은 2색도로 찍어 당시로서는 획기적인 편집이었는데 이는 신문관의 인쇄술이 매우 세련되고 우수했음을 입증해주고 있다.

구한말의 대표적인 석판인쇄소로 유명한 문아당인쇄소(文雅堂印刷所)도 이 무렵에 생겼는데 이 회사는 석판과 사진판, 사진동판, 전기판 등의 인쇄와 목판, 구리판 등의 조각까지도 할 수 있는 시설을 완비하였다. 이 밖에도 수인관, 창화관 석판부, 화문관 석판부 등의 인쇄소가 있었으며 제판 시설을 보유한 일한인쇄, 박문사 등과 인쇄 시설을 보유한 석문관, 보문관, 휘문관, 대한국문관 등도 있었다.

이처럼 서울의 인쇄업계는 활기를 띠었지만 지방에서는 이렇다 할 만한 인쇄소가 거의 없었다. 한일합방 전 지방의 인쇄소로는 김홍조 등이 장지연을 초빙하여 1909년 10월 진주에 설립한 ≪경남일보(慶南日報)≫ 인쇄소가 유명하였다. 장지연은 1905년 을사보호조약이 체결되자 ≪황성신문(皇城新聞)≫에 ≪시일야방성대곡(是日也放聲大哭)≫이라는 사설을 게재해 일제에 의해 신문이 강제 폐간되고 자신은 투옥되었다가 풀려난 후 경남일보 주필로 초빙되었던 것이다. 경남일보 인쇄소는 한국인 인쇄소로는 최초의 법인체였는데 인쇄 시설을 고루 갖춰 자체 신문 발행은 물론 외부 인쇄물까지 취급할 정도로 규모가 상당히 컸다.

이처럼 1900년 이후 하나둘씩 생겨나기 시작한 민간 인쇄소는 점차 최신 설비를 갖추면서 각종 도서를 출판하여 국민들을 계도하고 자주 의식을 배양해나갔는데 이 무렵의 인쇄소는 날로 쇠잔해지는 국권을 회복코자 하는 우국지사들에 의해 설립된 경우가 많았다.

그러나 일찍부터 내한하여 거류민단을 조직하고 서울의 용산 일대에 자리

잡은 일본인들은 전환국 등 정부의 인쇄소를 지배하고 있었을 뿐 아니라 많은 사설 인쇄소를 차려 인쇄업계를 장악하고 있었다.

일본인들의 업체는 시설도 근대적이고 규모도 비교적 컸으며 서울과 부산, 인천, 원산, 목포 등 개항 도시를 중심으로 전국 각지에서 영업을 하였다.

일본인 경영의 인쇄소는 1900년에 원효로에서 문을 연 도산인쇄소(挑山印刷所)를 비롯하여 강천활판소(江川活版所), 대화상회인쇄부 등이 생겨나기 시작하여 1907년에는 10여 개로 늘어났다. 이 밖에 대표적인 일본인 인쇄소로는 서울의 일한도서인쇄소(日韓圖書印刷所), 경성인쇄소 등과 목포의 목포인쇄소, 대구의 대구인쇄합자회사 등이 있었다.

이 중에서도 1904년에 설립된 일한도서인쇄소는 일제강점기 때 조선서적과 더불어 양대 인쇄소로 이름을 떨치던 조선 인쇄의 전신으로 일본의 침략이 만주와 중국으로까지 확대되자 그곳으로 보내는 막대한 물량의 인쇄물까지 맡게 되었다.

우리나라 사람들도 서울을 비롯해 각 지방 도시에 인쇄소를 설립했으나 경험 부족과 미숙한 기술, 자산의 영세성 등으로 크게 발전시키지는 못하였다. 더욱이 일본 인쇄인들의 방해공작까지 겹쳐 개화의 일익을 담당한다는 뚜렷한 자긍심과 사명감에도 불구하고 가내수공업적인 형태를 벗어나지 못하고 중도에 폐업하는 경우가 많았다.

3. 일제강점기의 인쇄

(1) 한일합방과 인쇄의 수난

1910년 8월 29일 일본의 강압으로 한일합방이 이루어지자 일본은 통감부를 폐지시키고 새로운 식민지 통치 기구로 총독부를 설치하였다. 이들의 언론 탄압과 민족자본의 말살정책은 영세한 인쇄업계에까지 적지 않은 영향을 미쳐 한국인 대 일본인 인쇄업계의 역조현상은 더욱 심화되기 시작하였다.

합방이 되기 전에도 이미 일본인 인쇄소가 10여 개소나 되어 업계를 장악하고 있었는데, 합방 후 불과 2~3년 내에 30여 개소로 대폭 늘어남에 따라 전체 인쇄업계의 8할 이상을 점유하게 되었다. 특히 새로 개편된 총독부 인쇄공장은 한국인 인쇄업체를 위협하는 존재가 되었다. 구한말의 탁지부 인쇄국도 총독부 직할로 되었으며, 명칭도 총독부 인쇄국으로 바뀌었다.

총독부 경무총감부는 1910년 11월 16일에 ≪초등대한역사(初等大韓歷史)≫, ≪대한지지(大韓地誌)≫ 등 51종의 서적을 판매 금지시키고 이들을 모두 압수하였다. 이와 같이 출판계에 대한 탄압이 가중되는 가운데 총독부 인쇄국은 민수용 인쇄물까지 흡수하여 한국인 민간 인쇄업계는 크나큰 어려움에 봉착하게 되었다.

총독부는 민간 기업 침해에 대한 비난이 높아지자 1911년 4월 인쇄국을 폐지하는 대신 총독관방(總督官房) 총무국에 인쇄소를 설치하여 종래의 경무총감부 및 철도국 소속의 인쇄소를 통합시킴으로써 기구를 대폭 축소시켰다. 그러나 1912년 말에는 또다시 식자(植字), 정판, 인쇄 부문에 150명을 신규 채용하였으며 이듬해 석판, 활판, 콜로타이프 등의 시설까지 확장하였다.

이로 인해 생산력이 크게 확충되자 일제의 만주 통치기구인 관동도독부(關東都督府)와 만철(滿鐵) 등의 주요 인쇄물까지 흡수함으로써 가내수공업적 형태를 벗어나지 못했던 한국인 민간 인쇄업체들은 더욱 크나큰 위협을 받게 되었다.

총독부는 이어서 한국인이 경영하는 신문사를 모두 폐쇄시키는 한편 ≪대한매일신문≫을 접수하여 총독부 기관지로 조선어판인 ≪매일신보(每日申報)≫와 자매지인 일본어판 ≪경성일보≫를 발행하였다.

≪매일신보≫는 1912년 3월부터 본문 활자를 4호에서 5호로 교체하는 한편 우리나라 최초로 프랑스 마리노니 윤전 인쇄기 1대를 신설하였다. 이 윤전기는 시간당 양면 1만 매를 인쇄할 수 있어 당시로서는 최신식 고속 인쇄기였

다. 비록 신문 인쇄라는 특수한 목적으로 도입되기는 하였지만 주로 재래식 족답식(足踏式) 인쇄기에 의존하던 시기에 소활자와 자동 고속 윤전기 시대가 펼쳐진 것은 인쇄술 발전에 있어 새로운 도약이라고 할 수 있다.

그러나 1910년대는 총독부의 가혹한 언론 출판의 통제정책 때문에 한국인 인쇄업체들이 많은 어려움을 겪었다. 총독부는 국내에서 간행되는 신문이나 서적뿐만 아니라 외국에서 들여오는 각종 간행물조차도 압수나 판매 금지 등을 통해 지나칠 만큼의 제재를 가했다. 이 때문에 한일합방 이후 3·1운동이 일어나던 1919년까지는 인쇄·출판문화의 암흑기가 초래되어 인쇄업계는 크게 위축될 수밖에 없었다.

1910년대에 새로 설립된 한국인 인쇄소는 소규모의 몇몇 업체에 불과했는데, 1912년 8월에는 현재 국내에서 가장 오랜 역사를 지닌 보진재인쇄소(寶晉齋印刷所)가 김진환에 의해 창립되어 초창기에는 주로 석판인쇄를 하였고, 홍순필의 성문사(誠文社), 정경덕의 복음인쇄소(福音印刷所), 양재관의 문아당(文雅堂) 등이 이 무렵에 설립되었다. 그러나 이때는 이미 서울 인쇄소 대부분이 일본인들에 의해 장악되고 있었다.

1917년도 통계에 의하면 국내의 인쇄업체 총 70개 사 중 한국인이 경영하는 업체는 11개 사로 16%에 불과하였고 자본금도 일본인 업체의 13% 정도에 불과하였다. 이와 같이 위축되기만 하던 인쇄업이 3·1운동을 계기로 1920년대에 들어서면서부터는 차츰 활기를 되찾기 시작하였다.

(2) 3·1운동 전후의 인쇄

• 3·1운동과 인쇄

1919년 3월 1일을 기해 전국에서 요원의 불꽃처럼 타오른 기미독립운동은 우리 민족사에 길이 남을 만큼 거국적인 독립운동이었기에 인쇄인들과 인쇄업계에서도 이 운동에 기여한 바가 적지 않았다.

최남선이 작성한 독립선언문은 그가 운영하던 신문관에서 조판을 하고 민족 대표 33인 중의 한 사람인 이종일이 경영하던 보성사에서 인쇄를 하였다. 옥파 이종일은 한때 《제국신문》 사장으로 있다가 한일합방 후 보성사와 보성학원이 천도교 산하로 이양되었을 때 손병희의 요청에 따라 보성사의 대표를 맡아보면서 문화 보급 운동에 꾸준히 헌신했던 인물이다. 뒷날 이러한 사실이 일본 경찰들에게 발각되자 이종일과 독립선언문의 조판 및 인쇄를 맡았던 인쇄 기술자들은 모두 투옥되었고 보성사는 총독부의 관헌에 의해 불태워지는 수난을 겪었다.

이때부터 한국인이 경영하는 인쇄소는 모두 등록을 하게 되었고 비밀경찰의 사찰 대상이 되어 민족문화 창달의 일익을 담당하고 있던 인쇄업계에 대해 노골적인 탄압이 가해지기 시작하였다. 인쇄물 또한 교과서나 단행본, 일반 인쇄물 할 것 없이 모조리 일본인 인쇄소들이 독차지하게 되어 한국인이 경영하는 인쇄소들의 어려움은 말이 아닐 정도였다.

이 당시 인쇄소를 설립한 한국인들은 대부분 사회 지도층 인사로서 인쇄 시설은 비록 미미했지만 항일 사상과 자주 의식이 남달리 투철하였다. 따라서 일본인 인쇄소들과는 설립 동기부터 달라 단순히 영리 추구를 목적으로 설립한 것이 아니라 신문화 보급과 민족의식 배양이라는 사명감에서 출발하였다.

그럼에도 일거리를 모조리 일본인 인쇄소들에 빼앗겨 경영에 어려움을 겪게 되자 궁여지책으로 족보 따위의 자가 출판을 하거나 《춘향전》 등의 고대 소설을 인쇄하여 겨우 명맥을 유지해나갔다.

한편, 독립선언문을 제작했던 인쇄인들이 투옥되자 인쇄 직공들의 민족의식도 한층 강화되어 훗날 인쇄직공조합 등을 결성하는 계기가 되었으며 이들은 상호 단결과 애국정신 함양을 위해 노력하기도 하였다.

• 3 · 1운동 이후의 인쇄

1919년 3 · 1 독립운동은 일제를 한반도에서 쫓아내지는 못했지만 그들의 무단정치를 일단 문화정치로 전환시키는 성과를 거두었다. 그러나 일제가 표방한 문화정치는 종전의 인쇄 · 출판에 대한 검열이나 허가 제도까지 폐지한 것은 아니며 단지 종전에 비해 조금 완화되었을 뿐이다.

1920년 1월에는 소위 문화정치를 표방한 일제에 의해 《조선일보》, 《동아일보》, 《시사신문》의 발행이 허가되었다. 당시 한반도의 인구는 2,200만 명으로 이 중 일본인은 16만 명에 불과했음에도 한국인 상대의 국한문 혼용신문은 총독부 기관지인 《매일신보》와 경남 진주의 《경남일보》뿐이었으나 일본인을 위한 신문은 16개나 되었다. 이처럼 언론이 철저하게 통제되어 오던 중 3개 민간지가 창간된 것은 독립운동의 크나큰 성과였으며 우리 민족에게 커다란 희망을 안겨주었다.

《조선일보》와 《동아일보》는 창간 당시에는 자체 인쇄 시설이 없어서 대화인쇄(大和印刷), 대동인쇄(大東印刷), 신문관(新文館), 박문관(博文館) 등의 민간 인쇄업체에서 인쇄를 하였으나, 얼마 후 이들 신문사는 조판 시설과 윤전기 등을 갖추고 자체 시설로써 신문을 발행하게 되었다.

그리고 이 무렵에는 비교적 규모가 큰 한국인 인쇄소가 잇따라 설립되었다. 1919년에는 신의주인쇄소가 설립되었고 1920년에는 한국인 인쇄소로는 경남일보인쇄소에 이어 두 번째 법인체인 대동인쇄주식회사(大同印刷株式會社)가 서울에서 설립된 것을 비롯해 훗날 서울로 진출한 이근택의 평화당인쇄소(平和堂印刷所)가 황해도 사리원에서 사업을 시작하였다. 또한 중외인쇄출판사(中外印刷出版社)의 전신인 의성인쇄사(義城印刷所)가 오하수에 의해 경북 의성에서, 한규상의 한성도서(漢城圖書)가 서울에서 각각 설립되었다.

일본인 합자회사인 곡강상점(谷岡商店), 대해당(大海堂) 등도 이 무렵에 창업되었으며 서울과 지방 등 전국 각지에서 많은 인쇄소가 설립되었다. 또한 이때는 인쇄술도 발전된 면모를 보여 활판, 석판 외에도 콜로타이프와 오프셋까지도 점차 보급되기 시작하였다.

• 대규모의 일본인 인쇄소

1923년 3월에는 당시 국내에서는 규모가 가장 큰 조선서적주식회사(朝鮮書籍株式會社)가 설립되어 일한도서인쇄의 후신인 조선인쇄주식회사(朝鮮印

刷株式會社)와 함께 쌍벽을 이루게 되었다.

조선서적은 총독부 관방인쇄국의 후신으로 조선은행권, 유가증권을 비롯하여 관보 등의 관수 인쇄물과 각급 학교의 교과서를 인쇄해왔는데 3·1운동 이후 날로 고조되는 한국인의 향학열로 교과서의 수요가 폭발적으로 증가되어 상당량을 일본에서 인쇄해올 수밖에 없는데다가 총독부의 예산마저 감소되어 총독부 인쇄 공장을 부득이 민간인에게 불하하자 이를 인수받은 것이다.

당시 조선화재보험 가와우치(河內山樂三) 사장 등은 총독부 인쇄 공장을 불하받아 1923년 3월 자본금 200만 원으로 조선서적을 설립한 다음 총독부 교과용 도서의 번각 발행권과 관보 발매권 및 조선민력(朝鮮民曆)의 제조 판매권까지 독점하여 불과 10여 년 사이에 막대한 부를 축적하였다. 이 회사는 이러한 부를 바탕으로 1936년 서울 용산의 66만㎡의 부지에 건평 6천㎡ 규모의 인쇄 공장을 신축하여 이전하였는데 명목상으로는 한국인이 주식의 30% 정도를 차지하고 종업원의 절반 이상이 한국인이었다.

조선서적은 2색 오프셋 인쇄기, 2색 활판인쇄기 및 자동 접지기, 자동 정합기, 표지기 등의 제책 시설은 물론 잉크 조제 시설, 철공, 목공예, 자가발전 시설까지 갖추었다. 이 중 2색 인쇄기는 국내 최초의 시설이며 자동 접지기 및 정합기도 당시로서는 국내 유일의 시설이었다.

한편, 1924년 4월에는 국내 2대 인쇄소 중의 하나인 조선인쇄주식회사가 화재로 전소되었다. 이 회사는 1906년에 설립된 일한도서를 1919년 5월 고스기(小杉謹几) 등이 인수하여 자본금 10만 원의 조선인쇄주식회사로 개편한 것인데 1912년경에 국내에서는 최초로 자동 오프셋 인쇄기가 설치되었다고 한다.

조선인쇄는 이후 지금의 서울 중구 만리동에 대규모 공장을 신축하여 이전하였다. 이곳은 경성역(서울역)이 지척이어서 국내는 물론 멀리 만주에까지 영업권을 확장하기에 매우 편리한 입지였다.

이 회사는 튼튼한 재력과 관의 비호로 성장을 거듭하여 15년 후인 1939년에는 각종 인쇄기 45대, 종업원 500여 명의 대규모 기업체로 발전하였다.

시설도 활판, 오프셋, 석판 외에 콜로타이프, 그라비어 인쇄기와 함께 모노타이프 등도 보유하고 있었다. 특히 그라비어 인쇄기는 그 당시 이 회사에만 있었으며 원색분해도 처음으로 시도되었다. 이러한 시설과 규모를 바탕으로 나중에는 동업조합까지 장악하는 막강한 존재로 등장하였다.

이 밖에도 일본인 인쇄소로는 근택인쇄소(近澤印刷所), 대해당인쇄소(大海堂印刷所), 조선단식인쇄소(朝鮮單式印刷所) 등 규모가 꽤 큰 공장들이 많았는데, 이들은 한국인 인쇄소들보다 규모가 크고 시설도 최신식이었으며 특히 사진제판술은 철저한 비밀주의로 말미암아 일본인들이 거의 독점하다시피 하였다.

(3) 인쇄업계의 성장과 시련

1920년대는 경향 각지에서 많은 인쇄소가 새로 설립되어 발전을 거듭했기 때문에 1910년대를 인쇄업계의 암흑기라 한다면 1920년대는 성장기라고 일컬을 수 있을 정도다. 이때 들어 인쇄소의 설립이 늘고 인쇄 시설이 크게 증설되었음은 물론 모노타이프, 그라비어 등이 처음으로 소개되었고 오프셋 인쇄와 자동화 시설 등의 보급도 활발하게 이루어졌다. 특히 1920년 10월 1일에는 사상 최초의 인쇄 전람회가 개최되어 많은 관심을 끌었다. 시립도서관 개관 기념행사의 일환이었던 이 전람회는 인쇄물이 어떠한 경로를 거쳐 만들어진 후 도서관까지 설립하게 되었는가를 보여주기 위한 취지에서 개최된 것이었지만 총독부 박물관에서 고대의 목판과 금속활자, 인쇄 도구 등을 출품하고 전환국 인쇄 시설을 계승한 용산인쇄소 등에서 당시의 납활자와 석판, 사진동판 등을 전시하여 인쇄사를 알 수 있게 하였다.

1930년대에 들어와서도 인쇄업계의 발전이 거듭되어 한국인 경영의 인쇄소들이 많이 생겨났고 시설도 증대되었다. 1930년에 215개의 공장에서 4,146명의 종업원이 818만 원의 생산액을 기록한 인쇄 및 제책업은 1939년에는 313개 공장에 8,403명의 종업원이 1,838만 원의 생산액을 올림으로써 10년

사이에 공장 수는 46%, 종업원 수는 103%, 생산액은 125%의 성장을 하였다.

그러나 일제는 1931년 만주사변 이후 한반도를 대륙 진출의 전진기지로 삼았고 1937년 7월 중일전쟁이 발발하면서부터는 전국을 전시 동원 체제로 개편하였다. 이에 따라 금속, 기계, 화학 등의 중공업 비중이 크게 높아진 반면 인쇄업 분야는 계속 침체되어 전체 중공업 생산액에서 차지하는 비율도 1930년의 3.1%에서 1939년에는 1.68%로 감소되었다.

1940년을 전후해서도 대규모 인쇄사들이 많이 출현했지만 교육령 개정으로 각급 학교에서의 조선어과 폐지, 창씨개명의 강요 등 한민족 말살정책이 강화되고 1939년에는 우리말 사용마저 금지되어 출판업계와 더불어 인쇄업계도 도산 지경에까지 이르게 되었다.

특히 1942년 10월 1일에는 우리의 말과 글을 뿌리째 뽑아버리기 위해 조선어학회 사건을 날조하여 관련학자들을 대거 투옥시키는 등 비인도적 행위가 심화되자 각 인쇄사에서는 우리글의 인쇄물이 완전히 자취를 감추게 되고 일본어만이 사용되었다.

1941년 12월 8일 진주만 기습으로 태평양 전쟁이 발발한 후 1943년부터는 우리나라 청장년들이 강제로 징병과 징용으로 끌려가게 되면서부터 공장마다 기술 인력이 부족해지고 인쇄용지와 잉크 등 원부자재의 확보도 어려워졌다.

총독부에서는 인쇄용지난을 해소하기 위해 각 도마다 1개소의 제지 공장 설립을 독려하였으나 실효를 거두지 못했으며, 모든 물자가 통제되어 동업조합을 통해 배급제가 실시되었으나 워낙 물량이 부족하여 민간업체에까지는 차례가 오지 않았다.

전세가 날로 불리해지고 연합군의 공습이 심해지면서 각종 산업체를 정비하여 지방으로 소개시키려는 총독부의 정책에 따라 인쇄업계도 기업 통합이 강요되는 한편 지방으로 분산 소개하라는 독촉을 받게 되었다. 이러한 상황에서 민간 인쇄업체를 유지해나가기란 거의 불가능했으나 인쇄소들이 지방으로 이전하기 전에 해방을 맞이하였다.

1. 광복과 인쇄업계

(1) 광복 직후의 인쇄업계

1945년 8월 15일 우리나라는 36년간의 일제 강점에서 벗어나 꿈에도 그리던 광복을 찾았다. 해방은 우리 민족에게 잃어버린 국권을 되찾게 하고 빼앗겼던 말과 글을 다시금 찾을 수 있는 자유 세상을 안겨주었다.

새로운 세상을 맞아 저마다의 가슴에는 새 조국을 건설하려는 기쁨과 투지가 충만했고, 끊겼던 역사의 물줄기를 다시 잇고 새로운 문화를 창조하려는 의욕이 곳곳에서 표출되었다. 우리말과 우리글을 되찾은 인쇄인들도 일제에 의해 막혔던 민족의 눈과 귀와 입을 열게 하고자 민족문화 재건의 기치를 높이 들고 모든 여건이 미비한 열악한 환경 속에서도 새로운 의욕으로 활기차게 소생하기 시작하였다.

인쇄도 일제강점기 때는 다른 분야와 마찬가지로 시설과 기술면에서 거의 대부분을 일본인이 주도하는 등 온갖 어려움 속에서도 우리 인쇄의 명맥을 어렵사리 유지하여왔다. 종전을 앞두고는 대부분의 업체가 강제로 폐쇄되기까지

했지만 해방이 되어 누구나 회사를 자유롭게 설립하거나 경영할 수 있는 권리가 보장되어 능력껏 발전할 수 있게 되었다.

특히 인쇄업계는 다른 업계와는 달리 글 즉, 활자를 모체로 하는 업종의 특성상 1940년대에 들어 일제의 우리글 말살정책으로 크나큰 어려움을 겪었던 터라 해방 당시 각 인쇄소에는 한글 활자가 거의 소멸되고 없었다. 따라서 해방으로 우리글을 되찾게 된 인쇄인들은 남다른 기대를 안고 새 출발을 하게 되었으며 경향 각지의 인쇄소들은 한글 활자를 구비하기 위해 많은 노력을 기울였다.

그러나 당시는 대부분의 인쇄소들이 전태자모(電胎字母)와 경편자모(輕便字母) 활자를 활판소에서 구입하여 사용하였음에도 전국에 수동 주조기가 겨우 10여 대에 불과하여 인쇄소들이 한글 활자를 완비한다는 것은 매우 어려웠다.

설상가상으로 일제의 식민지 지배에서 벗어난 기쁨과 흥분이 채 가시기도 전에 한반도에는 삼팔선을 사이에 두고 미군과 소련군이 각각 진주함으로써 민족 분단의 비극이 시작되고 좌우익의 사상적 대립으로 사회는 혼란 속으로 빠져들게 되었다.

미군은 1945년 9월 8일 인천에 상륙하여 11일에는 아놀드 소장이 군정장관으로 임명되고 19일부터는 삼팔선 이남에서 미군정이 실시되었다. 미군은 상륙한 지 불과 1주일 만인 9월 16일에 서울 중구 만리동에 위치한 조선인쇄주식회사를 접수하였다. 이것은 적산으로서 미 군정청이 가장 먼저 접수한 인쇄시설이었다.

언론 출판의 기능을 중시한 그들은 군정의 시책을 대중들에게 보다 잘 알리기 위해 대규모의 인쇄 시설이 필요했던 것이다. 이렇게 해서 접수된 조선인쇄는 훗날 정부 직영 공보처 인쇄 공장인 대한인쇄공사로 개편되었다가 민간에게 불하되었다.

그 외의 공장들도 모두 미 군정청 광공국 소관으로 관리되어오다가 1946년 10월 하순경부터 총자산 100만 원 이하의 소규모 공장의 불하가 시작되었으나 여기에는 인쇄 공장이 단 하나도 포함되지 않았다. 정부가 수립될 때까지 적산 귀속 사업체로 남아 있던 인쇄소는 서울 30, 경기 4, 강원 1, 충북 3, 충남 4, 전북 9, 전남 5, 경북 13, 경남 15개 업체 등 총 84개 업체였으며, 인쇄 관련 업체로는 서울에 제책 2, 공책 제조 2, 경북에 제책 1, 경남에 제책 1, 인쇄 재료 1개 업체였다.

이 중에는 미 군정청이 가장 먼저 접수하였던 조선인쇄와 조선서적인쇄, 조선단식인쇄, 대해당인쇄, 선광인쇄, 조선교학도서, 대구인쇄합자회사, 마산 합동인쇄 등 규모가 큰 인쇄업체들은 모두 포함되어 있었다.

해방 당시 서울에 있었던 주요 일본인 인쇄소로는 조선총독부의 관방(官房)인쇄소 격으로 설립되어 국내 최대의 인쇄소였던 조선서적인쇄주식회사를 비롯하여 조선인쇄주식회사, 조선단식주식회사, 조선행정학회인쇄소, 대해당 · 동양오프셋인쇄, 합명회사 근택상점(近澤商店)인쇄부, 합자회사 곡강상점(谷岡商店)인쇄부, 대총(大塚)인쇄소 등 다수가 있었다.

또한 한국인 경영의 인쇄소로는 일제 때부터 책자를 인쇄해온 오프셋 전문인 보진재인쇄소(대표 김낙훈)와 활판 위주인 중앙인쇄소(대표 박인환), 한성도서주식회사(대표 김진호), 대동인쇄소(대표 노성석) 등이 있었고, 대서용지와 전표 등 사무용품을 주로 생산한 평화당인쇄주식회사(대표 이근택), 경성인쇄소(대표 박인형), 우야인쇄소(대표 우옥철), 송강인쇄소(대표 정희산), 대기당인쇄소(대표 김대길) 등의 활판인쇄소와 오프셋 인쇄소인 문아당인쇄소(대표 김기훈)가 있었으며, 지기 관련 인쇄소로는 조일지기공업사(대표 김기훈) 등이 있었다.

이 중 평화당인쇄의 이근택 사장은 해방 후 아들 이일수와 훗날 사위가 된 유기정에게 위임하여 평화당인쇄주식회사(대표 이일수)와 삼화인쇄주식회사(대표 유기정)로 발전하게 되었다. 우야인쇄소는 훗날 한성인쇄소로 개칭되었으며, 송강인쇄소는 대한인쇄소로 개칭하였다가 다시 동양정판사로 바꾸어서 활판에서 오프셋 인쇄로 전환한 다음 계속 성장하여 동양정판인쇄주식회사로 발전하였다.

또한 문아당인쇄소는 비약적인 발전을 하여 대한교과서주식회사가 되었고, 조일지기공업사는 주식회사 삼보인쇄지기공업사와 삼보판지공업주식회사로 발전하였다. 이 밖에도 이 시기에는 조선교학도서회사(대표 최상윤)와 남양인쇄소(대표 남송학), 공동인쇄소(대표 이상오), 경화인쇄소(대표 하홍기) 등이 설립되어 사업을 활발하게 하였다.

(2) 인쇄업계의 고난

해방의 벅찬 감격에 비해 인쇄업계의 현실은 출발부터 쉬운 일이 아니었다. 해방 직후의 사회적인 혼란, 기술 인력과 원부자재의 부족, 좌우익의 사상적 대립으로 계속된 노동쟁의, 하루가 다르게 치솟는 물가 등 정상적인 기업 경영을 어렵게 하는 요인들이 너무나 많았기 때문이다.

이처럼 어려운 경영여건 속에서도 인쇄업체는 활기를 띠기 시작하였다. 해방과 더불어 우리말과 우리글을 되찾게 되자 국한문 서적의 수요가 폭발적으로 증가되었고 통치기구의 개편으로 행정 서식을 비롯한 각종 인쇄물의 수요가 급증했기 때문이다. 이에 따라 그동안 깊숙이 감춰두었던 한글 자모가 다시 햇빛을 보게 되었고 전국의 인쇄업체들은 밤낮으로 가동해야 될 만큼 사상 유례없는 호황을 누리게 되었다.

그러나 국내에서 조달할 수 있었던 활자와 인쇄잉크 등 몇몇 인쇄 자재는 품질이 낮은데다가 공급마저 달렸고, 특히 일제 말엽부터 악화되었던 인쇄용지난은 폭발적인 수요 팽창으로 더욱 악화되어 인쇄인들은 밀려드는 인쇄물의 주문을 거절해야 할 정도였다.

해방 당시의 인쇄용지는 대소 인쇄소에 약간의 재고가 있을 정도였고 용지의 생산력은 거의 마비 상태에 있었다. 그나마의 용지조차 무수히 생겨난 각종 단체의 정치 및 사상 관계 선전물 제작에 충당되다 보니 1946년을 맞기도 전에 재고의 전량이 소모되고 말았다.

당시 국내에는 몇몇 제지 공장이 있었으나 일제가 전시에 대비하기 위해 지방으로 소개해놓았는데 이들 제지 공장의 생산품은 모두 선화지(仙花紙)뿐이었으며 원료의 부족과 자금난 등으로 제지공업은 부진 상태를 벗어나지 못하였다.

이 중 인쇄용지 생산 공장은 일제 때부터 가동되었던 군산의 북선제지화학 1개소뿐이었으며 이 공장의 생산력은 월 평균 600톤에 불과하였다. 그나마 해방 후 상당 기간 운휴되었다가 가동하기 시작하였으며 북한에서의 펄프 공급이 중단되면서 원료 확보마저 어려워 생산된 용지는 대부분 가장 시급했던 교과서용으로만 쓰였다.

그전까지는 신의주에 있던 왕자제지에서 생산된 인쇄용지의 상당량이 내려왔는데, 1946년 5월 23일을 기해 그동안 자유로이 내왕하던 삼팔선의 왕래가 금지되자 북한으로부터의 용지 공급이 그치게 되어 인쇄용지난을 더욱 가중시켰다. 인쇄용지 사정이 심각해지자 마카오 등지에서 밀수입하는 경우도 생겨났으나 용지의 정식 수입은 보다 시급한 식량문제 등이 산적해 있어 순조롭지 못하였다.

이 때문에 인쇄용지 수급 문제는 더욱 심각해져 일반도서 출판계와 신문사의 용지난은 극에 달할 정도였다. 미 군정청에서도 인쇄용지 문제가 날로 심각해지자 개입하고 나섰다. 이에 따라 언론 출판의 자유를 완전히 보장하여 모든 인쇄출판을 간단한 등록만으로 인정했던 초창기의 제도를 바꿔 1946년 4월에는 정기간행물의 발간을 허가제로 변경했고 7월부터는 신규 간행물 허가를 아예 중지시키고 말았다.

또한 용지난을 직접 해결하기 위한 노력의 일환으로 불요불급한 도서의 생산을 억제하기 위하여 용지 배급권을 행사하여 출판계를 정비하는 한편, 1946년 12월에는 수입을 적극 주선하여 국내 용지 생산 시설의 확충을 꾀하기도 하였다.

그럼에도 워낙 극심했던 용지난이라 근본적인 해결을 보지 못하였으며 가장 중요한 교과서용 용지도 태반이 부족해 갱지나 모조지는 물론 선화지까지 섞어 인쇄하는 실정이었다. 인쇄용지 고갈현상은 마침내 종이의 밀수입을 초래하여 소위 '마카오지'라는 용어가 등장하게 되었고 정부도 마카오에서 밀수입하는 종이를 묵인해주는 형편이었다.

심각한 인쇄용지난을 타개하고자 수입 물량을 크게 늘렸는데, 1946년도는 30톤에 불과했던 용지 수입이 1947년에는 15,383톤으로, 1948년에는 16,021톤으로 늘어났다. 이 같은 수입 물량으로도 인쇄용지의 절대량이 부족하여 인쇄에 적합하지 못한 저질 용지로 책을 만드는 경우가 허다했으며 그나마도 구하기가 어려웠다.

여기에다 더욱 심각했던 것은 전력난이었다. 당시에 남한은 전체 전력 수요량의 42% 정도를 북한의 송전에 의지하는 형편이었다. 그러나 북한은 1948년 5월 14일을 기해 남한만의 단독선거를 트집 잡아 전면적인 단전을 감행하고 말았다. 이 때문에 대부분의 인쇄소는 전면 휴업 상태에 들어가게 되었으며 그중에는 석유 발동기나 미군의 자동차 엔진 등을 이용하여 임시변통으로 인쇄기를 돌리기도 하였다.

인쇄업계는 용지난과 전력난 외에도 기술자가 태부족하여 공장을 가동하는 데 어려움을 겪었다. 큰 인쇄사의 경우 기술자의 대부분을 차지하던 일본인들이 철수하자 큰 인쇄 시설은 가동할 수조차 없었다.

여기에다 날로 악화되는 좌우익 대립 또한 인쇄업계도 예외일 수가 없어서 많은 인쇄소들이 종업원의 데모와 파업으로 어려움을 겪었다. 해방 직후에는 좌우익의 충돌로 사회불안이 가중되고 빈번한 노동쟁의로 기업 활동이 크게 위축되었는데 인쇄업계는 시설의 노후와 기술 인력의 부족마저 겹쳐 침체현상이 더욱 심하였던 것이다.

인쇄업계의 노조는 1947년에 12개 조합의 1,073명, 1948년에 15개 조합의 1,005명이었는데, 노동쟁의는 1946년에 28건이 발생해 1,280명이 참가했으나 사회가 차츰 안정됨에 따라 1947년에는 7건 발생에 245명의 참가로 급격히 줄어들었다.

기술 부족과 시설 노후도 인쇄업계의 발전을 저해하는 크나큰 요인이었다. 일제강점기에는 조선인쇄와 대해당인쇄 등에서 원색분해가 가능하였으나 해방 후에는 색분해에 사용되는 감광 재료의 수입난에다 기술 부족까지 겹쳐 색분해 작업은 엄두조차 내지 못하였다. 인쇄 기자재의 수입 또한 자유롭지 못하여 인쇄기는 극도로 노후하였고 인쇄물의 품질은 더욱 저하되었다.

(3) 광복 이후 인쇄업계 실태

해방 이후 인쇄업계는 많은 어려움을 겪는 가운데서도 업체 수가 해마다 늘어나 전국의 종업원 5명 이상의 인쇄 및 제책업체는 1946년에 221업체에 종업원 4,540명, 1947년에는 236업체에 4,567명, 1948년에는 228업체에 6,236명이 되었다.

1948년 현재 인쇄 및 제책업체 중 비교적 큰 11개 업체에는 2,303명의 종업원이 종사했으며, 이들 업체의 당해 연도 생산액은 16억 2,026만 원이었다. 이는 업계 전체 생산액의 3.1%에 불과한 것으로 1940년도의 23.1%에 비하면 그 비중이 현저하게 떨어진 것이어서 상대적으로 군소 업체들이 많이 생겨났음을 알 수 있다.

1948년 1월 현재 종업원 규모별 인쇄업체 수를 보면 전체 228개 업체 중 5~9명이 70개, 10~14명이 68개, 15~19명이 21개 업체로서 5~19명의 업체가 전체의 70% 정도를 차지하고 있다. 그리고 100~149명이 6개, 150~199명이 2개, 200~249명이 2개, 600~699명이 1개 업체였다.

그러나 인쇄물의 수요가 증가하자 인쇄업체의 수도 크게 늘어나 1948년 8월 15일 정부가 수립되던 당시의 국내 인쇄업체 수는 서울의 119개 사를 비롯하여 경기 19, 강원 23, 충북 12, 충남 27, 전북 26, 전남 45, 경북 56, 경남 87, 제주 3개 사 등 총 417개 사였다.

한편, 1950년 한국전쟁이 발발하기 전까지 서울의 인쇄 시설로는 활판인쇄기 447대, 오프셋 및 석판인쇄기 54대, 실링 인쇄기 등 특수인쇄기 43대가 있었다. 지방에는 오프셋 인쇄기 2대, 석판인쇄기 10대, 그리고 800여 대의 활판인쇄기가 있었으나 이들 활판인쇄기는 모두 4·6반절 이하의 소형 인쇄기였다. 이들 시설 외에 인쇄 관련 시설로는 서울에 주조기 13대, 그리고 재단기가 서울에 70여 대, 지방에 200여 대가 있었는데 국내 인쇄업계는 이들 인쇄 시설을 가지고 해방 이후 한국전쟁 전까지 운영하여왔다. 그러나 이러한 인쇄 시설들 중에서도 서울에 있었던 시설의 절반 정도는 한국전쟁을 겪으면서 완전히 파괴되고 말았다.

2. 인쇄업계의 시련과 극복

(1) 한국전쟁과 인쇄업계

• 인쇄업계의 피해

1950년 6월 25일 새벽 4시를 기해 삼팔선 전역에 걸쳐 개시된 북한군의 남침으로 야기된 한국전쟁은 일찍이 볼 수 없었던 민족상잔의 비극이었다. 수많은 인명이 살상되고 1천만 이산가족이 생겨났는가 하면 전 국토가 참담한 피해를 입으면서 빈약했던 산업 시설마저도 대부분 파괴되고 말았다.

해방 이후 어려운 여건 속에서도 끊임없는 자구노력을 통해 나름대로 자리를 잡아가던 인쇄업계도 여타 업계들과 같이 재기가 거의 불가능할 정도의 피해를 입게 되었다. 특히 그중에서도 서울에 있는 인쇄시설은 70% 이상이 파괴되는 등 심각한 피해를 입었다.

전쟁으로 말미암아 조선서적, 조선인쇄, 대해당, 동양오프셋인쇄 등 큰 업체의 대규모 인쇄 시설들은 대부분 파괴되었다. 그중에서도 조선은행권을 인쇄했던 조선서적인쇄주식회사는 적군의 위조지폐 발행을 염려한 아군의 맹렬한 폭격에 의해 인쇄 시설이 거의 완파되고 말았다.

더구나 전쟁 발발 3일 만에 서울이 점령당한 터라 몸만 겨우 피신하고 인쇄 시설을 지방으로 옮길 시간적 여유가 없었기에 적 치하에서 파괴된 인쇄

시설도 부지기수였다. 그러나 1951년의 1·4후퇴 때는 사전에 예고가 있었던 터라 어느 정도의 시간적 여유가 있어서 각 인쇄소들은 전화(戰禍)를 모면한 인쇄 시설들을 안전한 곳에 숨겨놓거나 땅속에 묻어두는 방법 등으로 조치를 취한 다음 피난을 떠났다.

또한 많은 인쇄소들이 전화 속에서도 파손되지 않고 남아 있던 인쇄 시설들을 앞다투어 피난지인 대구와 부산 등지로 소개(疏開)시켰다. 그리하여 서울에 있었던 전체 인쇄 시설의 3분의 1 정도가 대구와 부산 지역으로 옮겨지게 되었다.

• 한국전쟁 중의 인쇄

1·4후퇴 이후 1953년 서울이 수복되어 피난 갔던 인쇄소들이 서울로 복귀할 때까지 국내 인쇄는 주로 부산과 대구 지역에서 현지 인쇄소들과 피난 인쇄소들에 의해 이루어졌으며, 전체 인쇄물은 활판인쇄가 80%, 석판 및 오프셋 인쇄가 20% 정도여서 활판인쇄가 주종을 이루었다.

한 가지 특기할 만한 사항은 서울에서 피난 간 인쇄소들 중 부산에는 활판인쇄소들이, 대구에는 석판 및 오프셋 인쇄소들이 보다 많이 피난한 점이다. 이는 한국전쟁이 발발하기 전 부산에는 활판인쇄 시설을 갖춘 인쇄소가 적고 오프셋 인쇄소가 많았던 반면 대구에는 활판인쇄소가 많은데 비해 오프셋 인쇄기는 한 대도 없이 석판인쇄기만 두어 대 있었기 때문이었다.

서울에서 부산으로 피난한 주요 인쇄소로는 보진재인쇄소(대표 김낙훈), 평화당인쇄주식회사(대표 이일수), 대한교과서주식회사(대표 김기우), 협진인쇄공사(대표 김경수 외), 남양인쇄소(대표 남송학), 홍원상사인쇄부(대표 조홍원·강학성), 동양정판사(대표 정희산) 등이 있었다.

이 중 오프셋 인쇄기 3대를 가지고 피난 온 보진재인쇄소는 어려운 여건 속에서도 대한인쇄협회의 살림까지 보살폈고, 조판 시설만 갖고 나온 평화당인쇄는 주로 월간지를 맡았으며, 대한교과서는 1951년 3월 문교부가 새로운 학제를 실시함에 따라 각급 학교 교과서를 신규 발행하게 되어 피난 인쇄소들 중에서 가장 바쁜 나날을 보냈다.

피난 시절 부산에서는 후일 인쇄사에 기록될 만한 인쇄소들이 창업되기도 하였다. 이 중에는 서울로 환도하여 훗날 광명인쇄공사로 개칭한 관북인쇄소(대표 이학수)를 비롯해 협진인쇄소에서 분리 독립한 후 국방부 지정인쇄소가 된 태성사(대표 신진현), 그리고 민중서관인쇄부(대표 이병준), 제일인쇄소(대표 김현상, 양한석) 등이 새로 설립되었다.

서울에서 대구로 피난한 인쇄소로는 유엔군 사령부의 인쇄물과 대구 연초제조창의 담뱃갑 인쇄를 하여 가장 많은 매출액을 올린 대한단식인쇄주식회사(대표 오창근, 김동국)를 비롯하여 태양당인쇄소(대표 김영석), 서울오프셋인쇄소(대표 김봉남), 동아정판주식회사(대표 박창구), 선광인쇄주식회사(대표 김시달), 성심사(대표 김영래, 김경래) 등이 있었다.

대구에서도 새로 창립된 인쇄소가 있었는데 원래 공군인쇄창으로 설립되어 당시 국내에서 가장 큰 활판 시설을 보유했던 선미인쇄소(대표 최지말)와 석판 오프셋 인쇄 전문이었던 청문사(대표 윤태용, 조재균) 등이 대표적이다.

전쟁은 인쇄업계에 많은 어려움을 주었지만 피난지로 소개시켰던 잔여 인쇄시설 소유업체나 부산, 대구지역의 인쇄업체 그리고 신규 창업된 업체들은 일시적이나마 국한된 시설로 철야 작업을 계속해도 감당할 수 없을 정도의 일거리로 인해 문자 그대로 황금시대를 구가하는 전쟁 특수를 누릴 수 있었다.

한편, 전쟁의 어려움 속에서도 인쇄인들은 모두가 힘을 합쳐 인쇄 발전을 위한 방안들을 다각적으로 모색하기도 하였다. 피난지인 부산에서는 서울에서 소개한 인쇄인들이 동업자 회의 등을 통해 학제 개편에 따른 교과서 인쇄문제와 전쟁의 피해를 입은 인쇄 공장의 복구 문제, 인쇄 자재 소요량 조사에 관한 사항들을 논의하기도 했다. 이는 전시하의 어려움 속에서도 인쇄업계가 나아갈 방향을 제시하고 업계 재건을 위한 방안들을 상호 모색했다는 점에서 중요한 의미를 갖는다.

전쟁 중에는 인쇄용지의 수급 상황이 원활하지 못하자 각 업체에서 필요로 하는 인쇄용지 소요량을 조사하여 관계 당국에 협조해줄 것을 요청하였다. 당시의 용지 수급은 생산자나 수입자로부터 지업사나 출판사를 거쳐 인쇄소에 공급되고 있었다. 이 같은 용지 조달의 어려움을 해소하기 위해 국산 용지는 인쇄인들에게 직접 배급해줄 것을 요청했으나 상공부는 관리 물량이 부족해 곤란하다는 회신을 보내와 의지를 관철시키지는 못했다.

그러나 전쟁으로 인해 주요한 인쇄 시설들이 막대한 피해를 입어 인쇄물 생산에 적지 않은 지장을 받자 인쇄기 수입을 위한 정부 보유 달러의 배정 신청을 적극적으로 추진한 결과 마침내 20만 달러를 배정받아 일본 등지로부터 최신 인쇄 시설을 도입하기도 하였다.

특히 대한인쇄협회는 피난지인 부산에 사무실을 설치하고 서울에서 피난 온 인쇄업체와 경상도 지역 인쇄업체들의 구심점 역할을 톡톡히 해냈다. 협회는 각종 모임과 회의를 주선하여 어려움 해소와 발전 방안을 모색하고 현안문제의 개선을 관계 당국에 진정하는 등 인쇄업계의 대변 기관 역할을 하였으며 협회 직할로 롤러 공장을 설치하고 인쇄롤러를 제조해 인쇄업체에 직접 공급하여 호응을 얻었고, 국내 인쇄술의 향상을 위해 일본 인쇄학회가 발행한 인쇄술 전문서적을 도입해 공급하기도 하였다.

이처럼 한국전쟁은 인쇄업계에도 많은 시련과 고통을 안겨주었지만 인쇄인들은 이에 굴하지 않고 모두가 힘을 합침으로서 당면한 어려움을 극복하고 재건의 토대를 이룩하기 위한 노력들이 전쟁 기간 내내 계속해서 이어졌다.

• 휴전과 재건 노력

한민족을 크나큰 어려움에 빠뜨렸던 한국전쟁이 휴전되자 각계각층에서는 부서진 산업 시설을 복구하고 새로운 출발을 모색하려는 재기의 분위기가 팽배하였다. 인쇄업계도 피난지에서 서울로 복귀하여 파괴된 인쇄 설비를 복구하는 한편 새로운 시설을 도입하는 등 재기에 안간힘을 쏟았다.

그러나 출판계가 1955년을 고비로 심각한 어려움을 겪게 되면서 한동안 전쟁 특수로 호경기까지 누릴 수 있었던 인쇄업계는 물론 지업이나 제책 등 관련 업계 모두를 파탄의 길로 몰아넣고 말았다. 전쟁이 끝나고 사회가 점차 안정되어가자 출판사가 우후죽순 격으로 생겨나 1950년에 106개 사이던 출판사가 1955년에는 645개로 늘어나면서 난립현상까지 보였다. 그러나 전후 복구의 어려움으로 도서 구매력이 급격히 감소되면서 서점들이 연이어 쓰러지고 그 영향이 출판계를 거쳐 인쇄 관련 업계에까지 미쳤던 것이다.

불경기는 쉽사리 타개되지 않아 대부분의 인쇄소들이 조업을 중단하지 않을 수 없었고, 부도를 내고 문을 닫는 인쇄소들이 줄을 이었다. 그러나 어려움 속에서도 인쇄업계는 시설 교체와 경영 쇄신 등으로 경영난을 개선하려고 부단히 노력하였다. 이러한 결과 벤톤 조각기를 비롯한 근대식 시설 도입이 폭넓게 이루어져 노후 시설을 교체해나갔다.

이 무렵에 수입된 인쇄 기자재의 70% 정도는 일제이고 나머지 30%는 서독 및 유럽 제품이었다. 피난 시절부터 1956년까지 도입된 인쇄 기자재는 전국적으로 약 318만 달러어치였는데 이 중 40% 정도는 관공서 및 공공기관의 시설이었고 60%는 민간 인쇄업체와 제책업체의 기자재였다. 인쇄업체에서 도입한 기자재 중 가장 많이 도입된 것이 활판인쇄 기자재였고, 다음이 컬러 인쇄를 위한 오프셋 인쇄기, 동판인쇄기, 제판 시설 등이며 이 밖에 제책 및 특수인쇄 시설도 도입되었다.

광복 후 최초로 외국에서 인쇄기를 도입한 업체는 남양인쇄소로 이 회사는 EAC 원조 자금을 지원받아 일본에서 국전 오프셋 인쇄기 1대를 도입하여 피난지였던 부산에서 가동하였다. 그 후 국제보도연맹의 송정훈이 1953년 광복 후 최초의 서독제 인쇄기인 로랜드 2색 인쇄기와 하이델베르그 실린더, 사진제판 시설 등을 도입하였으나 사정이 여의치 못해 1956년까지도 가동하지 못하였고 보진재인쇄소에서 1956년 10월에 도입한 로랜드 인쇄기를 국내 최초로 가동하였다.

이처럼 한국전쟁 이후 파괴된 시설을 복구하고 재건하기 위해 각 인쇄소마다 시설 교체 및 기자재 도입이 활발하게 이루어졌으며 종전의 활판 위주의 인쇄에서 벗어나 점차 오프셋 인쇄의 컬러 인쇄를 지향함으로써 인쇄술 발전에 일대 전환기를 맞이하였다.

인쇄와 관련된 각 분야에서도 해외 선진 기술을 활발히 도입하고 기술 개발에도 많은 노력을 기울이기 시작하였다. 이러한 결과 활판 부문에서는 활자가 읽기 좋고 보기 좋도록 개량되고 지형(紙型)의 제작 방법은 습식에서 건식으로 바뀌었으며, 활판인쇄기와 주조기 등은 수동에서 자동으로 그리고 소형에서 대형으로 변하였다. 오프셋 인쇄 부문 또한 다색도화 추세에 따라 종전의 묘판(描版)제판에서 사진제판으로 발전되고 원색의 인쇄 효과를 높이기 위한 동판인쇄술이 개발되기도 하였다.

(2) 인쇄술의 발전

• 활자 개량 작업

국내 활판인쇄소들은 일제강점기는 물론 한국전쟁 이후까지도 활자만을 전문적으로 주조해 판매하는 활판소에서 전태자모나 경편자모로 만드는 재래식 서체의 활자를 사용하였다. 문교부는 재래식 한글 활자의 서체 개량을 처음으로 시도하여 1950년 2월 가로쓰기용 한글 서체를 현상 모집한 결과 박경서, 이임풍, 박정래 등 세 사람이 응모하였으나 당선작을 결정하지도 못한 채 한국전쟁을 맞고 말았다.

이때 응모한 3인 중 박경서는 일찍이 조선 왕실의 활자 조각을 맡았던 사람으로서 납이나 쇠에 활자를 직접 조각하는 명인이었고, 이임풍은 당시 국립도서관의 양서 담당자로 자모의 원도 설계가 전공이었으며, 박정래는 당시 서울신문에서 자모 조각을 맡고 있었다. 이들 모두는 활자체 개발에 남달리 조예가 깊었기 때문에 문교부의 교과용 도서 활자체 개량 심의위원회의 위원으로 위촉되어 피난 중에도 활자 개량을 계속 연구하였다.

수동식 활자 주조기

문교부에서는 1953년 8월 활자체 개량 심의위원회가 연구 검토한 최종안을 채택하여 원도를 작성하기로 결정하고 그 원도를 유엔한국부흥위원단(UNKRA)에 주어 일본에서 한글 및 한자 자모 4만여 자를 제조해 오려는 방침을 세웠다. 그러나 이 활자개량사업은 당초 문교부와 함께 사업비를 부담했던 문교서적(주)와 운크라가 합의하여 문교서적에 별도의 인쇄 공장을 건립하기로 합의함으로써 장기간 동안 보류되었다.

그 후 문교서적(주)은 국정교과서(주)로 개칭하고 공장 건물을 건축하는 동안 도입 기자재의 운용기술 등을 연수받도록 하기 위해 공장장 최장수와 서체 원도 설계 전문가인 이임풍, 박정래를 일본으로 파견하였다. 그러나 이들은 재일동포로서 한글 타자기를 개발하여 국내에도 널리 알려진 장봉성을 만나 자모를 일본에서 직접 만들어 오는 것보다는 조각기를 도입하여 원도를 조각하여 쓰는 것이 훨씬 경제적임을 깨닫고는 벤톤 조각기를 구입하였다.

이들은 1954년 4월 귀국하여 이임풍이 디자인하고 박정래가 제도한 자모 원도에 의해 벤톤 조각기로 새로운 한글 활자를 만들었다. 이로써 종전의 호수(號數)활자 대신 벤톤 조각기에 의한 포인트 활자 시대를 맞이하게 되면서 우리나라 인쇄사에 있어 새로운 활자체의 시대가 열리게 되었다.

여기에서 자극을 받은 각 인쇄소들도 한글 활자체를 앞다투어 개량하게 되었다. 1955년에는 동아출판사가 최정호가 쓴 새로운 자모 원도로 벤톤 활자를 개발하였고, 1956년에는 평화당인쇄(주)가 박정래의 원도로, 삼화인쇄(주)가 최정호의 원도로 각각 활자를 개발하였다. 이 밖에도 대한교과서(주), 민중서관, 홍원상사(주), 광명인쇄공사, 삼성인쇄(주) 등도 활자체를 잇따라서 개량하였다.

그러나 한자의 자모는 새로운 서체의 원도를 개발할 만한 시간적 여유가 없었기 때문에 부득이 일본에서 도입하여 사용했으며 주조기 또한 일제 만년식 주조기로 교체하였다. 이와 함께 활판인쇄기도 재래식 소형에서 최신식 대형으로 바뀌고 지형 또한 습식에서 건식으로 교체되었다.

• 제판 및 인쇄 기술의 발전

1950년대 중반까지 우리나라의 평판인쇄는 인쇄판을 일일이 손으로 그리는 수공제판(手工製版=措版)이 대부분이었다. 일제 때 도입된 사진제판 기술은 일본인들이 독점하면서 한국인들에게 기술 전수를 의도적으로 하지 않았기 때문에 광복 당시까지도 한국인 사진제판 시설 및 기술자는 거의 없는 실정이었다.

재래식 수공제판은 원고를 정확하게 재현 복사하는 데 정밀도가 낮고 제판 과정에 시간이 많이 소요되었지만, 사진제판은 이러한 결점이 없이 보다 선명하고 정밀했으며 작업 또한 신속히 해낼 수 있었다. 이러한 인쇄술이 선진국에서는 1950년을 전후하여 비약적인 발전이 이루어져 흑백 인쇄에서 다색인쇄로 이행되는 급진적인 추세였음에도 우리나라에는 1950년대 중반까지도 사진제판 시설이 거의 없었으며 사진제판술을 아는 사람도 소수에 지나지 않았다.

그러나 1954년경에 국제문화인쇄주식회사는 〈홍콩의 밤〉이라는 영화 포스터를 사진제판으로 내놓았다. 오늘날의 인쇄물에 비하면 보잘것없는 품질이었지만 당시까지 사용돼오던 수공제판보다는 월등히 좋은 것이었다. 이것은 일본에서 기술을 습득해와 훗날 범일사진제판사를 세운 박태근에 의해 완성된 것으로 당시의 업계에 커다란 반향을 일으켰다.

또한 사진제판술을 꾸준히 연구하여 오늘날 대한미술(주)의 모태인 선만사진제판소를 설립한 이태직, 일본인 밑에서 사진제판술을 익혀 정연사를 설립하고 국내 최초로 프로세스 카메라와 150선 스크린 등의 첨단 제판 시설을 도입한 김기봉 등 사진제판술 선구자들의 적극적인 노력이 뒷받침되고 각 인쇄소에서 도입한 일본, 서독제의 최신 제판 시설 등으로 인해 1950년대 말경에는 국내 사진제판술도 현저하게 발전하였다.

사진제판술의 발달과 더불어 1956년부터는 동판(銅版)인쇄에 의한 원색 인쇄가 개발되어 인쇄인들의 주목을 받게 되었다. 국내 최초의 동판인쇄는 삼화인쇄소를 설립한 유기정이 일본에서 기술을 배운 전차훈과 손을 잡고 개발한 것인데, 이 기술은 전례 없는 성공을 거두어 당시의 원색 인쇄계를 휩쓸면서 당사가 비약적으로 발전할 수 있는 원동력이 되었다.

삼화인쇄가 동판으로 원색 인쇄를 성공시키자 한국문화인쇄(주), 범아원색인쇄사, 대한공론사 등이 뒤를 이었고 1960년을 전후해서는 대한교과서(주), 합동도서주식회사, 대한미술정판사 등 많은 인쇄소들도 동판인쇄 개발에 힘을 기울여 동판인쇄에 의한 국내 원색 인쇄 수준도 선진국에 버금갈 만큼 향상되었다.

● 신기술의 도입

선진국의 인쇄술을 도입할 목적으로 기술자를 해외에 파견하여 연수시킨 실적은 광복 이후 1961년까지 전체 업계를 총망라하더라도 겨우 수 명에 불과하였다. 그러나 이는 인쇄업계의 인식과 노력이 부족해서가 아니라 인쇄시설과 기술도입이 국가 성장에 긴요하지 않다는 잘못된 판단을 내리고 외화 사용을 일절 불허한 정부의 방침 때문이었다.

유네스코와 운크라는 1954년에 문교부를 통해 국정교과서주식회사 인쇄시설 자금을 원조하면서 시설의 도입선을 일본으로 지정하였다. 따라서 당연히 일본 기술자들이 와서 기계에 대한 운전 및 사용법에 관한 내용을 전수해주었어야 함에도 불구하고 우리 정부의 강경한 반일 정책으로 인해 실행되지 못하자 부득이 사람을 일본으로 보내어 기술을 연수하게 하였다.

이것이 국내 인쇄기술의 해외 연수 시발점인데 국정교과서(주)는 1954년 일본에 기술자를 파견한 데 이어 1955년에는 미국의 대외원조운영기관(ICA) 원조로 공장장 최장수를 미국에 1년간 인쇄 연수를 시켰다. 하지만 이때는 실질적인 인쇄 현장의 기술 연수가 아닌 인쇄 공장의 관리 및 운영 기법을 배우기 위한 것이었다.

따라서 국내 최초의 순수 인쇄술 해외 연수자는 김영기이다. 보진재인쇄소 김준기 사장의 친동생이었던 그는 1957년 ICA의 기술 원조금으로 최신 사진제판법을 배우기 위하여 서독에 파견되어 6개월간 연수하고 귀국, 보진재인쇄소의 기술 향상뿐만 아니라 보고회 등을 통해 국내 사진제판 업계에 새로운 지식과 기술 보급에 기여하였다.

한편, 외국의 원조 자금이 아닌 업체의 지원이나 개인 부담으로 인쇄기술 습득을 위해 최초로 해외 연수를 한 사람은 평화당인쇄(주)의 오회근이다. 그는 1960년부터 2년간 서독에 가서 최신 사진제판법과 오프셋 인쇄술을 배우고 돌아와 자사의 제판 및 인쇄 기술 발전에 크게 기여하였다.

해외 연수의 성과에 자극을 받은 각 인쇄소에서도 직원들의 해외 연수를 앞다투어 시켰는데, 삼화인쇄(주)의 김채홍은 서독에서 6개월간 사진제판을 연수받았고, 고려포스터의 이시용은 독일인 경영의 홍콩 사진학교를 거쳐 서독에서 3년간 사진제판술을 배우고 귀국하였다. 이들은 모두 해외에서 인쇄술을 연수한 후 귀국하여 자사는 물론 국내 인쇄술 향상에도 크게 이바지하였다.

(3) 발전을 위한 새로운 시도

• 인쇄문화 전시회 개최

인쇄문화의 우수성을 널리 알리고 인쇄에 대한 인식을 제고시키기 위한 인쇄문화 전시회가 개최되어 각계 인사들로부터 많은 호응을 얻었다. 이 전시회는 인쇄가 문화를 상징하는 것인 만큼 이를 대내외적으로 널리 알리고 전시회를 통하여 인쇄문화의 발전과 질적 향상을 도모하자는 차원에서 마련된 것이었다.

국내 인쇄문화 전시회의 효시라 할 수 있는 제1회 캘린더 전시회는 1955년 2월 15일부터 6일 동안 대한인쇄협회 주최로 서울의 미국 공보원 전시장에서 열렸다. 이 행사에는 20여 인쇄사가 36종의 인쇄물을 출품하였는데 개관 첫날 3천5백여 명이 참관한 것을 비롯해 매일 2천여 명이 관람하는 등 성황을 이루었다.

각계 인사 7명으로 구성된 심사위원회는 우수 캘린더를 선정해 시상도 하였는데 대한사진인쇄사와 동아정판인쇄주식회사가 상공부장관상, 합동도서주식회사가 문교부장관상, 남양인쇄사가 공보처장상을 각각 수상하였다.

제2회 미술 인쇄 및 캘린더 전시회는 1957년 3월 14일부터 10일 동안 미국 공보원 전시장에서 열렸다. 24개 사에서 150개 작품을 출품한 이 전시회에도 많은 사람들이 참관해 전시 기간 중 모두 2만 8천여 명이 관람하였다. 이 전시회에서는 특히 전시품에 대해서 관람객들을 대상으로 한 인기투표가 있었는데 영예의 1위는 삼화인쇄가 활판으로 제작한 16절 크기의 단색 작품인 〈할머니〉가 차지하였다.

1958년에는 종전의 캘린더 전시회를 개칭한 제3회 전국 인쇄문화 전시회가 10월 10일부터 5일 동안 동화백화점(현 신세계) 5층 화랑에서 개최되었다. 전국에 있는 34개 인쇄사가 참여하여 다양한 인쇄물을 출품하였으며 서적, 활자판, 각종 활자 자모, 자모 조각 원도, 금속인쇄물, 각종 인쇄 기자재 등도 함께 전시되어 종전의 전시회보다 규모나 내용이 훨씬 크고 다양해졌다.

제4회 전국 인쇄문화 전시회는 1959년 11월 19일부터 일주일 동안 화신백화점 3층 화랑에서 열렸는데 연인원 5만 9천여 명이 관람해 대성황을 이뤘다. 20여 개 사가 출품한 인쇄물 견본을 비롯하여 사진, 인쇄판재, 롤러, 잉크 등 23종 63점의 자료와 18종 649점의 기자재들이 함께 전시되어 인쇄문화의 새로운 면모를 선보였다. 특히, 미국 대외원조기관(USOM)에서는 고속 소형 오프셋 인쇄기와 제판 시설을 출품해 전시장에서 직접 인쇄를 실연해 보임으로써 많은 인기를 끌었다.

이러한 인쇄문화 전시회들은 많은 어려움 속에서도 정성 들여 만든 각종 인쇄물의 품질이 선진국 수준에 도달하고 있음을 대내외에 과시함으로써 인쇄업계에 대한 일반인들의 인식을 제고시키는 한편 인쇄인들에게도 크나큰 자신감을 심어주는 계기로 작용하였다.

• **국제교류의 시작**

인쇄업계는 전란으로 인한 피해를 어느 정도 수습하고 안정을 차츰 되찾아가자 시야를 해외로 넓혀 외국 인쇄업계와의 국제교류를 추진하게 되었다. 인쇄업계 최초의 국제교류는 1957년 10월 10일부터 일본 동경에서 개최된 아시아인쇄인회의에 대표단을 파견한 것인데 이때 남송학, 이구종, 신현정, 유기정 등 4명이 우리나라 대표단으로 파견되었다.

이때 개최된 아시아인쇄인회의는 일본인쇄공업협회 주최로 아시아 지역에서는 처음으로 개최된 인쇄인들의 국제회의로 각국 인쇄인들 간에 기술 및 정보를 교류하는 한편 친선 강화와 유대 증진을 도모하기 위한 목적에서 개최되었다. 우리나라를 비롯해 일본, 중국, 홍콩, 필리핀, 태국, 싱가포르, 스리랑카, 인도네시아, 미얀마, 인도 등 11개국의 인쇄인들이 참가하였는데 국내 인쇄업계로서는 최초로 참가한 국제회의라는 점에서 뜻깊은 행사였다.

또한 1960년 9월에는 대한인쇄협회에서 최찬윤을 단장으로 한 9명을 일본인쇄문화전시회 시찰단으로 파견하였다. 이들 시찰단 일행은 20여 일 동안 일본에 머물면서 인쇄문화전시회를 참관한 것을 비롯해 인쇄기 메이커, 인쇄재료 업체, 그리고 최신 인쇄 시설 등까지 폭넓게 견학하고 귀국하였다.

인쇄인들의 국제교류 활동은 이를 계기로 더욱 활성화됨으로써 인쇄 관련 신기술 도입과 기술 개발 동향을 파악하는 데 많은 도움이 되었으며 외국 인쇄업계 인사들과의 유대를 강화하는 데도 크게 기여하였다.

• 현안과 해소 노력

한국전쟁 후 재건을 추진하는 과정에서 인쇄업계에도 어려움이 중첩되기 시작했으나 이를 해소하려는 인쇄인들의 단합과 노력이 끊임없이 이어져 큰 성과를 거두기도 하였다.

공보처에서는 1958년에 인쇄인들의 반대에도 불구하고 정부 직영의 인쇄공장을 설치하여 정부간행물은 물론 다른 부처에서 소요되는 인쇄물까지도 일괄 생산할 수 있는 방대한 규모의 인쇄 시설을 도입할 것이라는 계획이 전해졌다. 인쇄인들은 정부 인쇄 공장 설립을 막지 못한다면 전국 인쇄업체가 모두 휴업을 하는 동시에 총궐기하여 반대 투쟁을 적극 전개한다는 방침을 세우고 관계 요로에 인쇄 공장의 설치 반대 건의서를 제출하는 등 강력히 대응하였다.

정부 인쇄 공장은 인쇄인들의 강력한 반대에 부딪힌 데다 애당초 미국 국제협력국(ICA)의 원조 자금으로 시설을 도입하여 설립하려던 계획이 원조금의 대폭 삭감으로 차질을 빚자 1960년 초에 이르러 취소되고 말았다.

1958년 10월부터는 인쇄단체를 중심으로 하나가 되어 인쇄업에 대한 특별행위세 부과 철폐 운동을 적극 전개하였다. 특별행위세는 당시 다방, 무도장, 당구장, 골프장 등 유흥업소나 유흥에 유사한 비생산업종에 부과되던 세금이었는데, 인쇄 및 제책업을 이 같은 유흥 사치업종과 동일하게 취급해 특별행위세를 부과하고 있었다.

인쇄인들은 특별행위세를 철폐해줄 것을 여러 차례에 걸쳐 강력히 건의한 결과 내무부는 지방세 조례를 개정해 "특별행위세 종목 중 인쇄 또는 제책 행위에 대해서는 공익상의 견지에서 이를 제외한다"고 밝힘으로써 1960년부터는 비로소 세금 감면의 혜택을 받게 되었다.

한편, 국산 잉크의 품질이 나빠 좋은 인쇄물을 생산할 수 없다는 불만이 인쇄인들 사이에서 고조되자 1958년 10월말에는 대한인쇄협회가 중심이 되어 외국산 잉크의 수입을 허가해줄 것을 관계 당국에 진정하였다.

상공부 등에 보낸 진정서를 통해 잉크 업자들에게 자극을 주고 의욕을 고취시키기 위해 품질이 향상될 때까지 평판용 크로스 잉크, 활판용 원색 잉크 및 기타 특수 잉크에 대하여 조건부로 수량을 제한하여 수입할 수 있도록 승인해줄 것을 요청하였다.

이 문제는 국내 잉크 생산업체들의 강력한 반대에 부딪혀오다가 1960년 1월 23일 대한인쇄협회와 잉크 생산업체를 대표한 한국인쇄잉크공업협회 측이 특수 잉크 5톤을 수입하기로 결의를 보았다. 이는 외국산 잉크의 수입을 반대해오던 잉크 생산업체들도 특수 잉크 수입의 타당성을 인정했기 때문에 내려진 결정이었다.

이처럼 인쇄인들은 업계에 현안이 발생할 때마다 이에 굴하지 않고 단체를 중심으로 굳게 뭉쳐서 문제가 해소되거나 요구 사항이 관철될 때까지 적극적으로 대응함으로써 많은 성과를 거두고 발전의 전기를 마련할 수 있었다.

3. 전환기의 인쇄업계

(1) 전환기 인쇄업계의 개황

인쇄업계는 1960년대 들어 경영 쇄신과 경쟁력 강화를 위해 신기술 도입과 최신 시설 증설에 힘씀으로써 기술 및 시설 면에서 일제강점시대의 잔재물이 었던 재래식 인쇄 방법의 후진성에서 점차 벗어나 괄목할 만한 발전을 가져오게 되었다.

1961년 12월에는 새 정부에 의해 중소기업협동조합법과 중소기업사업조정법이 공포되고 이듬해 2월에는 시행세칙이 마련되어 각 시도 단위로 인쇄공업협동조합 설립이 추진되었다. 이에 따라 1962년 3월과 4월에는 서울특별시인쇄공업협동조합을 비롯해 전국에서 각 시도 조합이 설립되고, 4월 23일에는 각 시도 단위 조합을 총괄하는 대한인쇄공업협동조합연합회가 발족됨으로써 인쇄단체는 기존의 대한인쇄공업협회와 함께 이원화되었다.

1960년대 중반부터는 정부의 5개년 경제개발 정책에서 비롯된 공업화 시대를 맞이하면서 인쇄업계의 시설도 날로 현대화되기 시작하였다.

인쇄 시설은 재래식의 수동방식에서 자동방식으로 바뀌고 단색에서 다색 인쇄기로 대체되는 등 현대화 추세에 따르는 경영 합리화로 시설과 기술이 모두 선진국 수준으로 발전을 하게 되어 1960년대 중반부터는 인쇄물 수출국으로 발돋움하게 되었으며, 수출 시장 확대를 위한 시장 개척에 박차를 가하기 시작하였다.

1970년대에 들어서는 두 차례의 석유파동으로 심각한 원가 인상 압박을 받기도 하였지만 원가 절감과 경영 혁신을 위한 인쇄업계의 시설 도입과 기술 향상 노력은 부단히 계속되었다. 1978년에는 최신 인쇄 시설을 대거 도입함으로써 업계 발전을 위한 디딤돌이 되었으며 공해 문제 해소와 도시 인구의 분산정책으로 존립의 위기마저 겪던 도심의 인쇄소들이 도시형 업종으로 정착되어 업계의 지위 향상을 위한 새로운 전기가 마련되었다.

그러나 최신 시설 도입이 활성화됨에 따라 기술 인력의 부족이 심각한 문제로 대두되었다. 인쇄기술 분야에서는 기초 지식을 갖춰야 하는데도 인쇄교육 이수자들이 대부분 영업 관리 등 사무직을 선호하는 한편 같은 기술직이라 하더라도 보다 나은 작업 환경을 선호하는 경향이 많아져 인쇄기를 다루는 현장인력은 더욱 부족한 실정이었다.

또한 1970년대부터는 정부투자기관, 상조회 등의 비영리단체들과 신문사, 대기업 등에서 인쇄 설비를 신설 또는 확장하여 민간 인쇄영역을 침식함으로써 인쇄업계의 성장을 가로막는 문제로 부각되기 시작하였다.

인쇄업계는 그러잖아도 영세업체가 난립하고 설비가 확장되어 업체 간의 과당경쟁이 심각해지는 실정이었는데 세제와 금융 지원 등에서 많은 혜택을 받고 있는 비전문 업체의 등장은 인쇄업계의 경영 여건을 어렵게 만들었다. 이에 따라 인쇄업계는 업계의 권익 보호를 위해서 단체를 중심으로 굳게 뭉친 후 관계 기관 등에 진정 또는 건의하는 한편 관계 법령의 개정을 적극 요구하여 업계 발전을 도모하였다.

1980년대에 와서는 정보산업 시대로 들어서면서 인쇄술의 향상은 물론 인쇄의 종류가 매우 다양해지고 품질 또한 고급화되면서 인쇄 범위도 크게 확대되었다. 특히 컴퓨터의 도입으로 인쇄의 개념이 흔들릴 정도로 공정의 구분이 모호해지고 인쇄물에 대한 기호도 종전의 대량생산보다는 다품종 소량화로 변하였다.

이 같은 인쇄물의 수요 변동으로 각 인쇄업체는 질적 향상에 주력하게 되면서 국내 인쇄물은 점차 고급화되었으며 인쇄물의 수요량도 급격히 늘어나게 되었다.

(2) 인쇄 시설 도입과 기술 발전

• 조판 및 제판 시설의 도입

사회 발전과 소득의 증대로 인쇄물의 수요가 점차 단납기와 고품질 등으로 변화되면서 이에 부응하기 위한 각종 인쇄 시설들이 선진국으로부터 대거 도입되어 업계 발전을 위한 토대가 되었다.

조판분야에서는 활판 조판 방식에서 벗어나 사진식자를 거쳐 컴퓨터 조방식으로 발전하였다. 사진식자기는 독일에서 최초로 고안되었으나 이를 실용화시킨 것은 일본이었다. 그러나 처음에는 별로 관심을 받지 못했다가 인쇄 방식이 활판인쇄에서 오프셋 인쇄로 전환되면서 일약 획기적인 기술로 각광을 받게 되었다.

한글자판 사진식자기가 국내에 처음으로 소개된 것은 국정교과서주식회사가 1954년 12월 일제 사진식자기에 한글 자판을 붙여서 최초로 실용화시킨 재일동포 장봉선을 통하여 도입하면서부터이다.

그러나 초창기에는 널리 활용되지 못하다가 1960년에 장봉선이 최정호에게 의뢰하여 작성된 한글 원도를 붙인 사진식자기를 보진재인쇄소에서 도입하면서부터 차츰 수요가 증가하기 시작하였다. 그리고 1980년에 이르러서는 마침내 국산 사진식자기도 출현할 만큼 발전을 거듭하여 우리나라의 인쇄가 활판인쇄에서 오프셋 인쇄로 전환되는 데 커다란 역할을 하였다.

컴퓨터 사진식자기는 키보드 등 하드웨어만 갖추면 활자나 렌즈가 필요 없이 문자를 신속하게 입력하고 자유로이 편집할 수 있는 조판 기기이다. 이 기기는 1982년 삼화인쇄주식회사와 동아출판사, 금성출판사 등에서 처음으로 도입하여 가동하였다.

제판 분야에서는 스캐너의 등장이 주목할 만한데 고품질과 다색화가 요구되는 현대의 인쇄에서는 없어서는 안 될 만큼 중요한 위치를 차지하고 있다. 스캐너는 1950년 미국에서 처음으로 개발된 이래 1960년대에 들어서는 일본과 영국, 독일 등에서도 잇따라 개발해냈다.

스캐너가 국내에 처음으로 소개된 것은 1968년 광명인쇄공사와 삼화인쇄 주식회사가 독일제를 도입하면서부터인데 처음에는 1도 색분해만 가능하고 확대나 축소가 되지 않았기 때문에 널리 활용되지는 못하였다. 그러나 1972년 광명인쇄공사가 2색도가 동시 분해되는 영국제를 도입한 데 이어 동아출판사와 교학사가 4색도까지 동시 분해되는 스캐너를 도입함으로써 그 가치를 인정받게 되었다.

제판술은 그 후 일반 카메라에 의한 방식에서 벗어나 1980년대 중반까지 컬러 스캐너의 일반화 과정을 거친 다음 토털 스캐너 시대로 이행되었다. 토털 스캐너는 초기에는 과다한 투자 비용에 비해 생산성이 낮아 일부 업체에만 설치되었으나 1990년대에 들어서는 기능 및 생산성의 향상과 투자 비용의 절감으로 경제성이 제고되어 설비 업체가 크게 늘어났다. 이후에는 인쇄필름출력기(CTF)와 인쇄판자동출력기(CTP)가 개발, 공급되고 디지털카메라가 보급되면서 스캐너 기술은 거의 사라지게 되었다.

인쇄판은 1960년대 후반부터는 종전의 아연판 대신 물과 융합이 잘되어 얼룩지는 일이 적은 데다 많은 통수를 인쇄할 수 있는 알루미늄 판이 등장하였다. 이어서 1970년대 후반부터는 알루미늄 판보다 제판 공정이 짧고 다루기가 쉬우며 원고의 재현성 또한 우수한 PS판으로 대체되었다.

• 인쇄기의 도입

국내 인쇄업계는 1960년대 들어 새로운 인쇄 시설의 도입으로 근대화로의 전환기를 맞게 되었다. 이러한 현상은 정부의 경제개발 계획이 성공적으로 추진되어 경제성장이 이룩되면서 각종 인쇄물의 수요가 급증하고 고품질을 요구하게 됨으로써 종전의 인쇄 시설 및 기술로는 수요 충족이 어려워져 최신 기술의 도입이 요구되었기 때문이다.

1960년대 초반까지 국내에 도입된 다색도 인쇄기는 소수에 불과하였고 그나마 대부분이 수동 2색도 오프셋 인쇄기였다. 이는 가격이 워낙 비싸서 민간 인쇄업체에서는 도입할 만한 여력이 없었기 때문이다.

그러나 1965년에 삼화인쇄, 평화당인쇄, 보진재, 태양당인쇄, 광명인쇄공사 등에서 서독제와 스위스제 2색 오프셋 인쇄기를 여러 대 도입하여 증설하였고 1967년에는 삼화인쇄에서 국내 최초로 4색 오프셋 인쇄기를 도입하였다.

1970년대에 들어와서는 5·6색도용 오프셋 인쇄기와 8·12색도용 오프셋 윤전기까지 도입되어 선진국 인쇄계에 버금가는 다색도에다 고속화된 인쇄 시설을 갖추게 되었으며 시설의 현대화는 인쇄물 품질의 고급화와 생산성 향상에 많은 발전을 가져오게 되었다.

특히 수입 승인 품목으로 지정되어 인쇄 시설의 현대화에 많은 어려움을 겪던 오프셋 인쇄기가 1977년부터는 수입 자유화됨으로써 인쇄업계는 일본 및 구미 지역에서 최신 시설을 대거 도입하여 활판인쇄에서 오프셋 인쇄로 완전히 탈바꿈하는 계기가 되었고 시설 현대화에 박차를 가하게 되었다.

1980년대 들어 국내 인쇄산업은 인쇄물 품질과 인쇄술 전반에 걸쳐 많은 변화를 겪게 되었다. 즉 인쇄물 품질의 고급화와 납기의 단축, 다품종 소량화 등 급격한 변화에 따라 인쇄술은 물론 인쇄의 종류도 매우 다양해지면서 범위도 크게 확대되었다. 인쇄 시설 도입도 매년 늘어나가다 1987년 중고 인쇄기 자율화 조치 이후 대폭적으로 증가하였다. 또한 인쇄물의 수요가 대량생산에서 다품종 소량화로 변화됨에 따라 최첨단 시설을 갖추려는 업계의 노력도 계속되었다.

• 인쇄술의 발전

인쇄 및 제판 분야에는 1980년대 이후 컴퓨터 기술이 접목되면서 과거에는 생각하지도 못했던 첨단 기술과 설비들이 새롭게 생겨나 기술 고도화 시대로 변화하게 되었다. 이에 따라 설비 확충 등으로 공정 개선이나 생산성 향상에 치중하던 종전의 방식에서 벗어나 컴퓨터를 활용하여 공정 전체를 체계화시킴으로써 원가 절감과 품질 향상을 실현할 수 있게 되었다.

1980년대 중반부터는 날로 심각해지는 인력난을 해소하기 위해 일부 공정에서 무인 자동화 시스템도 등장했으며 조판과 제판, 인쇄 공정에서도 많은 발전이 이뤄져 납기 단축과 인쇄물 품질 향상에 기여하였다.

이 중에서도 문자 조판은 컴퓨터화가 진행되면서 가장 많은 발전을 하였다. 인쇄기 등은 선진국의 기술이나 설비를 그대로 도입해 사용할 수 있지만 조판 부문은 각국의 문자 체제가 달라 우리나라의 경우도 한글 전용의 조판 시스템을 독자적으로 연구 개발해야만 했다.

국내에서는 1986년 전산사식 시스템이 개발되어 조판 부문이 급속히 발전하게 되었다. 전산사식 시스템은 조판 처리가 빠르고 수정 작업과 자료 보관이 용이할 뿐만 아니라 개인용컴퓨터를 입력기로 사용할 수 있어 설비 투자 비용도 대폭 절감할 수 있게 되면서 수동 사식업체들이 전산사식으로 전환하였다.

1988년에는 전산사식기 메이커에서 신문의 전면조판 처리까지 가능한 편집기를 개발하였으며, 1990년대에 들어와서는 사진이나 도표 등도 함께 처리할 수 있는 통합대조편집 시스템까지 개발해 널리 실용화되었다.

색분해기

제판 분야도 일반 카메라에 의한 방식에서 벗어나 1980년대 중반까지 컬러 스캐너의 일반화 과정을 거친 다음 토털 스캐너 시대로 이행되었다. 또한 제판 공정에 있어서의 토털 시스템 구성은 전자출판의 발전과 함께 문자 입력과 컬러 스캐닝, 레이아웃, 컬러 수정 등 조판과 제판의 공정을 한 라인으로 통합시켰으며 21세기에 들어서는 원고와 교정물을 통신 시설을 이용하여 주고받고 있다.

인쇄 분야 또한 품질의 고급화 및 납기 단축 등의 수요자의 요구, 생산성 향상과 경제성의 제고 등 주변의 다양한 요구에 부응하여 고속화 및 대형화되는 동시에 조작이 간편해지는 등 꾸준한 개선이 이뤄져왔다.

여기에다 인쇄기의 고속화와 작업 물량의 소롯트화로 작업 변화 횟수가 늘어나 인쇄기의 정지 시간과 용지의 손지율이 증가되는 경향이 많아지자 색 맞춤 작업의 자동화와 잉크 공급량 자동 조절 장치가 개발되었고, 핀트 자동 맞춤 장치까지도 일반화되어 대부분의 다색 인쇄기에 표준 장비로 장착되었다.

인쇄기의 주변 장비도 기능 인력난 해소에 기여할 수 있도록 보다 자동화되었는데, 여러 대의 다색 인쇄기에 4원색의 잉크를 동시에 공급하는 잉크 중앙공급 장치나 인쇄기 가동 중에 인쇄물을 뽑아보지 않고도 온라인으로 품질을 점검할 수 있는 자동화 장비 등이 개발되어 품질 및 생산성 향상에 크게 기여하게 되었다.

(3) 인쇄산업의 수출산업화

• 인쇄물 수출의 시작

우리나라 인쇄물 수출은 1950년대 말 미국의 전사물을 소량 수주하여 수출한 것에서 그 기원을 찾을 수 있다. 삼화인쇄는 1957년 부흥부에서 발주한 영문판 《한국의 경제백서》를 제작했는데, 이것이 미국의 각계에 배포되어 우리의 인쇄술이 상당한 수준에 있음이 알려짐으로써 얻어진 성과였다.

그러나 수출 신용장을 개설해 본격적으로 인쇄물 수출을 시작한 것은 1964년 3월 삼화인쇄(주)가 일본 돗판인쇄(주)로부터 《한서목록(漢書目錄)》이라는 책자의 지형을 5천 달러에 수출하면서부터이다. 당시 일본의 출판사들은 조판 지형과 전사물의 상당량을 대만에 발주하고 있었는데, 이 사실을 안 우리 인쇄업계는 여러 모로 여건이 유리한 점을 이용하여 일본의 조판 지형과 전사물 유치에 적극적인 활동을 전개하였다.

당시에는 정부의 외화 사용 허가가 무척 까다로워 수출 실적이 없는 인쇄업계로서는 일본에 가서 시장을 개척하기가 매우 어려웠다. 인쇄업계는 일본의 출판사와 인쇄소 사람들을 초청하여 우리의 시설들을 보여주고 인쇄물 수출상담을 진행하는 방법을 활용했다. 그 결과 광명인쇄공사가 일본 돗판인쇄의 인쇄물을 수주한 외에 삼화인쇄, 홍원상사, 삼성인쇄 등도 인쇄물을 수주하는 데 성공하였다.

또한 인쇄물을 발주하는 일본 측과 수주하는 우리 측은 수출입 과정에서 빚게 되는 번거로움을 줄이기 위해 별도의 창구를 마련하였다.

일본 측에서는 일본국제문화교역주식회사를 설립하여 인쇄물의 해외 수주를 일괄 전담토록 하였고 우리 측은 1964년 9월 대한인쇄공업협동조합연합회 안에 인쇄수출진흥회를 조직하여 광명인쇄공사 등 7개 사가 상공부로부터 수출 전환업체로 정식 지정을 받고 일본과 수출 상담을 시작하였다.

일본으로의 인쇄물 수출과 병행하여 1965년 1월 8일 국군의 베트남 파병을 계기로 교과서 인쇄물 수출 가능성이 대두되었다. 인쇄업계는 베트남 교과서 인쇄수출협의회를 구성하고 대표단을 파견하여 수출 문제를 교섭, 총 23만 1천여 달러 분량의 수출 계약을 체결하였다. 이는 일본에 조판 지형을 수출한 것과 함께 우리 인쇄업계가 수출 초창기에 이룩한 커다란 성과이다. 초창기의 수출 품목은 비록 노동집약적인 조판 지형과 전사물이었고 수출 지역도 일본과 베트남 등으로 국한되었지만 우리 인쇄물의 수출 가능성을 충분히 입증하는 계기가 되었다.

그 후 인쇄업계는 인쇄물 수출에 더욱 자신감을 갖고 최신 기술과 시설을 도입하여 수출 품목을 보다 다양하게 개발하고 품질을 향상시켰으며 해외시장 개척에 힘써 수출 대상국을 다변화시켰다.

• 수출산업 진흥 노력

정부는 1987년 인쇄업을 수출산업으로 육성하기 위해 수출 업무 주무 부서를 문공부에서 상공부로 이관하고 시설개체자금을 지원, 인쇄산업을 수출산업으로 육성한다는 '인쇄공업 수출산업화 방안'을 마련하였다.

이 방안은 우리나라 인쇄물 수출이 저조한 원인으로 중소인쇄업체의 사정상 수출 업무 수행 및 시장 개척 능력의 부족, 규격이 다양하지 못하고 평활도가 불균일한 인쇄용지 및 광택과 색상이 불량한 잉크 등 원부자재의 품질 미흡, 수출용 원고 필름의 통관 절차가 복잡하고 재수출 허용 기간의 연장 기간이 짧아 추가 발주를 받기가 어려운 실정 등으로 보고 이들의 개선책을 마련하였다.

또한 우리나라의 인쇄업은 선진국에 비해 인건비 면에서는 경쟁력이 있고, 품질도 꾸준한 기술 향상으로 크게 나아져 일본으로 발주되던 미국과 유럽의 인쇄물들이 우리나라로 찾아오고 있으며 우리와 여건이 비슷한 싱가포르나 홍콩 등에 비해 수출 실적이 현저하게 낮은 점도 수출 신장의 가능성을 반증하는 사례로 거론되었다.

정부가 인쇄를 수출산업으로 육성하기 위해서는 노후 시설의 개체 및 자동화를 위한 장기저리 자금을 지원하고 원자재 공급의 원활화를 위한 외화 대출 지원도 병행되어야 하며, 시설의 다량 도입으로 인한 업체 간의 과당경쟁 방지와 자금 부담을 경감시키기 위해 인쇄업체를 집단화 내지 협동화시키는 것도 육성 방안으로 제시되었다.

인쇄업계는 정부의 육성책에 힘입어 인쇄물의 지속적인 수출 증대를 유지하고 확대해나가기 위해 1989년 9월 수출에 따른 애로 사항을 타개하고 수출 업무의 원활한 수행을 목적으로 무역진흥공사의 지원 아래 대한인쇄공업협동조합연합회 산하에 인쇄수출진흥협의회를 창립하였다.

이 협의회는 발족된 이래 세미나를 여러 차례 개최하여 인쇄물 수출에 대한 여론을 크게 환기시키고 인쇄인들의 수출 의욕을 제고시켰으며 인쇄물 해외시장 개척단을 미국과 유럽 지역에 수차례 파견하여 인쇄물 수출 상담을 비롯하여 신규 바이어 발굴, 해외시장 정보 수집 등 활발한 운동을 전개해 많은 성과를 거두었다.

• 인쇄물 수출의 성장

국내 인쇄물 수출은 업계의 꾸준한 국제교류와 기술 향상, 시장 개척 노력에 힘입어 수출 지역이 초창기의 미국, 일본, 동남아 등지에서 벗어나 1970년대를 거쳐 1980년대에 이르러서는 유럽, 아프리카, 중남미 지역으로까지 확대되었으며 수출에 참여하는 업체와 수출 실적도 크게 증가하였다.

수출 품목 또한 전사지나 조판 지형 등 반제품을 수출했던 초기와는 달리 성경, 사전류, 아동도서, 명화집, 교과서, 지도, 다이어리, 라벨, 앨범, 지기류 등 20여 종으로 늘어났고 1980년대에 들어서는 쇼핑백, 캘린더, 카탈로그 등 고부가가치의 고급 인쇄물 수출이 두드러지게 증가하였다.

이러한 노력의 결과 1980년대 들어서는 인쇄물 수출 실적이 연평균 15% 이상의 성장률을 보였는데 이처럼 인쇄물 수출 실적이 계속 성장세를 보인 것은 기술 향상과 최신 시설 도입으로 수출 품목을 다양하게 개발한 것은 물론 수출 지역을 지구촌 곳곳으로 다변화하여 큰 성과를 올렸기 때문이다.

그러나 1990년대에 들어와 수출 실적은 제자리걸음에서 벗어나지 못하고 있는데 이는 계속된 임금 상승 등에 따른 인쇄 단가의 상승으로 대외 경쟁력 이 약화되었기 때문이며 수출 채산성 또한 약화된 탓에 참여 업체가 감소했기 때문으로 분석되고 있다.

4. 세계 속의 한국 인쇄

(1) 인쇄업계의 환경변화

국내 인쇄 시장이 외국인들에게 전면 개방됨으로써 인쇄업계도 무한경쟁 시대에 접어들게 되었다. 정부가 마련한 '외국인 투자 및 기술도입 활성화 방안'에 따라 오프셋 인쇄업의 경우 1996년에 외국인 지분 50% 이하에서 개방된 후 이듬해에 완전 개방되었으며 경인쇄업과 여타 상업 인쇄업의 경우는 1997년부터 전면 개방되었다.

이로 인해 그동안 중소기업 고유 업종과 도시형 업종 등으로 정책적인 보호를 받아왔던 인쇄업이 표준산업분류의 개정으로 외국인 투자 금지 업종에서 자유 업종으로 바뀌게 되었다.

국내 인쇄업계는 자본금 5억 원 이하의 업체가 전체의 90%를 상회할 정도로 경영 규모가 영세하며 수주산업이라는 특성상 국내외의 경기 동향에 민감한 영향을 받는다는 점을 고려한다면 시장 개방의 충격은 만만치 않았다.

한편, 1994년에는 극심한 인력난을 겪고 있는 인쇄업계에 외국인 기술 연수생이 처음으로 배정되어 국제화 시대임을 실감케 하였다. 이들은 제조업체의 기능 인력난을 해소하기 위해 정부가 추진한 외국인 산업 인력 협력사업에 따라 입국한 근로자들 중 일부로 인쇄업계에는 42개 업체에 169명이 취업하였고 이후 점차 늘어나 21세기에는 1,000여 명 이상이 근무하고 있다.

(2) 인쇄문화 보존과 창달

• 인쇄박물관 건립

우리의 우수했던 옛 인쇄문화를 길이 보존하고 널리 알리기 위한 '청주고인쇄박물관'이 현존하는 세계 최고의 금속활자본인 ≪직지≫를 인쇄했던 흥덕사지에 세워져 1992년 3월 17일 개관하였다. 이로써 각종 고인쇄 관련 유물들을 체계적으로 전시하여 교육 자료 등으로 활용하는 한편 영구히 보존함으로써 우리 인쇄문화의 우수성을 널리 알리고 후손들에게 자랑스러운 문화유산으로 물려줄 수 있게 되었다.

흥덕사는 1377년에 ≪직지≫를 인쇄한 장소로 문헌에 기록되어왔으나 한동안 정확한 위치를 찾지 못하였는데 1985년 택지를 조성하던 중 청주대학교 박물관 팀이 '흥덕사'라는 글자가 새겨진 청동금구 등의 유물을 발굴함으로써 비로소 빛을 보게 되었다.

고인쇄박물관은 13만 9천여㎡의 대지 위에 총 공사비 42억 6천여 만 원을 투입, 5년간의 공사 기간을 거쳐 완공되었는데 83㎡ 규모의 금당을 복원하고 1,390㎡의 전시실과 주차장 등의 부대시설을 갖추었다.

전시실은 세계 인쇄문화의 연표와 활자 제작 및 인쇄 과정을 체계적으로 정리한 인쇄문화실과 현지에서 발굴된 금속류 및 기와류 등의 유물을 전시한 홍덕사 유물실로 나누어져 있고, 현관 옆의 벽에는 ≪직지≫ 활자본을 타일에 새겨놓았다. 총 6백여 점의 유물이 전시된 고인쇄박물관은 인쇄기술 발달사와 변천 과정을 고인쇄 관련 책자 중심으로 일목요연하게 정리해놓아 인쇄문화의 산 교육장이 되고 있다.

한편, 청주시는 홍덕사지 내에 고인쇄뿐만 아니라 근대 이후 현대까지의 인쇄문화 발달사를 한눈에 살펴볼 수 있는 인쇄박물관 건립을 추진하여 1998년 2월 5일에는 기존의 고인쇄박물관 옆에 별관을 건립하는 기공식을 거행하였다. 이어 2014년에는 고인쇄박물관 앞에 근현대인쇄관을 개관하였으며 이 일대를 직지특구로 지정하여 세계 인쇄문화의 발상지로서의 면모를 갖추고 있다. 이와 함께 2001년 ≪직지≫가 유네스코 세계기록유산으로 등재되면서 이를 기리기 위해 격년으로 직지축제를 개최하는 한편 직지상을 시상하고 있다.

• 인쇄문화 전시회 개최

인쇄문화의 우수성을 널리 알리기 위한 관련 전시회가 국내는 물론 해외에서까지 수차례에 걸쳐 다양하게 개최됨으로써 국내외인들에게 우리 인쇄문화에 대한 인식을 제고시키는 데 크게 기여하였다.

인쇄문화 관련 전시회는 1980년대 들어 크게 활성화되었는데, 1988년에는 우리나라에서 올림픽이 개최된 것을 계기로 청주고인쇄박물관에서 '한국고인쇄특별전'이 8월 17일부터 10월 5일까지 올림픽 문화행사의 일환으로 개최되었다. 이 특별전에는 세계에서 가장 오래된 금속활자본인 ≪직지≫ 영인본을 비롯해 고인쇄물과 금속활자, 인쇄용구 등 73건의 주요 유물과 41건의 보조 자료가 전시되었다.

또한 세계 최초로 금속활자를 발명한 인쇄문화 종주국임을 알리는 '한국고인쇄 1300년 전'이 1990년 5월 29일부터 6월 17일까지 국립중앙박물관에서 개최되었다. 이 전시회에는 1966년에 경주 불국사의 석가탑에서 발견된 세계 최고의 목판인쇄물인 ≪무구정광대다라니경≫이 복원되어 처음으로 일반인들에게 공개되었고 익산 5층 석탑에서 발견된 금강경판과 ≪동국정운≫, ≪대방광불화엄경소≫, ≪남명천화상증도가≫ 등의 고인쇄물과 인쇄 용구, 금속활자 등 우리의 인쇄문화를 대표할 만한 문화재 70여 종도 함께 전시되어 관람객들의 눈길을 끌었다.

'책의 해'인 1993년에는 책의해조직위원회 등이 주최한 '옛 인쇄문화 특별전'과 '한국의 책문화 – 출판·인쇄 1300년 전'이 연이어 개최되어 성황을 이루었다. 이 중 '옛 인쇄문화 특별전'은 인쇄문화의 우수성과 발달 과정을 널리 알리기 위해 마련된 것으로 8월 27일부터 9월 25일까지 청주고인쇄박물관에서 개최되었다. 총 60여 종의 고인쇄물과 유물을 시대별로 분류, 전시한 이 특별전은 엑스포가 열리는 기간에 대전에서 가까운 청주에서 개최됨으로써 많은 국내외 관람객들이 참관하였다.

'한국의 책문화 특별전 – 출판·인쇄 1300년'은 11월 9일부터 12월 19일까지 국립중앙박물관에서 개최됐는데, 고대 인쇄출판물부터 현대의 전자출판물에 이르기까지 우리나라 인쇄 및 출판문화의 발달사를 한눈에 볼 수 있도록 하였다. 이 전시회에는 팔만대장경이 6백년 만에 처음으로 해인사를 떠나와 전시된 것을 비롯해 ≪훈민정음≫, ≪석보상절≫ 등 국보 16점과 보물 25점, 근·현대의 희귀 도서 및 인쇄 관련 용구 140여 점이 전시되었으며, 전시장에서는 한지(韓紙) 제조 과정과 목판인쇄 제작 및 제책 과정까지 실연되어 관람자들로부터 많은 관심을 끌면서 연일 7천여 명이 관람, 인쇄문화에 대한 높은 관심을 나타냈다.

한편, 금속활자를 발명한 우리나라 인쇄문화의 우수성을 외국인들에게까지 널리 알리기 위한 해외 전시회도 개최되어 큰 성과를 거두었다. 청주고인쇄박물관은 1995년 11월 30일부터 한 달간 미국 뉴욕의 퀸즈도서관에서 '한국의 옛 인쇄문화전'을 열어 ≪직지≫ 등 고서 전시와 함께 ≪월인천강지곡≫ 금속활자판 및 ≪훈민정음≫ 목판본을 이용해 인쇄 과정을 실연하고, 비디오 상영과 영문판 도록 및 안내 팸플릿을 배포하여 우리나라가 세계 인쇄문화의 발상지임을 널리 알렸다.

대한인쇄문화협회와 한국이앤엑스가 1976년부터 공동으로 국제인쇄산업

전시회(KIPES)를 개최하여 전 세계에서 생산되는 인쇄 기자재를 전시하여 인쇄기술 발전에 기여하고 있다.

이러한 인쇄문화 관련 전시회들은 우리 인쇄문화 우수성과 발달 과정을 제대로 알지 못하는 일반인들과 외국인들의 인식을 제고시켰을 뿐만 아니라 인쇄인들에게는 훌륭했던 문화의 전수자라는 자긍심을 심어주는 한편 인쇄기술을 향상시키는 계기로 작용할 수 있었다.

• 세계가 인정한 한국 인쇄

유네스코 세계문화유산위원회는 1995년 목판인쇄술의 극치를 보여주는 《팔만대장경》을 세계문화유산으로 지정함으로써 우리 인쇄문화의 우수성과 독창성이 세계적으로 인정받는 또 하나의 계기가 마련되었으며 문화재의 훼손 방지와 영구 보존을 위해 세계유산기금으로부터 재정 지원도 받게 되었다.

세계문화유산으로 지정된 《팔만대장경》은 고려 때 불력(佛力)으로 국난을 극복하기 위해 제작한 것으로 오랜 기간 8만여 개의 경판에 5천 2백여 만 자에 이르는 글자를 하나하나 양각하여 완성시켰는데, 내용이 충실하여 중국과 일본에서도 표준으로 삼을 정도이며 글자가 한결같이 고르고 미려해 목판인쇄의 극치를 보여주고 있다는 평가를 받고 있다.

독일의 구텐베르크 박물관이 한국실을 크게 확장한 것도 외국에서 우리 인쇄문화의 우수성을 인정한 또 하나의 쾌거이다. 한·독 양국의 공동사업으로 추진된 확장사업은 기존의 두 배 규모인 30㎡의 전시관을 마련해 1995년 12월 7일 현지에서 재개관 기념식을 가졌다. 새로 단장된 전시관에는 우리나라에서 제작해준 《직지》와 《무구정광대다라니경》의 영인본 등 70여 점의 인쇄물이 전시되고, 금속활자와 목판본 등의 특징을 일목요연하게 보여주는 대형 안내판이 설치되었다.

이 박물관은 서양에서 최초로 금속활자를 발명한 구텐베르크를 기념하기 위해 설립된 인쇄 분야 전문 박물관인데 한국실은 그동안 장소가 협소하고 전시 자료도 빈약하여 목판인쇄술을 발전시키고 금속활자를 발명한 우리 인쇄문화의 우수성을 제대로 알리지 못하고 있다는 지적을 받아왔다.

한편, 우리의 인쇄문화를 세계에 널리 알리기 위한 정부 차원의 노력도 계속되었다. 정부는 1991년 9월 24일 우리나라의 유엔 가입을 경축하고 한민족의 우수성을 세계만방에 널리 알리기 위해 ≪월인천강지곡≫ 인쇄 동판을 유엔에 기증하였다. 우리나라의 문화유산 중에 세계에 자랑할 만한 것이 많이 있음에도 인쇄 동판을 기증했다는 것은 인쇄문화가 민족문화의 근원임을 입증한 것이라 할 수 있다.

노태우 대통령이 유엔총회 연설을 마친 후 케야르 사무총장을 만나 전달한 이 인쇄 동판은 인간문화재 김근수씨가 원본대로 재현한 것이다. 동판의 크기는 가로 45cm, 세로 33cm이며 특수 유리관으로 된 전시물 전체 크기는 높이 240cm, 가로 90cm, 폭 50cm로 아담하게 만들어졌다. ≪월인천강지곡≫은 우리의 고유 문자인 한글의 글자체가 금속활자로 인쇄된 것인데 인쇄 동판은 세계에서 가장 배우기 쉬운 한글의 위대함과 인쇄문화의 찬란한 전통을 동시에 과시하고 있다.

또한 공보처 해외공보관은 1995년 인쇄문화 등 우리 생활 속에 살아 숨 쉬는 전통과 문화 예술의 특징을 담은 ≪한국의 문화유산≫이라는 제목의 영문판 소책자 시리즈를 펴내 주한 외국 공관과 해외 대학도서관 등에 배포하였다. 이들 소책자는 우리나라를 대표하는 문화 20가지를 선정하여 편찬한 것으로 인쇄문화를 소개한 제2권은 16쪽 분량의 원색 화보로 금속활자와 ≪직지≫의 제작 과정을 소개하고, 갑인자와 계미자 등의 금속활자에 대해서도 상세한 설명을 곁들였다.

(3) 인쇄 발전을 위한 노력

• 인쇄문화의 향상

인쇄인들은 세계 최초로 금속활자를 발명한 선조들의 얼을 되살리고 인쇄문화를 중흥시켜 인쇄 종주국의 영예를 회복시키고자 하는 의지를 가지고 인쇄문화 향상을 위해 힘쓴 결과 여러 분야에서 많은 결실을 거두었다.

이러한 결과 인쇄인들의 사기를 진작시키기 위한 '인쇄문화상'과 찬란했던 인쇄문화의 영광을 되새기고 재현해나가자는 취지에서 '인쇄문화의 날'이 제정되었으며 인쇄업계의 오랜 숙원사업이었던 인쇄문화회관이 건립됨으로써 인쇄문화를 더욱 발전시킬 수 있는 기틀을 마련하였다.

인쇄문화상은 인쇄문화 창달에 현저한 공적이 있는 사람에게 시상하여 투철한 사명감과 긍지를 지니고 인쇄문화 향상에 기여토록 하기 위해 대한인쇄문화협회가 제정하여 1985년에 첫 시상식을 가졌다. 이 상은 경영관리 · 기술 · 특별(2004년 진흥부문 추가) 등 3개 부문으로 나뉘어 매년 각 부문마다 1명씩을 선정해 시상해오고 있는데, 1998년에는 제14회 시상식이 있었다.

인쇄문화의 날은 1988년 대한인쇄문화협회 창립 제40주년을 맞이하여 인쇄문화를 중흥시켜 다시 한 번 꽃피운다는 취지 아래 학계, 서지계, 관련업계 전문가들을 제정심의위원으로 위촉하여 추천을 받은 후 훈민정음을 창제한 이후 최초의 한글 금속활자를 만들어 ≪석보상절≫을 찍어낸 9월 14일로 결정하였다.

인쇄문화의 날 제정을 계기로 인쇄인들의 지표와 지켜야 할 책무를 밝힌 '인쇄강령'도 제정하였다. 인쇄강령은 "인쇄문화는 민족문화의 초석이다. 세계 최초로 금속활자를 발명한 찬란한 인쇄문화의 전통을 이어받은 우리 인쇄인은 인류문화와 삶의 질을 풍요롭게 해야 하는 막중한 임무를 띠고 있다"고 전제하고 인쇄인들이 미래 지향적인 역사의식과 투철한 사명감을 가지고 지켜나가야 할 지표와 책무를 5개 항으로 나눠 제정하였다.

한편, 1987년에는 인쇄업계의 숙원사업으로 추진해오던 인쇄문화회관이 마침내 공사를 마무리하고 12월 11일 역사적인 준공식을 거행하였다. 일제강점기부터 있었던 서울 충무로의 구 회관 매각 대금과 범인쇄업계의 정성 어린 기부금을 재원으로 하여 서울시 마포구 서교동 352-26에 지하 1층 지상 4층의 규모로 완공된 인쇄문화회관은 한국 인쇄문화의 전당으로서 당당한 모습을 자랑하고 있다.

• 인쇄산업 육성책 강화

정부는 1985년 중소기업 근대화사업을 효율적으로 추진하고 산업의 균형 있는 발전을 도모하기 위하여 중소기업이 영위하고 있는 업종 가운데 기술혁신의 효과가 크고 다른 산업에 대한 파급효과가 크며, 수출 확대와 수입 대체에 기여할 수 있는 업종 등을 중소기업 고유 업종으로 확대해 지정하였다.

이중 인쇄업은 산업 전반에 미치는 파급효과가 크고 수출 확대를 꾀할 수 있다는 점이 인정되어 중소기업 우선 육성 업종으로 지정되었다. 이에 따라 적격 업체로 선정된 인쇄업체는 중소기업진흥법에 규정한 근대화 실천 계획의 승인을 받으면 시설 및 운전자금의 지원 및 세제혜택을 비롯한 기술과 경영 지도, 연수 교육, 정보 제공 등 각종 혜택을 받을 수 있게 되었다.

나아가 1986년에는 중소기업사업조정법을 개정, 상업인쇄업 등이 법률에 의한 제도적인 보호를 받게 되었다. 개정된 법률에는 "대기업자는 중소기업 고유 업종의 사업을 인수, 개시 또는 확장할 수 없으며, 만약 대기업자가 고유 업종의 사업을 하고자 할 때는 대통령령이 정하는 바에 의하여 사전에 신고해야 한다"라고 명문화함으로써 중소기업 고유 업종의 보호책을 한층 더 강화하였다.

한편, 1986년에는 건축법 시행령과 환경보전법 시행규칙의 개정에 따라 그동안 공해 배출 논란으로 도시 내 주거 및 상업지역에서의 배출시설의 설치가 금지되어왔던 인쇄 및 사진제판 시설의 규제 기준을 완화하였다. 이에 따라 배출 시설 설치가 어려웠던 인쇄업종의 설치 기준을 완화해 일정 규모의 기본 시설과 폐수처리 시설을 갖출 경우 공업지역이 아닌 주거 및 상업지역이라 하더라도 배출 시설의 설치가 가능하게 되었다.

정부의 이러한 일련의 보호 육성책은 인쇄업이 도시형 중소기업 업종이고 국내 산업 발전에도 지대한 공헌을 하고 있음을 인정한 것으로 인쇄업계 발전에 많은 도움이 되었다.

그러나 2007년 세계 경제 상황의 변화에 따라 인쇄업은 중소기업 고유 업종에서 해제되었다.

5. 단체의 태동과 활동

(1) 인쇄동업조합의 태동

우리나라에서 결성된 최초의 인쇄동업조합은 일본인 인쇄업자들의 친목단체로부터 출발하였다. 일설에 의하면 1907년 5월 5일 일본인 인쇄업자들이 지금의 서울시 중구 회현동에 있었던 일본 요정 만선각에 모여 경성인쇄업조합 창립총회를 열었다고 한다. 그러나 이 모임은 순수한 친목단체로서 규약도 없었고 조합원도 10여 명에 불과하였다.

경성인쇄업조합은 1912년 5월 5일 개최된 제6회 총회에서 처음으로 규약을 정하고 임원을 선출하여 비로소 동업조합으로서의 면모를 갖추게 되었다. 조합의 설립 목적 및 주요 업무는 조합원의 친목과 업무의 연구, 회원 조직의 강화였으며 기관지로 ≪경성인쇄시보≫를 매월 1회씩 발행키로 하였으나 실제로 발행되지는 못하였다.

이 조합이 표면적인 활동에 처음으로 나선 것은 1922년의 일이다. 당시 총독부 관방(官房) 인쇄국의 불하설이 나돌자 그 시설이 다른 유력자의 손에 들어간다면 일본인 인쇄인들이 일대 타격을 입게 될 것이라 하여 그해 11월 모임을 갖고 불하 저지 운동을 전개하였으나 불하 방침을 끝내 막아내지는 못하였다.

1929년에는 서울에서 개최될 예정인 대규모 박람회에 소요될 각종 인쇄물을 일본 도쿄와 오사카 등지에서 인쇄해오려는 움직임을 보이자 또다시 저지 운동에 나섰다. 대표단을 총독부에 보내 일본 발주를 반대하고 결의문을 채택하였는데 당시의 조합원 수는 29명이었으며 조합장은 사메지마(鮫宗也)였다.

경성인쇄업조합은 이렇듯 일본인 인쇄업자들의 권익보호와 공동 관심사 해소를 위해 노력하였으나 인쇄인들의 지위 향상이나 기술 개발, 경영 개선 등의 차원 높은 사업보다는 단순히 업계 상호간의 친목을 도모하는 수준에 그쳤다.

한편 한국인 인쇄인들의 친목단체와 동업조합도 생겨났지만 초창기에는 조직적인 단체로 발전하지 못하고 필요에 따라 생겨나 잠시 활동하다가 목적이 달성되면 소멸되곤 하여 지속적인 활동을 하지 못하였다.

1921년에는 서울의 한국인 인쇄공들이 인쇄직공친목회를 결성하고 《인공회보(印工會報)》를 발간하기도 하였다. 이 친목회는 점차 발전하여 인공회보를 《연우(鉛友)》로 개칭하여 발간하고 1925년에는 보다 조직적인 힘을 과시하기 위해 조선인쇄직공청년동맹을 결성하려 했으나 총독부에 의해 제지당하고 말았다. 또한 한국인 인쇄인들의 최초의 동업조합인 부산인쇄직공조합도 생겨났는데, 이 조합은 1925년 11월에 노동쟁의를 일으켜 일본인들 중심의 부산인쇄조합을 상대로 13개 요구 조건을 내걸고 단체교섭을 벌인 결과 원만한 해결을 보게 되어 동업조합의 존재가 차츰 부각되기 시작하였다.

1926년 4월에는 함북 나남의 인쇄직공친목회에서 나남활판인쇄조합에 대해 처우 개선을 비롯한 5개 항의 요구 조건을 내걸고 단체교섭을 벌였다. 1927년 7월에는 경성인쇄직공조합이 결성되었으며 그 이후부터는 서울을 비롯해 인천, 평양, 부산 등 전국 주요 도시에서 노동쟁의를 자주 일으켜 일본인들에게 대항해나갔다.

그러나 한국인 인쇄인들의 동업조합은 경영자가 중심이 된 일본인 동업조합과는 달리 근로자들 중심으로 생겨나 활동했으며 노사분규 등이 있어야만 비로소 존재가 표면화되는 친목단체 정도에 불과하였다. 따라서 결성 연대나 조직의 규모, 임원 및 사업 내용 등에 대해서는 기록으로 남길 만한 처지가 못되었기에 현재 전해오는 바가 거의 없다.

이처럼 우리나라의 인쇄동업조합은 일본인 인쇄업자들이 처음으로 설립하여 활동을 하였지만 친목단체 수준을 벗어나지 못해 해산될 때까지 공인을 받지 못했으며 한국인 인쇄업자들의 동업조합 또한 이슈가 있어야만 생겨나서 활동하는 초보적인 수준을 벗어나지 못하였다.

(2) 경성인쇄공업조합

• 조합의 설립

동업조합은 원래 관련업자들이 스스로의 필요에 의해 자발적으로 조직되는 것이 보통이지만 경성인쇄공업조합은 당초부터 일제가 국민 총력전의 일환으로 설립한 것인 만큼 설립 초기부터 관제 조직의 성격을 띠고 있었다.

일본 군국주의자들은 중일전쟁으로 전선이 확대되고 군수자원의 한계가 드러나자 1938년 '국가총동원령'을 공포하여 전 산업과 국민 생활 전반을 전시체제로 편성하였다. 이러한 시책은 한반도에도 그대로 적용되어 산업을 중화학공업을 주축으로 하는 군수산업 체제로 개편하고 대륙 침략을 위한 병참기지로 구축하기 시작하였다.

일제는 비(非)군수산업의 통제를 강화하여 일반 민수산업의 원료 확보가 어렵게 되자 동업조합의 결성을 종용하였다. 그러나 한국인과 일본인 사이의 이질감 등으로 동조하는 사람이 많지 않자 총독부는 1938년 관계 법령을 제정, 공포하고 동업조합의 결성을 강제하기에 이르렀으며 그해 9월 1일 '조선공업조합령'이 시행되자 인쇄업계의 기존 조직인 경성인쇄업조합도 더 이상 존속하기가 어렵게 되었다.

일제는 한국인을 대륙 침략의 일원으로 동원하기 위하여 이른바 내선일체를 주창하는 처지였으므로 일본인 인쇄업자들만의 동업조합을 인정할 수 없을 뿐 아니라 동업조합을 통해서 물자를 공급하고 시설 및 생산을 통제하기 위해서도 한국인 인쇄업자까지 포함시켜야만 했던 것이다. 또한 통제의 실효를 거두기 위해서는 인쇄업자 전원을 수용해야 하므로 조합원 자격을 대폭 완화시키는 한편, 인쇄 기술자들을 모두 등록시켜 직장을 자유롭게 이동할 수 없도록 할 계획까지 세웠다.

이 같은 조직 원칙이 결정되자 1939년 4월 22일 경성인쇄조합 설립준비위원회를 결성하고 조합 설립을 위한 준비 절차를 토의했으며 6월 17일에는 경성상공회의소에서 창립총회를 개최하고 조합의 정관과 사업 계획 등을 의결,

승인하였다.

이때 채택된 사업 계획은 인쇄 원부자재의 배급과 인쇄 요금 협정, 인쇄공의 임금 제정 등을 골자로 한 통제 사업, 인쇄롤러 및 재단 칼 연마 설비 등 인쇄기구의 수리사업, 영업에 필요한 물품의 공급, 그리고 영업에 관한 지도와 조사 등이었다. 이러한 사업은 어디까지나 일본인 인쇄소 위주로 짜여졌다.

창립총회에서는 또한 이사 6명과 상무이사 1명, 감사 3명을 선출했는데, 이 중 한국인은 이사 1명, 감사 1명에 그쳐 명목상에 불과하였으며 상무이사는 경찰서장을 역임한 일본인이어야 한다는 규정까지 만들어 임명하였다.

경성인쇄조합은 그해 8월 21일자로 경성부로부터 설립 인가를 얻어 다음 날 제1회 이사회를 개최하고 이사장을 선임하는 한편 24일에는 설립 등기를 마쳐 정식으로 발족하였는데 이때의 조합원 수는 총 91명이었다.

• 조합의 활동과 사업

경성인쇄조합은 발족과 더불어 통제 사업을 서두르기 위해 임시총회를 개최하고 규정에 따라 12명의 통제위원을 선출하였다. 통제위원회는 본격적인 활동에 들어가 인쇄용 원부자재의 공급자를 지정하는 한편, 1939년 10월 1일 현재 조합원사가 보유한 인쇄기를 일제히 등록시켰다.

이에 따라 119개 업체로부터 활판인쇄기 449대, 오프셋 인쇄기 30대, 석판 인쇄기 21대, 그라비어 인쇄기 8대, 장부용(帳簿用) 괘선기 23대, 명함 인쇄기 37대, 기타 11대 등 모두 581대가 등록되었다. 그 후 시설 증설과 조합의 신규 가입을 신청해온 업자들이 있었지만 물자 공급난의 이유로 승인하지 않았다.

조합에서는 인쇄 기술자들의 이동과 임금까지도 통제하였다. 인쇄 직공들의 이동 방지를 위한 등록제가 실시되어 조합에는 직공들의 신상명세가 기록된 개인별 직공 등록 카드가 비치되었고 등록을 마친 사람에게는 성명, 연령, 직종, 임금, 소속 회사명이 수록된 인쇄 직공 수첩이 교부되었다. 이는 인쇄 및 제책 기술자가 크게 모자라자 기술 인력을 효율적으로 통제하기 위함이었다.

인쇄용지의 확보 문제는 기술 인력보다 훨씬 중요하고 어려운 문제였다. 용지의 공급량은 해마다 급감하는 데다 관수용과 특수 기관용을 우선적으로 확보하고 나서 나머지를 민수용으로 돌리기 때문에 물량이 크게 부족하였다. 여기에다 용지 확보를 둘러싸고 권력을 앞세운 특수층까지 등장하여 민간업체는 존립마저 위협을 받게 되었다.

인쇄용지 사정은 더욱 악화되어 1941년에는 용지의 배급 통제가 실시되었다. 통제기구로 중앙에 양지(洋紙) 배급회사를 설립하고 각 도에는 통제위원회를 두어 공급의 일원화를 시도하였다. 전세가 날로 악화되면서 인쇄용지의 공급 물량이 줄어들자 총독부는 각 동업조합에서 배급하도록 통제기구를 개편하였으나 공급량이 부족하여 신문은 면수를 줄이고 출판업자들은 거의 폐업하기에 이르렀다.

조합은 또한 아연괘와 제책용 봉사(縫系)에 이르기까지 인쇄 작업에 사용되는 모든 물자의 수급을 통제하였다. 인쇄잉크는 용지 사정으로 인쇄기의 가동률이 크게 떨어진 탓에 물량 면에서 별로 부족을 느끼지 않다가 1944년 6월에야 비로소 잉크 배급 기준이 정해졌다.

한편, 경성인쇄조합은 상공회의소에 있던 사무실을 1939년 9월 서울 중구 명동 2가 34(당시 明治町 2丁目)에 있는 개인집 일부를 빌려서 이전하였다. 이듬해 서울 중구 저동 1가 78(당시 永樂町 1丁目)의 가옥을 매입하여 연건평 132㎡ 정도의 2층 건물을 신축한 후 조합 사무실을 옮겼다.

그러나 조합 건물이 협소하고 배급 물자의 보관창고가 없어서 불편을 겪자 1942년에는 건물을 증축하고 창고까지 신축하였다. 이렇게 하여 완성된 조합 사무소와 공장, 창고 등의 건물은 한국전쟁 이후에도 그대로 보존되어 1962년 여름까지 인쇄단체의 사무실로 사용되었다.

조합은 공장 건물이 마련되자 직영 공장을 가동하여 관련 시설을 갖추고 재단 칼 연마사업과 인쇄롤러 개체사업을 시작하였다. 당시에는 대부분 내구성이 약한 아교롤러를 사용했기 때문에 하루걸러 다시 만들어야 하였는데 조합에서 롤러 개체사업을 하게 되자 조합원들이 널리 이용하기 시작하였다.

롤러 개체사업은 재단 칼 연마사업과 함께 조합의 수익사업으로 주요시되어 한국전쟁 이후까지도 계속되었으나 합성 고무롤러의 보급으로 아교롤러의 수요가 줄어들자 공동 이용 시설사업도 그만두게 되었다.

• 경기도인쇄공업조합

경성인쇄공업조합은 1943년 행정 당국의 지시에 따라 경기도인쇄공업조합으로 확대 개편되었다. 개편 과정에서는 정관 중 '경성부'를 '경기도'로 고쳤을 뿐 총회를 거치지 않고 종전 사업을 그대로 승계하는 한편 다른 지구 조합원을 추가 가입시키는 절차를 밟았다.

경기도인쇄공업조합은 1943년 2월 17일 경기도의 인가를 받은 다음 1939년 3월에 결성한 후 단위조합으로 활동해오던 인천인쇄공업조합의 12개 사를 조합원으로 받아들였다.

계속해서 수원, 개성, 안성, 이천 등 경기도 내에 있던 인쇄업체 25개 사와 서울 시내의 소규모 인쇄업체 26개 사의 가입 신청을 받아들임으로써 8월 들어서는 조직이 일단 완료되었는데, 이때 총 조합원은 184개 사였다.

1945년 들어 전세가 날로 악화되어 연합군의 폭격이 늘어나자 총독부는 공습에 대비하기 위해 산업시설을 농촌으로 소개하는 한편, 서울의 대규모 인쇄공장들로 인쇄물 공동 수주단을 조직, 인쇄소를 정비하고 지방으로 분산 소개시키려고 하였다.

경기도인쇄공업조합은 1945년 7월 6일 이사회를 소집하고 이 문제를 토의한 결과 한국인 업체 3개 사와 일본인 업체 13개 사 등 총 16개 사를 선임하여 인쇄물 공동 수주단을 구성하고 각 도에 1개 공장씩 분산 소개시키기로 하였다. 경성인쇄집단이라는 명칭으로 불렸던 이들 16개 인쇄소들 중 한국인 업체 3개 사는 김낙훈의 보진재인쇄소, 노성석의 대동인쇄소 그리고 박인환의 중앙인쇄소였다.

이에 따라 조합의 기능은 전면 정지되고 모든 소관 업무는 인쇄물 공동 수주단으로 넘어가게 되었으나 지방으로의 소개정책은 업자들의 비협조로 답보

상태에 있다가 8 · 15광복을 맞게 되었다.

(3) 조선인쇄연합회

조선총독부는 1943년부터 물자 공급 기구를 일원화시키기 위하여 모든 물자를 실수요자 단체인 각 동업조합 중앙연합회에 배당하고 이를 다시 각 도 동업조합으로 할당할 계획을 수립하였다.

이에 따라 인쇄업계에서도 경성인쇄공업조합을 모체로 한 중앙연합회를 조직하기 위해 1942년 12월 7일 발기인 대회를 개최하고 12월 20에는 조선인쇄연합회 창립총회를 개최하였다.

1943년부터는 인쇄용지 등 모든 물자가 조선인쇄연합회에 배정되었고 연합회에서는 이를 각 도의 인쇄공업조합으로 할당하였다. 그러나 1945년 들어 전세가 더욱 악화되면서 연합회를 통해 물자를 공급할 만한 시간적 여유가 없게 되자 총독부에서는 모든 물자를 각 도로 직접 배당하고 도에서는 동업조합으로 배급하게 되었다. 따라서 물자 통제를 위한 기구로 설립된 조선인쇄연합회는 존재 가치가 없어져 1945년 7월에 해체되었다.

(4) 조선인쇄문화건설협회

일제강점기에 관 주도로 조직되었던 인쇄물 공동 수주단은 1945년 8월 18일 총 18개 회원사 중 일본인 업체 15개 사 전원과 한국인 회원사 중 보진재인쇄소가 참석해 해산총회를 개최하고 공동 출자금을 환불하는 한편 경기도인쇄공업조합이 인수했던 배급 물자를 분배하였다. 이로써 일제가 연합군의 폭격을 대비하기 위해 인쇄소를 지방으로 소개시키려고 조직한 공동 수주단은 아무런 활동도 하지 못한 채 1개월여 만에 해체되었다.

그러나 이와는 달리 모든 기능이 정지된 채 간판만 붙어 있던 경기도인쇄공업조합은 또다시 활기를 되찾게 되었다. 강제로 폐쇄되었던 한국인 경영의 모든 인쇄업체들이 다시 문을 열었으며 경기도인쇄공업조합은 한국인 조합원들에 의해 새롭게 정비되기 시작하였다.

해방과 더불어 일본인이 소유하고 있던 단체나 기업들을 한국인들이 인계를 받아 새로운 출발을 하게 되었는데, 인쇄업계에서도 1945년 9월 5일 현재 서울 중구 저동 1가에 위치했던 조합 사무소 2층 강당에서 일본 측 대표들로부터 경기도인쇄공업조합의 사무를 인계받았다. 인계식에는 한국 측 대표로 박인환 이사, 노성석 감사가 참가하고 일본 측 대표로는 고바야시(小林敬治) 이사장과 구로자와(黑澤猪自) 상무이사가 참석하였으며 조합 서기 이주남이 배석하였다.

조선공업조합령에 의하여 1939년 경성인쇄인동업조합으로 출발하였던 경성인쇄공업조합은 경기도인쇄공업협동조합으로 확대 개편되고 또다시 이 조합을 모체로 하여 조선인쇄연합회가 결성되는 등 많은 변화를 겪어왔지만 일본의 패망과 함께 그 막을 내리고 마침내 한국인 조합원에 의해 운영되게 된 것이다.

이로써 일제 침략과 함께 우리나라에 진출하여 인쇄업계를 장악하고 영리를 추구하면서 40여 년 동안이나 주인 행세를 해오던 일본인 인쇄업자들은 자신들이 차지하고 있던 자리를 한국 인쇄인들에게 모두 넘겨주게 되었다. 서울을 비롯해 각 지방에 산재하고 있던 수많은 일본인 소유의 인쇄소들도 한국인들에게 소유권을 넘겨줌에 따라 한국인 경영자들이 관리하기 시작하였다.

일본인들로부터 인수받은 경기도인쇄공업조합은 해방 직후 사회의 혼란 속에서도 인쇄업계의 질서를 유지하고 발전을 도모하기 위해 일제 때 조선교학도서의 지배인이었던 최상윤을 중심으로 한 서울의 몇몇 인쇄인들에 의해서 개편 운동이 전개되었다.

이들은 1945년 9월 16일 경기도인쇄공업조합을 발전적으로 해산시키고 인쇄업계의 질서를 유지시킬 목적으로 조선인쇄문화건설협회를 발족시켰다. 서울시 중구 저동의 경기도인쇄공업조합의 사옥을 접수하여 간판을 내건 동 협회는 해방 이후 몇몇 인쇄인들이 뜻을 모아 발족시킨 과도기의 임의단체에 불과했으나 사상 최초로 한국인 인쇄인들만으로 구성된 인쇄단체였다.

조선인쇄문화건설협회는 한국 인쇄인들의 유일한 조직체로서 경기도인쇄공업조합 소유의 모든 재산과 권리 및 공동 이용 사업까지도 인계받게 되었다. 최상윤을 위원장으로 추대하고 정관까지 제정하여 인쇄인들의 구심체 역할을 하면서 황폐화된 인쇄업계의 재건에 힘쓰는 한편 미 군정청을 상대로 업계의 권익신장을 위해 많은 노력을 기울였다.

그러나 동 협회는 당시의 과도기적인 사회현상으로 조직이 서울시 일원에만 한정되었을 뿐 정부가 수립될 때까지 끝내 전국적 조직으로는 확대되지 못해 그 운영과 사업이 유명무실했으며 광주, 전주, 군산, 강릉 등 일부 지방에는 인쇄인단체가 자생적으로 조직되어 활동하기도 하였다.

1948년 5월 10일의 총선거로 구성된 제헌국회가 7월 17일에 헌법을 제정, 공포함에 따라 국호가 정식으로 대한민국으로 결정되고 8월 15일에는 정부가 정식으로 수립됨으로써 3년간에 걸친 미군정은 종식을 고하게 되었다.

각 기관이나 단체에서는 그동안 사용하던 '조선'이란 명칭을 '대한' 또는 '한국'으로 개칭하고, 각 임의단체들은 정식 공익단체로서 사단법인의 인가를 관계 당국에 신청하게 되었다. 이러한 추세에 따라 조선인쇄문화건설협회도 1948년 8월 11일 새로운 출발을 다짐하며 동 협회를 해산하고 사단법인 대한인쇄협회 창립총회를 갖고 정식 출범하였다.

(5) 대한인쇄협회

• 연혁

8·15 해방 직후 임의단체로 조직되었던 조선인쇄문화건설협회가 제 기능을 다하지 못하고 있던 중 공익법인으로 새로운 인쇄단체를 발족시키자는 업계의 여론에 따라 1948년 8월 11일 서울시 중구 저동 1가 78번지에 소재한 조선인쇄문화건설협회 회의실에서 61명의 인쇄인이 참석한 가운데 대한인쇄협회 창립총회를 개최하였다. 이날 창립총회에서는 정관을 승인하고 이사장에

최상윤 조선교학도서주식회사 대표를, 부이사장에 김낙훈 보진재인쇄소 대표를 선임하는 등 임원진을 선출하였다.

창립총회를 마친 협회는 같은 해 10월 1일자로 상공부에 사단법인 설립 허가 신청서를 제출하였다. 그러나 사단법인 신청은 8개월 후인 1949년 6월에 이르러서야 인가되었다. 1949년 7월에는 서울시 지부가 결성되었다. 이에 따라 인협 시설부에서 관리하던 롤러 개체사업과 재단 칼 연마사업을 서울시 지부로 이관하였다.

1950년 한국전쟁은 인쇄업계에도 막대한 피해를 입혔는데 인쇄 시설의 70% 정도가 파괴되었다. 인협의 행정 업무도 마비되었는데 전쟁 발발 6개월 후에 부산에 사무실을 마련하고 인쇄업계 대변 기관으로 활동을 재개하였다.

1950년 9월 28일 서울 수복 후 공보처에서는 인쇄소의 재등록을 받았는데 1951년 현재 서울 118개 사, 충북 18개 사, 충남 38개 사, 전북 44개 사, 전남 31개 사, 경북 69개 사, 경남 49개 사, 제주도 5개 사가 재등록을 마쳤다. 1953년 7월 휴전협정 체결 후 부산, 대구 등지로 피난 갔던 서울의 인쇄인들이 대부분 서울로 돌아옴으로서 1954년에는 인협의 정상화와 새로운 출발을 다지려는 움직임이 활발해졌다. 이에 따라 1954년 2월 23일 협회 회의실에서 제3회 정기총회를 열고 남송학 남양인쇄사 대표를 새 이사장으로 선출하고 본격적인 활동에 들어갔다.

• 주요 사업 및 활동

협회의 주요 사업은 물자의 구입 및 알선, 인쇄 관련 통계, 설비 조사, 교육 등이었으며, 이 같은 사업 목적에 따라 휘발유와 석유, 중유, 모빌유, 오프셋잉크, 조명 카본 등을 공급하였다.

또한 협회에서는 기술자 부족 문제를 해소하기 위해 자체 기술학원 설립을 추진, 1954년 서울특별시장의 인가를 받아 대한인쇄고등기술학원을 개원하였다. 동 학원은 색판인쇄기술자 단기 양성기관으로 우리나라 최초의 인쇄기술 교육기관이었으며, 1955년에 28명의 제1회 졸업생을 배출하였다. 이와 함께

협회에서는 1954년 기관지 발간 사업 계획을 확정하고 공보처의 허가를 받아 타블로이드판 4면의 주간 ≪인쇄문화시보≫를 창간하였다.

1955년에는 우리나라 최초의 인쇄전시회인 ≪전국 캘린더 전시회≫를 서울시 마포구 소재의 미국 공보원에서 6일간 개최하였다. 1957년에는 일본 도쿄에서 개최된 아시아인쇄인회의에 대표단을 파견하고 1960년에는 일본 인쇄업계 시찰단을 구성하여 파견하는 등 국제교류 활동도 전개하였다.

(6) 대한인쇄공업협회

• 연혁

대한인쇄협회는 1960년 10월 제16회 정기총회에서 명칭을 대한인쇄공업협회로 변경키로 결의하였다. 대한인쇄협회의 명칭으로는 일반 사회의 통념상 가공업이나 단순한 문화사업, 서비스업으로 오인되는 경우가 있어 명칭에 '공업'을 삽입키로 한 것이다. 1961년 11월에 열린 정기총회에서는 새 이사장으로 이고종을 선출하였으며, 1963년 5월에 열린 정기총회에서는 신현종을 새 이사장으로 선출하였다. 1970년 7월에 열린 정기총회에서는 주무관청을 상공부에서 문화공보부로 이관하기로 결의하는 한편 새 이사장에 김준기를 선출하였다.

상공부는 1972년 206개 협회 및 조합의 설립 허가를 취소하면서 인협도 여기에 포함시켰다. 이에 따라 1948년 설립된 인협은 24년 만에 일단 활동이 중지되었으며, 1974년 9월 해산총회를 개최하여 새로 발족한 대한인쇄문화협회에 서울지부 재산과 대차대조표를 승계시키기로 결의하였다.

• 주요 사업 및 활동

대한인쇄공업협회는 창립 후 해산 때까지 인쇄업의 소득표준율 인하 요청, 관용 인쇄물의 심사위원회 설치 건의, 인쇄인 친선 체육대회 개최, 아시아인쇄인회의에 대표단 파견, 부산시 지부 설립, 상징마크 현상 공모, 일본 시찰단 파견, 인쇄물 상설전시장 추진, 인쇄인의 날 제정, 인쇄기술 발전 공동위원회 설치 등의 활동을 전개하였다.

(7) 대한인쇄문화협회

• 연혁

대한인쇄공업협회의 허가가 취소된 후 업계에서는 곧바로 단체 재건 작업에 착수하여 1973년 5월 인쇄회관에서 가칭 대한인쇄문화협회 발기인 회의를 열고 대표로 김준기를 선출하였다. 발기인회는 즉시 전국 인쇄인에게 단체 설립의 취지를 알리고 단체 구성에 동참을 요망하는 설립 취지문을 발표하였다. 발기인회의 적극적인 활동으로 1973년 6월 YWCA 회관에서 창립총회를 열고 회장에 이학수를 선출하였다. 이듬해인 1974년 9월 열린 정기총회에서는 정기총회 개최 시기를 매년 2월로 하고, 회계연도는 정부의 회계연도와 같게 하였다. 명칭과 회계연도 등은 지금까지 그대로 유지되고 있다.

대한인쇄문화협회 설립 후 지금까지 회장은 초대 최상윤에 이어 남송학–이고종–신현정–김준기–김광수–이학수–이일수–강학성–김종국–곽도–허철종–박충일–민재기–홍우동–김남수–조정석으로 이어졌다.

• 주요 사업 및 활동

대한인쇄문화협회는 1973년 무등록인쇄업자 일소(一掃), 1976년 오프셋 인쇄기 수입 시 문공부 추천, 1977년 인쇄업 육성책 마련, 인쇄업을 도시형 산업으로 규정, 1980년 시카고국제인쇄기자재 전시회 등에 시찰단 파견, 정화추진

2013년 인쇄문화의 날 행사

위원회 발족, 1984년 문화예술상에 '인쇄' 포함 요청, 1984년 인쇄문화 발전

을 위한 심포지엄 개최, 1985년 인
쇄문화상 제정, 1987년 서울시 마포
구 서교동 352-26번지의 인쇄문화
회관으로 이전, 1988년 인협 40년사
발간, 인쇄문화의 날 및 인쇄강령 제
정 선포, 정부 포상 및 인쇄문화상 시
상, 1992년 협회 부설 대한인쇄연구
소 설립, 1993년 ≪직지≫ 반환 운동
전개, 출판인쇄 1300년 전시회 개최,
출판사 및 인쇄소등록에 관한 법률
개정 건의, 1994년 희귀 인쇄자료 및
기자재 수집 활동 전개, 1995년 프린
팅 아트 전시회 개최, 1996년 한·
중 인쇄교류 협정 체결, 1997년 세계
인쇄회의 참석, 1998년 인쇄 상징 마

인쇄문화회관

2013년 서울도서전

크 공모, 1998년 인쇄백서 발간, 1999년 인협 50년사 발간, 2002년 국제인쇄
산업전시회(KIPES) 개최, 월간 프린팅코리아 창간, 2004년 인쇄문화역사관
개관, 2004년 ≪직지≫ 순회전시회 개최, 2007년 인쇄문화산업진흥법 제정,
2011년 인쇄물수출지원센터 설립, 인쇄교육관 개관, 2012년 인쇄진흥 5개년
계획 발표, 인쇄물 해외시장 개척단 파견, 2013년 '2016 세계인쇄회의' 한국유
치, 국고 및 지방비 지원사업 수행 등의 사업을 전개하고 있다.

(8) 대한인쇄정보산업협동조합연합회

• 연혁

1961년 들어 군사혁명 정부는 해방 이후 피폐 일로에 있던 중소기업의 육
성을 위해 동년 12월 27일 중소기업협동조합법과 중소기업조정법을 각각 제

정 공포하였다. 이어 다음 해인 1962년 2월 9일에는 중소기업협동조합법 시행령을 공포하였다.

인쇄업계는 이와 때를 같이하여 동년 2월 26일 대한인쇄공업협회 본부와 서울특별시 지부가 연석 이사회를 개최하여 협동조합 설립 문제를 논의한 결과 인쇄공업협동조합 설립추진위원회를 구성하기로 결의하였다. 그 결과 1962년 3월 경북인쇄공업협동조합이 창립된 것을 시작으로 연이어 충북, 전북, 충남, 서울, 경기, 경남, 강원, 전남인쇄공업협동조합이 설립되었다. 이처럼 각 지방조합의 설립이 순조롭게 진행되자 지방조합 이사장들이 모여 가칭 대한인쇄공업협동조합연합회 설립 준비위원회를 구성하고 1962년 4월 23일 창립총회를 개최하였으며 동년 5월 29일 상공부장관의 설립 인가를 받았다.

연합회 2013년 정기총회

1962년 연합회 창립총회에 참여한 회원조합은 서울, 경기, 강원, 충북, 충남, 전북, 전남, 경북, 경남 등 9개 조합이었으나 1963년 제주조합이 설립되고 1964년에 부산조합이 경남조합으로부터 분리, 독립됨으로써 전국 11개 시도 행정 단위의 조합이 설립되어 연합회는 전국 조직망을 갖추게 되었다.

서울인쇄조합 2013년 서울인쇄대상

그리고 1981년에는 인천시와 대구시의 직할시 승격, 1987년 광주시의 직할시 승격, 1989년 대전시의 직할시 승격, 1997년 울산시의 직할시 승격으로 각각의 인쇄조합이 설립되고, 1986년에 서울경인쇄조합이 설립되어 연합회는 13개 조합의 연합체로 발전하였다. 그러나 1997의 IMF(국제통화기금) 이후 강원

서울인쇄조합 2013년 경영자 세미나

조합이 해산하고 2013년 대전조합과 충남인쇄조합이 대전세종충남인쇄정보산업협동조합으로 통합, 변경되면서 현재는 11개 회원 조합으로 구성되어 있다. 또한 명칭도 2000년 대한인쇄공업협동조합연합회에서 대한인쇄정보산업협동조합연합회로 변경되었다. 연합회 회장은 초대 유기정에 이어 오상찬-이학수-김준기-이일수-채복기-김직승-곽득룡-최창근-이충원-고수곤으로 이어지고 있다.

• 주요 사업 및 활동

연합회의 주요 사업으로는 공동 구매사업과 공동 판매사업을 들 수 있다. 공동 구매사업으로는 PS판과 사진제판용 필름, 사진제판용 현상약, 고무 블랭킷 등이며, 공동 판매사업은 단체수의계약 등을 통한 인쇄물 판매이다. 주요 사업으로는 조합원 기본실태조사와 인쇄대감 발간, 인쇄연합회 40년사 발간, 인쇄통신교육 실시, 인쇄물 수출진흥사업, 비영리기관 및 정부기관의 인쇄업 침식 저지, 인쇄업 권익보호사업, 아시아인쇄기술 포럼 개최, 조달청 인쇄 기준 요금 현실화 추진, 인쇄 기자재 관세 감면 추진 등의 사업을 전개하고 있다.

(9) 대한인쇄연구소

• 연혁

대한인쇄연구소는 1992년 5월 대한인쇄문화협회 이사회에서 설치규정안이 승인됨으로써 출발하게 되었다. 곧바로 설립 기금 마련을 위한 운영위원회가 구성되어 활동에 들어가면서 인쇄인 및 단체의 기부와 정부 지원금이 더해져 11억 5천만 원이 기금

대한인쇄연구소 이사회

으로 모금되었다. 모금액이 10억 원이 넘어서면서 1997년 12월 5일 열린 운영 위원회에서는 재단법인 설립을 추진키로 결의하였다. 이어 동년 동월 16일 설립 총회를 열어 임원 선출과 정관을 마련하였다. 초대 이사장에는 당시 대한 인쇄문화협회 회장이었던 박충일 신흥인쇄주식회사 대표가 선출되었다. 이어 다음 해 2월 24일 문화부로부터 재단법인 설립 인가를 받아 대한인쇄문화협회 부설에서 독립적인 법인으로 새 출발을 하게 되었다. 연구소는 초대 박충일 이사장에 이어 고수곤—서병기로 이어졌다.

• 주요 사업 및 활동

주요 사업으로는 연구 자료집의 발간, 각종 인쇄 관련 세미나 주최, 정보 제공 사업, 정부 및 관련 기관의 연구 수탁, 인쇄업체 경영 컨설팅 사업 등을 진행하고 있다.

(10) 대한인쇄정보기술협회

• 연혁

인쇄인들과 인쇄 기자재 공급 업체 대표들이 주축이 되어 2003년 발기인 대회를 개최한 후, 2004년 1월 홀리데이인서울호텔에서 창립총회를 열었다. 초대 회장에 박충일 신흥인쇄주식회사 대표를 선출하고 산업자원부에 사단법인 설립을 신청하여 2004년 4월 허가를 받아 활동하고 있으며 2007년부터 김진배 유진프린팅 대표가 회장을 맡고 있다.

대한인쇄정보기술협회 10주년 기념식

• 주요 사업 및 활동

대한인쇄정보기술협회는 2005년 제1회 국제 인쇄기술 컨퍼런스 개최,

2005년 ≪인쇄기술신문≫ 창간, 2005년 한·중 인쇄기술교류협정 체결, 2006년 인쇄영업능력개발교육 실시, 제1회 대한민국인쇄산업대상 시상식 개최, 2008년 인쇄기 관세 감면 품목 산업자원부에 제출, 2010년 공장자동화 관세 할인 신청, 2010년 ISO/TC130 간사기관 지정, 2011년 아시아 인쇄 서밋(Summit) 참가 등의 활동을 전개한 바 있다.

인쇄산업은 21세기에 들어와 정보통신산업의 급속한 발전으로 지금까지의 우월적 개념, 즉 정보 전달의 완
레에도 오늘날과 같은 지위를 누릴 수 있을지, 아니면 프리미디어 출력의 하나, 즉 이터랜인 프린터로 전라
에 신속하게 적용하는 변화의 노력을 펼친다면 정보화 사회에서도 중추적인 역할을 할 수 있을 것이다.

제3편

21세기의
인쇄문화

承古禪師常勤諸人莫學佛法但自無心於事無事於...根

人盡時輕　脫鈍根人或三五年老不過十年若...

悟去老僧替你入其舌

白雲和尚抄錄佛祖直指心體要節卷下

宜光七年丁巳十月　日　清州牧外興德

寺鑄字印施

07
21세기
인쇄문화산업
현황과
미래 인쇄

1. 21세기 인쇄문화산업 현황

(1) 21세기 인쇄문화산업 특징

인쇄산업은 21세기에 들어와 정보통신산업의 급속한 발전으로 지금까지의 우월적 개념, 즉 정보 전달의 원천이라는 기득권을 점차 상실해가고 있다.

인쇄는 오랫동안 매스커뮤니케이션의 주력 미디어가 되어왔지만 앞으로의 양상은 그런 생각에 머물 수 없는 상황으로 급속히 변화하고 있다. 인쇄산업이 미래에도 오늘날과 같은 지위를 누릴 수 있을지, 아니면 프리미디어 출력의 하나, 즉 이름뿐인 프린터로 전락할 것인지는 업계 스스로 변화에 대한 수용 노력 여부에 달려 있다고 하겠다.

현대를 정보화 사회라고 하지만 지식산업의 밑받침 없이는 불가능한 것 또한 사실이다. 따라서 인쇄산업이 새로운 환경에 신속하게 적응하는 변화의 노력을 펼친다면 정보화 사회에서도 중추적인 역할을 할 수 있을 것이다.

(2) 21세기 인쇄업계 현황

• 업체 및 근로자 현황

통계청의 발표 자료에 따르면 2012년의 우리나라 인쇄사업체는 모두 1만 8,063개 사로 나타났다. 지역별로 살펴보면, 서울이 8,091개 사로 가장 많고, 경기 3,393개 사, 부산 1,131개 사, 대구 1,018개 사, 경남 620개 사, 인천 571개 사, 대전 549개

2013년 인디자인 전문인력 양성

사, 경북 461개 사, 광주 449개 사, 전북 352개 사, 충북 318개 사, 충남 312개 사, 전남 249개 사, 강원 215개 사, 울산 198개 사, 제주 117개 사, 세종 17개 사 순이었다. 서울과 경기 등 수도권에 65% 정도가 밀집돼 있어 도심형 산업임을 보여주고 있다. 이 중에서 10인 이상 사업체는 1,241개 사로 전체 사업체의 7%를 차지하고 있다. 10인 이상 사업체는 기타 인쇄업이 569개 사로 가장 많고 경인쇄업 176개 사, 스크린인쇄업 164개 사, 제책업 163개 사, 제판업 120개 사, 기타 인쇄관련업 49개 사 순이었다.

1만 8,063개의 인쇄사에 근무하는 종사자는 모두 7만 1,200명으로 집계되었다. 역시 서울이 2만 9,139명으로 가장 많고, 경기 2만 1,648명, 부산 3,414명, 대구 3,177명, 인천 2,470명, 경남 2,013명, 대전 1,729명, 광주 1,461명, 경북 1,289명, 충북 1,089명, 충남 895명, 전북 853명, 전남 532명, 울산 512명, 강원 461명, 제주 288명, 세종 287명 순이었다. 업체당 평균 근로자 수는 3.9명으로 나타났다.

한편 연간 생산액은 9조 5,000억 원 정도로 추산되며 10인 이상 업체에서의 생산액은 4조 1,500억 원으로 나타났다. 기타 인쇄업이 2조 2,700억 원,

경인쇄업이 5,300억 원, 제판조판업이 4,700억 원, 제책업이 4,100억 원, 스크린인쇄업이 3,700억 원, 기타 인쇄 관련 산업이 1,000억 원 순으로 집계되었다.

• 인쇄 시설 보유 현황

최근의 인쇄기술은 전산화의 급속한 진전에 따라 많은 변화를 보이고 있다. 특히 조판과 제판 분야의 발전은 전 인쇄산업에 큰 반향을 일으켰고 인쇄기는 수동식은 대부분 사라지고 컴퓨터 제어 방식으로 교체되었다.

상업용 윤전기

1997년 말 현재 활판기 총 보유 대수는 424대로 매년 급속히 감소 추세를 보이고 있다. 인쇄 시설의 주종을 이루고 있는 윤전기, 양면기, 하드롱판 인쇄기, 마스터 인쇄기 등을 총칭하는 평판인쇄기는 모두 4,987대가 가동되고 있다. 그라비어 인쇄, 전산폼 인쇄, 카본 인쇄, 씨링기 등 특수 인쇄기는 1,091대가 운용되고 있다.

레터프레스 인쇄기

재단기

전산화의 발전을 보여주듯 전산 입·출력기의 도입은 크게 늘었다. 입력기의 경우 1990년에 1,517대에 불과하던 것이 1997년에는 4,698대로 늘었고 출력기도 1990년 157대에서 1997년에는 1,225대로 크게 늘어났다. 또 색분해기도 1990년의 63대에서 1997년엔 205대로 증가하였다.

한편, 2013년의 대한인쇄문화협회 집계 자료에 따르면 1만 8,063개의 인쇄사에서 보유하고 있는 인쇄 시설은 모두 14,260대이며 디지털인쇄기가 5,500대(분당 인쇄 속도 100페이지 이상의 단색 디지털인쇄기 포함)로 가장 많고, 1도 인쇄기 4,204대, 2도 인쇄기 1,541대, 4도 인쇄기 1,138대, 1도 양면인쇄기 795대, 전산폼 인쇄기 등 기타 인쇄기 580대, 상업용 윤전기 232대, 5도 인쇄기 140대, 4도 양면인쇄기 130대 순으로 나타났다.

보유시설 중 활판인쇄기 90.1%, 평판인쇄기 20.1%, 기타 인쇄기 27.7%는 노후 시설로 파악되었다.

• 인쇄물 및 인쇄 기자재 수출입 현황

인쇄물 수출은 2000년경에는 연간 2억 달러 선을 기록했으나 2010년을 넘어서는 3억 달러 선을 돌파하여 문화산업 중 수출 유망 업종으로 부상하였다.

그라비어 인쇄기

2013년 관세청의 인쇄물 및 인쇄 기자재 수출입 집계 자료에 따르면 인쇄물 수출 2억 9천1백36만 달러, 인쇄물 수입 3억 1천1백48만 달러, 인쇄 기자재 수출 2억 1천5백88만 달러, 인쇄 기자재 수입 3억 5천4백20만 달러를 각각 기록한 것으로 나타났다.

접지기

인쇄물 수출의 경우 인쇄서적·소책자·리플렛·이와 유사한 인쇄물 1억 1천2백50만 달러, 기타 인쇄물 4천8백52만 달러, 우표·수입인지·기타 유가증권 4천1백66만 달러, 캘린더 3천3백32만 달러, 전사물 1천9백63만 달러, 설계도와 도안 1천

정합기

8백38만 달러, 인쇄된 엽서·인쇄카드 8백30만 달러, 신문·잡지 및 정기간행물 6백81만 달러, 아동용의 그림책과 습화책 1백83만 달러, 지도·해도·이와 유사한 차트 38만 달러, 악보 4천 달러 순으로 나타났다. 인쇄물 수출은 미국과 일본 중국에 80% 이상을 수출하였다.

인쇄물 수입은 인쇄서적 · 소책자 · 리플렛 · 이와 유사한 인쇄물 1억 6천4백29만 달러, 기타 인쇄물 5천8백20만 달러, 아동용의 그림책과 습화책 2천5백33만 달러, 전사물 2천52만 달러, 신문 · 잡지 및 정기간행물 1천5백6만 달러, 우표 · 수입인지 · 기타 유가증권 7백16만 달러, 인쇄된 엽서 · 인쇄카드 6백71만 달러, 설계도와 도안 5백64만 달러, 지도 · 해도 · 이와 유사한 차트 5백30만 달러, 캘린더 1백95만 달러, 악보 1백29만 달러 순으로 나타났다.

인쇄 기자재 수출입 현황을 보면 수출의 경우 제지용 펄프지 1억 1천5백9만 달러, 인쇄기 7천5백41만 달러, 인쇄판재 9백87만 달러, 제책기계 7백92만 달러, 활자의 주조용 기기 7백9만 달러, 제판용롤상필름현상기 47만 달러, 인쇄제판용 카메라 1만7천 달러를 기록하였다.

제책기

수입의 경우는 인쇄기 1억 2천8백6만 달러, 인쇄판재 1억 7백37만 달러, 제지용 펄프지 7천4백87만 달러, 활자의 주조용 기기 2천95만 달러, 제책기계 1천8백52만 달러, 제판용롤상필름현상기 4백36만 달러, 인쇄제판용 카메라 5만8천 달러를 기록하였다.

디지털인쇄기

• 인쇄물 수출의 문제점

① 수출 의지 결여 및 전문인력 부족

1960년대부터 조금씩 시작된 인쇄물 수출은 1980년대에 들어 크게 늘어난다. 1990년대에 들어서는 1억 달러를 돌파하고 2000년대 들어서는 2억 달러, 2010년경부터는 3억 달러를 기록하고 있다. 그러나 우리나라보다 인쇄업체 수가 크게 작은 홍콩과 싱가포르가 우리나라보다 2~10배 정도의 인쇄물을 수출하는 것에 비하면 수출 증대 여지가 충분함을 시사한다.

인쇄물 수출을 위해서는 전문인력 고용과 경영자의 수출 의지가 중요한데 내수에 의존하고 전문인력을 양성하지 못한 탓에 수출 물량이 늘어나지 못하고 있다.

2013년 현재 수출에 참여하고 있는 인쇄업체는 30여 개 사에 이르고 있으나 이 중에서 수출 부서를 자체적으로 운용하고 있는 업체는 10여 개 사에 불과하다. 그 외의 업체들은 대부분 담당 직원이 다른 업무와 병행하면서 수출 업무를 부수 업무로 수행하고 있으며 이로 말미암아 새로운 시장의 개척이나 신규 거래선 발굴 등의 업무는 사실상 불가능한 실정이다.

또한 수출 부서를 별도로 운영하고 있는 업체들도 회사 내에서 그 중요성이 낮게 평가되어 담당 직원이 업무 수행에 어려움을 겪고 있으며 이로 인한 사기 저하로 이직률이 매우 높다.

② 국제입찰에도 과당경쟁

우리나라의 수출업체들은 업체 간에 원활한 정보교환이 이루어지지 않아 해외 인쇄물 수주에서도 과당경쟁이 심각하다. 지나친 가격경쟁은 우리 인쇄업계의 이미지를 손상시킬 뿐만 아니라 해당 회사의 채산성에도 막대한 영향을 미치게 되는 데도 시정되지 않고 있다.

이의 시정을 위해서는 업계의 자성과 함께 입찰 참가업체들 간에 자율 조정을 할 수 있는 제도적 장치를 마련하는 것이 시급하다는 지적이다. 또한 국제적으로 신뢰성을 잃은 바이어들의 명단을 상호 교환하여 위험 요소를 제거하고 업체 간의 건설적인 의견교환을 통해 상호 이익을 도모해야 할 것이다.

특히 인쇄물 수출업체가 공동체 인식을 갖고 세계 인쇄산업의 동향 파악, 발주국마다 서로 다른 인쇄 전문용어의 습득, 경쟁국 업체에 대한 정보, 전문인력의 공동 양성 등을 통해 공동 발전을 위한 노력을 펼쳐야만 침체된 인쇄물 수출의 활로를 찾을 수 있다는 분석이다.

③ 체계적 수출 전략의 부재

원활한 마케팅의 전제 조건이 우수한 인력 확보에 있는데도 인쇄업계는 인재 양성을 위한 투자에 인색하다 보니 자연히 해외 마케팅 능력도 과학화·체계화하지 못하였다.

또 표준화된 공정별 고시가격이 없기 때문에 동일 제품을 가지고도 업체별로 가격 차이가 심해 외국 바이어들로부터 신뢰성을 잃거나 가격 인하를 요구받는 사례가 빈번히 발생하고 있다.

클레임 발생 시의 대처 방법도 미흡한 경우가 많다. 클레임은 얼마나 신속하고 적극적으로 대응하느냐에 따라 지속적인 거래 여부가 결정되는데, 이와 관련된 전문지식을 갖춘 인력이 부족하다 보니 적절한 대처를 못하고 손해를 보는 경우가 많다.

생산체계에 있어서도 견적 방법의 과학화, 각종 데이터의 자료화, 영업 및 관리부문의 조직화, 합리적인 원가 계산을 하지 못하다 보니 해외 발주업체에 대한 효율적인 관리가 어렵다는 지적이다.

따라서 인쇄물 수출이 아무리 전망이 밝고 부가가치가 높다 하더라도 수출 증대를 위한 부단한 노력이 병행되지 않는다면 수출산업이 내재하고 있는 비생산적 요소로 인해 인쇄물 수출 증대는 요원할 것이다.

• 인쇄교육기관 현황 및 실태

1997년 말 현재 우리나라에는 2개의 4년제 대학에서 연간 150여 명과 5개 전문대학에서 500여 명의 인쇄 전문인력이 배출되고, 5개의 공업계 고등학교와 5개 직업전문학교에서 700여 명의 기능 인력이 양성되어 모두 17개 교육기관에서 연간 1,350여 명씩 배출되었다.

우리나라 최초의 정규 인쇄교육기관은 1955년에 인쇄과가 설치된 서울공업고등학교의 전신인 서울공고이다. 1979년에 폐과되었다가 1982년에 복과되는 시련을 겪기도 했지만 꾸준히 인쇄 기능인 산실로서 자리를 지키고 있다.

그러나 시대의 변화에 따라 2013년까지 서울북공업고등학교와 부산디자인

고등학교, 인천여자공업고등학교, 포항여자전자고등학교가 인쇄과를 폐과하였고, 직업전문학교들도 대부분 폐과하였다.

전문대학 중에서는 신구전문대학의 역사가 가장 길다. 1978년에 인쇄과가 개설된 동교는 매년 160명씩 배출돼 그동안 2,500여 명의 중견 인쇄인을 배출하였다. 1981년에 문을 연 인천전문대학과 1990년에 개설한 대구전문대학은 각각 연간 80명씩, 1989년에 설립된 부산전문대학은 한 해 155명씩, 1995년에 개교한 서울기능대학은 연간 20명씩 인쇄 전문인력을 배출했으나 1998년을 전후하여 모두 폐과되었다. 서울기능대학은 이후 학교 이름이 폴리텍대학으로 바뀌면서 인쇄 기능 인력을 양성하고 있다.

4년제 대학으로는 1983년에 인쇄공학과를 개설한 부경대학교로 매년 110명씩 배출, 그동안 2,000여 명의 고급 인력을 양성하였으며, 1995년에 개설된 중부대학교 인쇄공학과에서도 매년 50명씩 양성하고 있다. 또한 부경대학교와 중부대학교에는 대학원 과정이 개설되어 있다.

• 인쇄자격증 취득자 실태

한국산업인력공단에 따르면 2013년 현재 실시되고 있는 인쇄자격증의 종류에는 인쇄기능사, 인쇄산업기사, 인쇄기사가 있다. 매년 200여 명 이상이 자격증을 취득하고 있다. 그러나 이들이 업체에서 자격증 취득자로서 대우를 받고 있는 경우는 그렇게 많지 않은 실정이다. 극소수 기업과 정부 투자기관 이외에는 별다른 혜택이 없다.

업계에서는 실업계고등학교의 인쇄과 등에서 자격증을 취득하였다 하여도 현장 실무 처리 능력은 일반 수습사원들과 다를 바 없는 관계로 현장에 나오면 기초부터 다시 가르쳐야 한다고 지적한다. 따라서 자격증을 취득하였다고 해서 특별한 대우를 해주기 어렵다는 주장이다.

결과적으로 자격증 소지자가 업체에서 우대를 못 받는 주된 이유는 업무 수행 능력이 자격증 없는 현장 출신들과 별로 차이가 없다는 점이다. 현실이 이렇게 된 데에는 여러 요인들이 복합적으로 작용하고 있다.

우선 교육기관들이 현장 실무 능력 배양보다는 자격증 취득을 위한 교육에 치중하고 있다는 점을 꼽을 수 있다. 일부 실업계 학교의 경우 자격증 취득률은 학교 수준을 단순 평가하는 척도가 되고 심지어 같은 학교 내에서도 학과의 우열을 나타내는 지수가 되고 있는 실정이어서 자격증 취득 위주의 교육이 될 수밖에 없다는 지적이다.

자격증 취득을 최우선 목표로 삼다 보니 현장에서 필요로 하는 실질적인 교육이 이루어지지 못하고 이는 인쇄업체에 취업한 자격증 소지자가 우대받지 못하는 요인으로 작용하고 있다.

따라서 자격증 취득자가 업체에서 대우를 받으려면 현장 실무에 곧바로 적응할 수 있는 교육이 이루어져야 하며 이를 위해서는 첨단 장비의 보강과 실험실습 기자재의 확충이 선행되어야 한다는 분석이다. 실험 기자재와 실습 재료의 부족은 자격증 취득만을 위한 부실한 교육을 낳게 되고 이런 실정에서 취득한 자격증은 업체에서 환영받기 어렵다.

또한 업체에서도 자격증 취득자들의 실력이 부족하다고만 할 것이 아니라 산학협동 차원에서 보다 많은 관심을 가지고 지원하는 자세가 필요하다. 학생들이 졸업 후 결국은 인쇄업계로 진출한다는 점을 감안한다면 인력 양성은 교육기관뿐만 아니라 업계의 몫이기도 하다. 이와 함께 자격증 취득자라면 어느 인쇄업체에서도 환영을 받을 수 있도록 현행 자격 검정 제도는 실기 위주로 대폭 강화돼야 한다는 의견이 많다.

(2) 인쇄술의 변천

• 활판인쇄술의 퇴조

1도 인쇄기

19세기 후반부터 본격화된 활판인쇄기술은 우리나라 인쇄산업을 크게 중흥시켰을 뿐만 아니라 오늘날 첨단 지식산업으로까지 발전시킨 원동력이 되었다. 활판인쇄의 특성은 오래 보존할 수 있고 뛰어난 가독성에 있다. 이런 연유로 활판인쇄물은 그동안 국민들과 친근한 인쇄기술로서 자리를 지켜왔고, 정부의 각종 기록 문서들이 활판인쇄로 만들어진 후 보관되어왔다.

그러나 이처럼 인쇄의 대명사로 여겨졌던 활판인쇄도 오프셋 인쇄기와 컴퓨터의 등장과 함께 1970년대를 전후하여 쇠퇴의 길로 들어서게 되었다. 생산비용이 많이 들어가고 제작 시간도 오래 걸리는 것이 단점이었다. 첨단화된 현대의 인쇄기술이 전통 인쇄술의 영역을 잠식한 것이다.

1980년대 말까지만 해도 10여 곳의 활판인쇄업체들이 생산을 했으나 1997년에 이르러서는 2~3개 업체만 남았다가 2013년 현재 파주출판공방 한 곳에서 그 맥을 잇고 있을 뿐이다.

• 현대식 인쇄기술의 도입

우리나라 인쇄업계는 1960년대를 거치면서 최신 시설의 도입과 인쇄기술의 급속한 발전으로 해외 인쇄물 시장에까지 진출하는 등 괄목할 만한 성장을 이루었다. 근래에 들어와서는 민족문화를 전수하는 매개체로서의 역할뿐만 아니라 다른 산업과 유기적인 관계를 가지고 발전하는 정보산업인 동시에 고도의 기술이 요구되는 지식산업으로 성장하면서 국가 경제에도 크게 기여하고 있다.

2도 인쇄기

4도 인쇄기

반면에 이 같은 인쇄기술도 컴퓨터의 급속한 발전으로 많은 변화가 일어나고 있다. 인쇄산업에 있어 전자산업의 발전은 긍정적인 면이 많았지만 부정적인 측면도 상존하고 있음을 부정할 수 없다.

전자산업의 발전은 인쇄기계 산업과 인쇄기술 향상에 크게 기여했을 뿐만 아니라 새로운 인쇄물을 창출하기도 하였다. 작업 공정의 단순화는 물론 자동화를 실현시키면서 생산성의 향상과 신제품의 개발에까지 영향을 주었다. 하지만 탁상출판으로 불리는 DTP(Desk Top Publishing)의 출현은 사무용 인쇄물의 직접 제작을 유발시킴으로써 기존의 인쇄 물량을 잠식하는 역기능을 초래하였고, 전자출판으로 인한 서적 인쇄물의 감소, 인터넷 발전에 따른 사전류와 각종 인쇄물의 감소를 불러왔다.

• 디지털인쇄의 진전

인쇄 전공정(前工程)의 눈부신 발전에 디지털 시스템이 추가되면서 또 하나의 신기술을 탄생시킨 것이 디지털인쇄이다. 1980년대를 전후해 사진제판 분야에 등장하기 시작한 DTP(탁상출판)는 인쇄기술의 전 부문에서 일대 기술혁명을 가져오는 계기를 마련하였다고 할 수 있다. 이 컴퓨터 전자출판 시스템이 새로운 인쇄 방식을 탄생시키는 근원이 되었기 때문이다.

5도 인쇄기

이처럼 인쇄 기술이 컴퓨터가 주도하는 시대로 접어들면서 조판분야는 개인용컴퓨터가, 사진제판 카메라와 망점촬영 부문에서는 스캐너 컴퓨터 기술이 새롭게 자리를 잡았다. 이러한 기술들은 다시 필름과 인쇄판을 생략하는 CTP(Computer To Plate)라는 첨단 인쇄 시스템을 등장시켰다. 인쇄물 생산에 필요한 모든 과정에 디지털화가

디지털윤전기

디지털인쇄기

실현된 것이다. 디지털인쇄기는 간편한 인쇄라는 점 외에 인쇄 전단계의 과정들을 생략시킴으로써 다색 · 고급 인쇄물의 소량인쇄 시대를 열었다.

디지털인쇄기는 1993년 영국에서 개최된 국제인쇄기자재전시회인 IPEX에 출품되면서 세계 인쇄 시장에 알려지게 되었다. 이후 꾸준한 기술 개발에 힘

입어 세계 유수의 인쇄기 제작업체들이 디지털인쇄기를 속속 출시하여 2013년 현재는 5~6개 기종이 공급되고 있다.

우리나라는 1994년부터 소개된 이스라엘 인디고사의 E프린트가 효시라고 할 수 있다. 이후 하이델베르그의 퀵 마스터, 아그파의 크로마프레스, 자이콘, 소니의 그라비안, 제록스, 사이텍스 디지털인쇄기가 등장하였다.

디지털인쇄의 핵심은 인쇄 내용의 수정이나 재배열이 가능하다는 점이다. 오프셋 인쇄 방식에서는 같은 내용의 일부를 수정할 경우 별도의 인쇄판 제작과 같은 과정이 필요하지만, 디지털인쇄기는 특정 이미지만 바꾸면 간단히 처리된다. 이 같은 장점들로 인해 앞으로 디지털인쇄의 발전 속도는 상당히 빠를 것으로 예측된다.

근래에 들어 급속히 보급되고 있는 디지털인쇄는 활판인쇄에서 오프셋 인쇄로의 전환과는 여러 가지 면에서 크게 다른 모습이라고 할 수 있다. 사실 오프셋으로의 전환은 컬러 인쇄의 수요 확대에 따라 인쇄업계 내부에서 스스로 도입한 인쇄기술이었다.

그러나 디지털인쇄는 컴퓨터가 일반 사회에 널리 보급되어 인쇄물 발주자 쪽에서 먼저 디지털화가 진전됨으로써 인쇄업계의 디지털화를 촉진시켰다고 볼 수 있다. 따라서 인쇄업계 내부에서 디지털인쇄를 적극 수용하고자 하는 의지와는 관계없이 디지털화의 발전은 가속화될 것이라는 것이 대체적인 시각이다.

• 제판 시설의 전자화

인쇄 제판 분야의 전자화는 1950년대에 볼록판의 조각 장치로부터 시작되었다고 볼 수 있다. 이후 1960년대에 들어서 사진제판이나 문자작업을 쉽게 처리할 수 있는 컬러 스캐너, 전산사식기 등이 등장하였다.

1970년대에는 인쇄판 원고작성 장치, 인

사진식자기

쇄기계의 컴퓨터 조절 장치로 발전하였고 1980년대에는 DTP가 도입되면서 글자나 그림을 입력·편집한 후 바로 출력하는 인화지 출력기와 필름 출력기가 등장하였다. 또한 자료 입력 차원에서 벗어나 사진이나 그림 등을 처리할 수 있는 흑백 전용 단색 스캐너와 원색을 분해하여 컬러사진을 처리할 수 있는 컬러 스캐너 등도 활용되기 시작하였다.

이러한 변천을 거듭해 현재의 DTP는 초기의 흑백이나 저품질의 단색 출판물 단계를 탈피하고 모든 공정에서 컬러화를 실현하는 CEPS(Color Electronic Prepress Systems) 시대를 열었다. 제판 분야에 CEPS라는 새로운 개념이 등장하면서 신기술의 개발이 더욱 뚜렷하게 나타났으며, 이를 구성하고 있는 컬러 스캐너, 드럼 출력기, 컬러 출력기, 교정 출력기 분야도 눈부신 발전을 이루었다.

특히 1980년대 후반부터 인쇄 출판 시장에서 사용이 본격화된 매킨토시의 등장은 컬러 전자출판 분야의 기술 흐름을 일순간에 변화시키는 계기가 되었다. 매킨토시의 보급 확대와 더불어 1992년 말부터는 매킨토시와 연결하여 사용할 수 있고 화상 자료의 실행 속도 및 기능이

CTF

더욱 향상된 프리프레스 관련 제품이 다양하게 개발되었다. 이처럼 집판 처리가 가능한 CEPS의 등장은 거래 회사 간의 통신을 연결하여 정보를 주고받는 것은 물론 인쇄 전후 공정에 다양하게 응용되는 단계로 발전하였다.

1990년대 이후의 제판 전산화는 크게 필름 작업의 전산화와 인쇄판 출력의 전산화로 나누어 볼 수 있다. 물론 필름 작업의 전산화는 인쇄판 출력의 전산화가 완벽하게 이루어지면 그 공정이 생략되며 인쇄판 출력의 전산화는 편집의 전산화가 완벽하게 이룩된 후에야 가능하게 된다.

즉, 최근까지의 제판 작업 공정인 '필름 작업-인쇄판 만들기'의 공정 중 화면 편집 작업이 완벽하게 이루어지면 편집된 형태를 직접 인쇄판에 빛 쪼임하는 '화면편집-인쇄판 만들기'가 실현되어 필름 작업 공정이 생략된다.

편집자에 의해 화면 편집된 자료가 직접 인쇄판을 만들어내는 CTP (Computer To Plate)방식이 실용화된 것이다.

인쇄판의 전산화를 위해서는 편집된 화상 및 문자 자료를 인쇄판상의 지시된 위치에 정밀하게 출력할 수 있어야 하며 제작 시간이 오래 걸리지 않아야 하고 자동 이송, 자동 빛 쪼임, 자동 현상이 가능해야 한다.

CTP

전산 편집의 출력에 사용되는 두루마리 인화지나 필름 등과는 다르게 인쇄판은 두루마리 형태로 사용할 수 없으므로 평면 주사방식으로 처리하고 있다. 따라서 이와 같은 인쇄판 출력 장치가 원활하게 활용되기 위해서는 전산 편집에서의 완벽한 컬러 교정과 전산 편집기와 전산 제판기 간의 호환이 잘 이루어지지 않으면 안 된다.

6도 인쇄기

• 인쇄 시설의 자동화

인쇄의 전산화는 인쇄기 기능의 전산화로 바꾸어 말할 수 있다. 인쇄 작업은 판과 잉크, 종이의 준비로부터 시작하여 인쇄 상태 조절 작업을 거쳐 본격적인 인쇄에 들어가며 본 인쇄에서는 정확한 핀트의 조절, 인쇄상의 사고 처리 등 일일이 사람의 눈으로 확인하지 않으면 안 될 작업의 특수성이 내재되어 있다.

7도 인쇄기

이러한 연유로 다른 생산 분야에 비해 비교적 자동화가 늦었으며 특히 인쇄 전문

8도 인쇄기

인력의 감소로 인한 정교한 인쇄물 제작의 어려움이나 인쇄 완료 시간의 지연 등과 같이 원활하지 못한 작업상의 문제가 대두되기도 한다.

따라서 작업 공정의 복잡함을 해소하고 품질의 표준화를 위해 컬러 관리 시스템(Color Management System)을 도입하는 업체들이 늘어나고 있고 인쇄기기 공급업체들도 이를 적극 권장하고 있다. 또한 생산성 향상과 공정 합리화를 위하여 1990년대에 색 맞춤 작업의 자동화 시스템으로 잉크 자동공급 장치가 개발되었고 핀트 자동맞춤 장치까지도 일반화되었다.

인쇄 주변기기 중 생산성 향상에 기여하는 또 한 가지 기술은 인쇄판 자동교환 장치의 등장이다. 1990년대 초부터 일반 인쇄업체에 공급되기 시작한 이 장치는 국전 5색 인쇄기의 경우 판을 교환한 다음 핀트 맞춤을 끝내고 정상적인 가동을 하기까지 5분여밖에 걸리지 않는다.

오프셋 인쇄기 주변장비의 첨단화는 보다 다양화, 고급화, 소롯트화 되는 인쇄물의 발주 경향과 생산성 향상에 크게 기여하게 되고 손지율 절감과 기능 연력의 적정화를 이루는 데도 도움이 된다.

• 인쇄물 소비 형태의 변화

현대 사회를 흔히 성숙된 사회, 정보화 사회라고 말한다. 이는 대량생산, 대량 소비의 시대가 끝나고 다품종 소량의 시대로 접어들었음을 의미한다고 정의할 수 있다. 이 같은 시대에서는 인쇄물도 다품종 소량, 단납기의 실현이 필수적일 수밖에 없으며 인쇄물 자체의 수명도 짧아지게 마련이다. 특히 정보가 홍수를 이루면서 읽는 인쇄물보다는 보는 인쇄물 쪽으로 소비 패턴이 변하게 된다. 또한 인쇄기술의 발달로 인쇄물의 종류가 다양해짐에 따라 일반 수요자들의 기호도 크게 바뀌고 있으며 국민들의 문화 수준이 높아지면서 소비 욕구도 고급화가 뚜렷하다.

이처럼 전 산업 분야에서 전산화가 급속

라벨 인쇄기

히 진전되면서 인쇄의 개념도 보다 전문화되고 세분화되는 만큼 앞으로 인쇄업계는 다품종 소량화의 추세에 적극 부응하는 발상의 전환이 필요하다.

또한 정보화 사회로 진입하면서 특수인쇄물의 수요가 크게 늘어나고 있다. 특히 산업의 발전과 함께 중요성이 증대되는 분야가 스크린인쇄라고 할 수 있다.

우리나라에서 상업적으로 실용화된 것은 30여 년에 불과하지만 일반 인쇄와는 달리 인쇄할 수 있는 소재가 다양할 뿐만 아니라 곡면, 반원형 등 형태와 크기에 구애되지 않고 색상도 인쇄 후 쉽게 변하지 않으며 내구성이 강한 인쇄를 실현하는 특징을 지니고 있다. 스크린인쇄의 용도는 가정의 생활용품에서부터 각종 판촉물, 첨단 기술 제품에 이르기까지 폭넓게 활용되고 있다. 또 표면 장식에 따른 시각적 효과, 전자제품의 문자·모형 등의 표시 기능을 갖추고 있어 부가가치의 향상은 물론 문화 발전에도 크게 기여하고 있다.

다음은 금속인쇄를 들 수 있다. 이 인쇄방식은 종이 인쇄와 같은 오프셋인쇄와 스크린인쇄의 복합으로 대량생산이 가능해 각종 전기·전자 및 기계 등에 활용되고 있으며 내휘발성이 강하고 색상이 변하지 않아 반영구적으로 사용할 수 있는 특징을 지니고 있다. 알루미늄·동판·스테인레스 호일 등의 재질에 정교하고 선명한 인쇄 효과를 얻을 수 있으며 섬유와 요업 분야를 제외하고는 전 산업 분야에 활용된다. 또한 전사(轉寫) 인쇄는 주로 생활필수품에 많이 이용되고 있는데, 기법이 특이하며 전사지의 단독 수출이 가능한 특수인쇄 분야로 우리나라는 요업용 전사가 크게 발전되어 있다.

플렉소 인쇄기

이와 함께 레이저를 이용한 최첨단 인쇄방식인 홀로그램 인쇄가 급속히 늘어나고 있다. 레이저로 입체 촬영하여 2·3차원의 영상을 만들어서 보는 각도에 따라 상(像)

비즈니스폼 인쇄기

이 달라질 뿐만 아니라 작은 공간에 엄청난 정보까지도 압축·기억시킬 수 있는 종합예술의 결정체로서 각종 카드의 위조 방지용이나 팬시 분야의 카드 상품으로 이용되고 있다.

스크린인쇄기

플렉소 인쇄 시장도 급속 신장되고 있다. 1990년대 중반부터 급속히 늘어나기 시작한 플렉소 인쇄는 이미 우리에게 널리 알려진 기존의 인쇄 방식 중에서 역사가 가장 짧다. 인쇄 방법이 볼록판 인쇄 기법이라는 점에서는 활판인쇄와 비슷하지만 부드러운

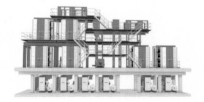

신문 윤전기

재질의 수지판과 건조가 빠른 액상 잉크를 사용한다는 점 등을 고려해보면 일반 인쇄 방식과는 크게 다름을 알 수 있다.

플렉소 인쇄는 1백 년이 채 안 되는 역사를 가지고 있지만 미국과 유럽 시장을 중심으로 급속한 발전을 이루고 있는데, 최근에는 성장 속도가 가장 빠른 인쇄 분야로 각광을 받고 있는 것이 세계적 추세이다. 플렉소 인쇄가 고속 성장을 하고 있는 배경으로는 우선 수성잉크를 사용해 환경문제를 해결한다는 점을 들 수 있다. 또한 인쇄기계가 다른 방식의 인쇄기보다 가격 면에서 저렴하며 인쇄와 동시에 코팅 등 후가공 공정까지 단일 공정으로 처리할 수 있는 장점 때문이다.

플렉소 인쇄는 1980년대에 들어서면서 높은 성능을 보이는 아니록스롤러의 등장과 고농도 수성잉크의 개발 등에 힘입어 인쇄 품질이 급속히 향상되었다. 플렉소 인쇄는 광폭 윤전 플렉소와 소폭 윤전 플렉소로 구분할 수 있는데, 광폭 윤전기는 연포장 인쇄 부분에, 소폭 윤전기는 라벨 인쇄 및 지기 인쇄 분야에 많이 활용되고 있다.

(3) 인쇄관련법의 제정과 변천

공식적인 최초의 인쇄관련법은 1961년 12월 30일 제정된 '출판사 및 인쇄소의 등록에 관한 법률'이다. 동 법은 "출판업 및 인쇄업을 보호함으로써 출판문화의 향상 발전을 도모함을 목적으로 한다"고는 되어 있으나 등록을 강제한 점으로 볼 때 진흥보다는 통제의 성격이 짙은 법률이었다.

전문 8조와 부칙으로 되어 있던 동 법의 핵심을 살펴보면 "출판사 또는 인쇄소를 경영하는 자는 일정한 사항을 당해 출판사 또는 인쇄소의 소재지를 관할하는 시장·군수·구청장에게 등록하여야 한다. 등록청은 그 등록이 있은 때에는 등록 사항을 문화관광부 장관에게 보고하여야 한다. 등록한 출판사가 만화·사진집·화보집 및 소설을 출판한 때에는 그 출판물 2부를 등록청을 거쳐 문화관광부 장관에게 납본하여야 한다. 문화관광부 장관은 납본한 자에게는 납본 필증을 교부한다. 등록청은 출판사 또는 인쇄소의 등록을 한 자가 허위 기타 부정한 방법으로 등록한 사실이 있는 경우와 변경 사항을 등록하지 않은 경우, 등록된 장소에 출판사 또는 인쇄소가 없고 또한 그 소재지를 알 수 없는 경우, 정기간행물의 등록 등에 관한 법률에 의한 등록을 하지 않고 정기간행물을 발행한 경우, 음란한 간행물이나 아동에 유해한 만화 등을 출판하여 공중도덕이나 사회윤리를 침해하였다고 인정되는 경우에는 그 등록을 취소할수 있다"고 되어 있다.

동 법은 2002년 '출판 및 인쇄진흥법'이 제정되면서 폐지되었다. 총 7장 28조와 부칙 8조로 구성된 출판 및 인쇄진흥법은 21세기 지식정보화 사회에서는 기존의 '출판사 및 인쇄소의 등록에 관한 법률'과 '외국간행물 수입·배포에 관한 법률'로는 출판의 자유를 신장하고, 출판·인쇄문화산업을 종합적으로 진흥시키는 데 미흡하기 때문에 이 두 종류의 법률을 통합해 미래 지향적이고 종합적인 법체계를 마련할 목적으로 제정되었다.

동 법은 출판 및 인쇄문화산업의 진흥과 출판사 및 인쇄사의 신고, 외국간행물의 수입 추천, 한국간행물윤리위원회의 설치·운영, 간행물의 유통, 벌칙 등을 주요 내용으로 하고 있다. 특히 출판사는 해당 간행물에 정가를 표시해 정가대로 판매해야 하며, 다만 정보통신망을 이용해 해당 간행물을 판매하는 경우에 한해 정가의 1할의 범위 안에서 할인해 판매할 수 있도록 하는 도서정가제에 대한 규정을 담고 있다. 또한 ①출판 및 인쇄문화산업의 지원·육성을 위한 양서 출판의 장려 및 지원 ②간행물의 유통 질서 정착을 위한 모든 간행물의 국제표준자료번호 표시 ③출판 및 인쇄문화산업의 기반시설 확충과 단지 조성 ④출판사·인쇄사의 경영 ⑤북한에서 출판한 간행물의 수입 ⑥한국간행물윤리위원회의 설치·운영 ⑦간행물의 유통질서 유지에 관한 심의 ⑧불법 복제 및 유해 간행물의 수거 및 폐기 ⑨과태료 부과 등의 세부 내용을 다루고 있다.

동 법은 2007년 인쇄문화산업진흥법과 출판문화산업진흥법이 각각 제정되면서 폐지되었다. 2009년 개정된 인쇄문화산업진흥법의 목적을 보면 "이 법은 인쇄에 관한 사항 및 인쇄문화산업의 지원·육성에 관하여 필요한 사항을 규정함으로써 인쇄문화 발전과 이를 통한 국민경제의 발전에 이바지함을 목적으로 한다"고 되어 있다. 따라서 인쇄관련법은 이때에 이르러서야 비로소 진정한 진흥법의 면모를 갖추었다고 볼 수 있다.

동 법에는 인쇄문화산업의 진흥을 위해 "①문화체육관광부장관은 인쇄문화산업의 진흥을 위한 종합계획을 매 5년마다 수립·시행하여야 한다. ②진흥계획에는 다음 각 호의 사항이 포함되어야 한다. 1. 전문인력 양성의 지원 2. 인쇄시설의 현대화 지원 3. 국제교류·협력 및 수출시장 확대의 지원 4. 인쇄물 및 인쇄 기자재에 관한 연구사업의 지원 5. 인쇄 협동화사업의 지원 6. 인쇄물 품질향상에 관한 사업의 지원 7. 그 밖에 인쇄문화산업의 진흥에 필요한 사업 ③문화체육관광부장관은 진흥계획을 수립하고자 할 때에는 미리 관계 중앙행정기관의 장과 협의하여야 하며, 인쇄문화산업과 관련된 단체의 의견을 들어야 한다. ④문화체육관광부장관은 진흥계획의 수립·시행을 위하여 필요한 때에는 특별시장·광역시장·도지사 또는 특별자치도지사에게 필요한 협조를 요청하거나 지원할 수 있다"고 명시되어 있다.

동 법에 따라 2012년 7월 11일 당시 최광식 문화체육관광부 장관이 '인쇄문화산업 진흥 5개년 계획'을 발표하였다. 동 계획은 인쇄문화산업의 국가 전략산업화를 비전으로 하여 친환경·고품질 인쇄를 실현, 세계 10위권의 인쇄대국으로 성장하는 것을 목표로 하였다. 이를 위하여 수출진흥 등 5대 전략 과제와 17개 세부 이행 과제를 선정하고 민간 자금을 포함하여 792억 원을 투입한다고 발표하였다.

2. 미래의 인쇄

(1) 멀티미디어로 발전

1990년대의 인쇄기술은 DTP로 일컬어지는 컴퓨터 제어 방식의 제판기술이 도입되면서 획기적인 기술 변화를 맞았다. 제판기술의 발전은 폰트의 개발, 소프트웨어의 개발, 인쇄용지와 인쇄잉크의 품질향상, 인쇄판재의 변화 등 관련 산업에도 큰 영향을 미쳤다. 이 같은 인쇄기술의 발전은 21세기에 들어서면서 CTF(Computer to Film)와 CTP(Computer to Plate)를 탄생시켰고 디지털인쇄를 촉진하는 계기가 되었다.

이처럼 21세기의 인쇄산업은 첨단산업으로 꾸준히 진화하고 있다. 이는 0.03미크론의 세계를 다루는 초정밀 인쇄기술과 컴퓨터와의 만남에서 시작된 기술혁신의 결과이다.

미래의 인쇄는 정보통신의 발전과 함께 멀티미디어 산업으로 발전할 것이다. 혹자는 인쇄를 사양산업이라고 말한다. 종이 인쇄물 시대는 종말을 고하게 될 것이라고 예언하는 사람도 있다.

그러나 컴퓨터가 무한의 발전을 이룬다고 해도 종이 인쇄물의 고유한 기능이 사라지리라는 건 상상할 수 없다. 종이 인쇄물의 탁월한 보존성과 전달력은 그 어떤 매체도 따라올 수 없기 때문이다.

(2) 특수인쇄기술의 고도화

미래의 인쇄기술은 소량 고객 맞춤형 특수인쇄기술이 고도화되는 방향으로 발전할 것으로 예상된다. 인쇄기술의 역사는 피인쇄체의 범위 확장의 역사와 궤를 같이 해왔다. 현재 인쇄기술은 "공기와 물을 제외한 모든 것에 인쇄가 가능하다"라는 말이 있을 정도로 피인쇄체의 다변화를 이룬 단계에 와 있다. 즉, 현재에는 종이라는 피 인쇄체를 넘어 건축자재, 가전제품 패널 소재, 각종 건축자재와 직물 등에 이르기까지 다양한 피인쇄체에 대한 인쇄가 이루어지고 있다. 하지만 아직까지 다양한 피인쇄체에 대한 고객 맞춤형 소량 인쇄는 쉽지 않은 상황이다. 그러나 인쇄기술의 발전으로 이러한 한계는 조금씩 극복되어가고 있으며 이에 따라 향후에는 고객의 주문에 따라 다양한 피인쇄체에 대한 인쇄가 소량으로 이루어지는 것이 일반화될 수 있을 것으로 전망된다.

이미 소형 잉크젯이나 디지털인쇄기를 활용한 다양한 피인쇄체에 대한 소량 인쇄가 지속적으로 증가하고 있는 추세이다. UV경화 잉크젯을 통해서도 소량의 전자제품 패널 소재나 각종 직물에 대한 소량인쇄가 가능해졌다. 또한 LED를 채택한 소형 UV경화 잉크젯 인쇄기 보급이 이루어지면서 곡면, 입체물, 뜨거운 물건 등 보다 다양한 피인쇄체에 대한 소량인쇄 역시 늘어나고 있다. 미래의 인쇄기술은 이와 같이 맞춤형 소량 요구에 부응하는 특수인쇄가 활성화되는 방향으로 발전되어갈 것이다. 그리고 이러한 추세의 영향으로 소량의 다품종 인쇄물 시장 역시 더욱 활성화될 것으로 예상된다.

(3) 오감인쇄기술로 진화

패키지 인쇄 분야에서는 오감인쇄기술 활용 및 진보가 활성화될 전망이다. 패키지 인쇄는 과거 상품의 보존을 위한 목적에서 활용되던 단계에서 현재에는 상품의 가치를 향상시키고 새로운 가치를 창출하는 단계로 발전하였다. 산업통상자원부에 따르면 세계 패키지 시장 규모는 약 6,700억 달러(2012년 기준)이며 2016년까지 연간 3%대의 성장률을 기록할 것으로 전망되고 있다. 국내 패키지 시장 규모의 경우 2011년 기준으로 시장 규모 33조 4000억 원대를 형성하면서 세계시장의 성장세를 약 두 배 정도 앞지르며 급속하게 성장하고 있는 상황이다.

이러한 패키지 산업 성장세의 영향으로 패키지 인쇄 분야 역시 지속적인 성장세를 보일 것으로 전망되며 이 같은 경향은 패키지 인쇄기술 활용 및 진보 활성화의 동력으로 작용할 것으로 예상된다. 패키지 인쇄기술의 진보 측면에서는 특히 오감인쇄기술의 활성화가 이루어질 전망이다. 패키지 인쇄의 오감인쇄기술 중 가장 주목되는 분야는 QR코드 인쇄분야이다. 패키지 산업에서 QR코드 인쇄는 지속적으로 증가하고 있는데 이러한 경향은 향후에 더욱 보편화될 것으로 보인다.

온도의 변화에 따라 인쇄된 인쇄물의 색이 달라지게 하는 인쇄 방법인 가변색 인쇄기술의 활용도 증가할 전망이다. 가변색 인쇄기술은 현재도 다양한 패키지 인쇄 분야에서 활용되고 있다. 향후 패키지 산업의 활성화로 인한 고품질 인쇄 수요가 늘어나게 되면 패키지 인쇄 분야에서도 이러한 가변색 인쇄기술 활용이 더욱 활성화될 것이다.

융기인쇄기술과 향료인쇄기술 역시 패키지 분야에서의 활용이 증가할 것으로 보인다. 인간의 오감을 자극하는 감성 마케팅이 중요한 마케팅 방법 중 하나로 대두하고 있어 패키지 분야에서의 융기인쇄기술과 향료인쇄기술 활용도도 지속적으로 증가하게 될 전망이다.

지금까지 살펴본 바와 같이 패키지 산업 규모의 지속적인 성장으로 패키지 인쇄기술도 계속적으로 혁신되고 있다. 이에 따라 패키지 인쇄분에서도 디지털인쇄기 활용이 늘어나고 있으며, 이로 인해 소량인쇄 또한 가능해졌다. 이러한 발전 추세에 따라 향후 미래에는 인간의 오감을 효과적으로 자극할 수 있는 오감인쇄기술의 다품종 소량인쇄 시장에서의 활용 또한 점점 더 많아질 것으로 예상된다.

(4) 보안 및 위·변조 인쇄기술의 첨단화

2013년 12월 전국은행연합회는 기존보다 위변조 방지 요소를 대폭 보강한 비정액 자기앞수표를 발행한다고 밝혔다. 전국은행연합회의 새로운 비정액 자기앞수표는 기존에 적용되었던 위변조 방지 요소 외에 색변환 잉크를 사용해 기울이는 각도에 따라 자기앞수표 문자의 색변환이 이루어지도록 하였으며, 적색 형광물질이 포함된 침투형 잉크를 이용해 자외선램프를 비추면 기존 발행번호가 적색형광으로 나타나도록 하였다.

한편, 미국에서는 2013년 10월 새로운 100달러짜리 지폐를 발행하면서 위조를 더욱 어렵게 만들기 위해 새 지폐에 3차원 보안 띠를 인쇄하고 동시에 지폐를 기울였을 경우 구릿빛 색상에서 녹색으로 지폐의 색이 바뀔 수 있도록 하기 위해 인쇄기술을 활용하기도 하였다. 이처럼 사회의 정보화 및 자동화가 심화되면서 위·변조 방지의 중요성이 증가하고 있으며 이 분야에서의 인쇄의 역할도 커져가고 있다. 따라서 미래에는 위·변조 방지 분야에서의 인쇄기술의 발전이 더욱 활성화될 것으로 예상된다.

또한 보안 분야에서도 인쇄기술의 역할이 강화될 전망이다. 보안 분야에서는 특히 인쇄 솔루션 영역의 기술 활성화가 예상된다. 최근에는 정보 유출의 심각성이 대두되면서 가장 손쉽고 일반적인 정보 유출 방법 중 하나인 내부자의 출력물 형태로의 정보 유출을 방지하기 위한 인쇄 솔루션 분야의 기술들이 급속하게 혁신되고 있다. 인쇄 시 전자감응 특수 용지를 사용하여 출입 통제에서 출력물에 대한 무단 반출을 탐지하는 솔루션의 적용이 이루어지고 있으며 복합기 등에 카드리더를 연동하여 인쇄 시 사용자를 인증하는 체계, 인쇄물에 출력자의 신상정보 및 워터마크를 자동 인쇄하도록 하는 방안 등이 활용되고 있기도 하다. 이 밖에 2013년 초부터는 정부는 공무원증에 홀로그램·시변각잉크 등 특수인쇄기술을 활용하기 시작하기도 하는 등 홀로그램 및 특수

인쇄 등의 인쇄기술이 보안 분야에서 갖는 역할도 갈수록 중요해지고 있다.

　해외에서도 보안 인쇄 시장의 미래 전망은 낙관적이다. 주요 선진국들이 위치한 지역이 아닌 중동 및 북아프리카 지역에서도 보안 인쇄에 대한 수요가 지속적으로 증가하고 있다. 이 지역에서는 계속적인 인구 증가에 따른 대규모 신분증 도입, 왕성한 현금 통화 유통 등의 환경 변화에 따라 보안 인쇄에 대한 수요가 크게 늘어나고 있는 상황이다. 이러한 국내외 변화 추세를 고려해보면 보안 인쇄 분야의 기술은 향후 더욱 급격한 성장세를 이룰 것으로 예상할 수 있다.

(5) 친환경 인쇄기술의 증진

　미래에는 친환경 인쇄기술의 증진도 예상된다. 친환경 인쇄가 세계 인쇄문화산업계에 화두가 된 지 오래이다. 국내에서도 친환경 인쇄기술과 관련된 다양한 혁신 사례들이 지속적으로 증가하고 있다. 2014년 6월 국내 유명 백화점 중 한 곳에서는 유해성 물질로 알려진 비스페놀이 포함되지 않은 친환경 영수증 용지를 도입하였다. 비스페놀은 영수증에 인쇄되는 글자의 색을 나타내는 현색제에 포함된 물질로 각종 암을 유발할 수 있어 논란이 돼왔다. 이 백화점에서는 비스페놀 성분의 유해성에 대한 관심이 높아지면서 기존 영수증 용지에 비해 비용이 10%가량 높지만 유해성을 차단하기 위해 비스페놀 무첨가 영수증을 활용하기 시작하였다. 국군인쇄창에서도 친환경 인쇄 트렌드에 대응하기 위한 새로운 시도를 추진하고 있으며, 그 결과 2013년 말에는 공공기관 최초로 노르웨이 선급협회(DNV : Det Norske Veritas)가 수여하는 국제산림인증서(FSC-CoC)를 획득하기도 하였다. 국제산림인증서는 산림자원 황폐화와 남용을 막고 지구온난화 등을 예방하기 위해 국제산림인증을 획득한 원자재만 사용하는 단체에 수여하는 권위 있는 인증서다.

　'인쇄문화산업 진흥 5개년 계획(2012-2016)'에서도 중요한 과제 중 하나로 친환경 인쇄가 제시되었다. 세계 인쇄문화산업은 환경을 파괴하는 저부가 가치 산업이라는 오명을 벗고 친환경적인 고부가가치 산업으로 전환되고 있다. 따라서 향후 친환경 인쇄기술의 증진은 더욱 가속화될 것으로 전망된다.

(6) 새로운 비즈니스 모델 등장

지금까지 미래 인쇄문화의 변화 양상에 대해 전망해보았다. 앞에서 살펴본 바와 같이 멀티미디어 산업으로 발전함을 전제로, 미래의 인쇄기술은 소량 고객 맞춤형 특수인쇄기술의 고도화, 패키지 인쇄를 중심으로 한 오감인쇄기술 활성화, 보안 및 위·변조 방지 분야에서의 인쇄기술 발전, 친환경인쇄기술의 증진 등 크게 네 가지 방향으로 변화될 것으로 예상된다.

이러한 인쇄기술의 변화 양상은 인쇄문화산업 비즈니스에 있어 새로운 기회와 위기요인으로 작용하게 될 것이다. 이제부터 국내 인쇄문화산업은 이와 같은 기회와 위기에 효과적으로 대응할 수 있는 새로운 지속성장 모델 구축을 위해 역량을 최대한 집중해야 할 것이다.

인쇄문화산업진흥법 및 동법 시행령

인쇄문화산업진흥법

법률 제9472호 일부개정 2009. 03. 05.

제1장 총칙

제1조(목적)

이 법은 인쇄에 관한 사항 및 인쇄문화산업의 지원·육성에 관하여 필요한 사항을 규정함으로써 인쇄문화 발전과 이를 통한 국민경제의 발전에 이바지함을 목적으로 한다.

제2조(정의)

이 법에서 사용하는 용어의 정의는 다음과 같다.

1. "인쇄"는 인쇄기 또는 컴퓨터 등 전자장치를 이용하여 문자·사진·그림 등의 정보를 종이·천·합성수지 또는 전자적 매체(유형물인 매체에 한한다) 등에 실어 복제·생산하는 것을 말한다.

2. "인쇄물"은 인쇄에 의하여 보고 읽을 수 있도록 복제·생산된 것을 말한다.

3. "인쇄사"는 인쇄를 업으로 하는 인적·물적 시설을 말한다.

4. "인쇄문화산업"은 인쇄산업 및 이와 밀접히 연관된 산업을 말한다.

5. "인쇄문화산업단지"는 인쇄사, 대학, 연구소, 단체, 개인 등이 공동으로 인쇄문화의 향상·발전을 위하여 인쇄물의 공동제작, 정보교환, 기술훈련 및 연구개발 등을 할 수 있도록 조성한 토지·건물·시설의 집합체로서「문화산업진흥 기본법」제24조에 따라 조성된 문화산업단지를 말한다.

제3조(국가 및 지방자치단체의 책무)

①국가 및 지방자치단체는 인쇄문화산업의 건전한 발전을 위하여 필요한 시책을 수립·시행하여야 한다.

②국가는 우리나라 인쇄문화의 전통과 우수성을 널리 알리기 위하여 현존하는 직지(直指)[세계 최고(最古)의 금속활자인쇄본인 백운화상초록불조직지심체요절(白雲和尙抄錄佛祖直指心體要節)을 말한다] 등 인쇄와 관련된 문화재의 가치를 높일 수 있는 방안을 강구하여야 한다.

제4조(다른 법률과의 관계)

인쇄문화산업의 진흥에 관하여는 다른 법률에 특별한 규정이 있는 경우를 제외하고는 이 법으로 정하는 바에 따른다.

제2장 인쇄문화산업의 진흥

제5조(인쇄문화산업진흥계획의 수립 · 시행 등)
①문화체육관광부장관은 인쇄문화산업의 진흥을 위한 종합계획(이하 "진흥계획"이라 한다)을 매 5년마다 수립 · 시행하여야 한다. [개정 2008.2.29 제8852호(정부조직법)]
②진흥계획에는 다음 각 호의 사항이 포함되어야 한다.
1. 전문인력 양성의 지원
2. 인쇄시설의 현대화 지원
3. 국제교류 · 협력 및 수출시장 확대의 지원
4. 인쇄물 및 인쇄기자재에 관한 연구사업의 지원
5. 인쇄 협동화사업의 지원
6. 인쇄물 품질향상에 관한 사업의 지원
7. 그 밖에 인쇄문화산업의 진흥에 필요한 사업
③문화체육관광부장관은 진흥계획을 수립하고자 할 때에는 미리 관계 중앙행정기관의 장과 협의하여야 하며, 인쇄문화산업과 관련된 단체의 의견을 들어야 한다. [개정 2008.2.29 제8852호(정부조직법)]
④문화체육관광부장관은 진흥계획의 수립 · 시행을 위하여 필요한 때에는 특별시장 · 광역시장 · 도지사 또는 특별자치도지사(이하 "시 · 도지사"라 한다)에게 필요한 협조를 요청하거나 지원할 수 있다. [개정 2008.2.29 제8852호(정부조직법)]
제6조(창업 및 시설 · 유통의 현대화 지원)
①문화체육관광부장관은 인쇄문화산업에 관한 창업을 촉진하고 창업자의 성장 · 발전을 위하여 필요한 지원을 할 수 있다. [개정 2008.2.29 제8852호(정부조직법)]
②문화체육관광부장관은 인쇄사의 시설 및 유통 현대화를 지원하기 위하여 필요한 노력을 하여야 한다. [개정 2008.2.29 제8852호(정부조직법)]
③제2항에 따른 시설 및 유통 현대화 지원의 대상 · 방법 · 절차 등에 관하여 필요한 사항은 대통령령으로 정한다.
제7조(전문인력 양성의 지원)
①문화체육관광부장관은 인쇄문화산업의 진흥을 위하여 필요한 전문인력(이하 "전문인력"이라 한다)의 양성을 지원하여야 한다. [개정 2008.2.29 제8852호(정부조직법)]
②제1항에 따른 전문인력 양성에 관하여는 「문화산업진흥 기본법」 제16조를 준용한다. 이 경우

"문화산업"은 "인쇄문화산업"으로 본다.

제8조(국제교류의 지원)

①문화체육관광부장관은 인쇄문화산업의 진흥을 위하여 국제교류가 활성화될 수 있도록 지원하여야 한다. [개정 2008.2.29 제8852호(정부조직법)]

②제1항에 따른 국제교류 활성화의 지원 대상 · 방법 · 절차 등에 관하여 필요한 사항은 대통령령으로 정한다.

제9조(인쇄물 품질향상에 관한 사업의 지원)

①문화체육관광부장관은 인쇄문화산업의 진흥을 위하여 인쇄물 품질향상에 관한 사업을 지원할 수 있다. [개정 2008.2.29 제8852호(정부조직법)]

②제1항에 따른 인쇄물 품질향상에 관한 사업의 지원 대상 · 방법 · 절차 등에 관하여 필요한 사항은 대통령령으로 정한다.

제10조(인쇄문화산업단지의 조성)

①국가 또는 지방자치단체는 인쇄기술의 연구 · 개발, 인쇄물 제작, 전문 인력의 양성 등을 통하여 인쇄문화산업을 진흥하기 위하여 인쇄문화산업단지를 조성할 수 있다.

②제1항에 따른 인쇄문화산업단지의 조성은 「문화산업진흥 기본법」 제21조부터 제30조의2까지의 규정을 준용한다.

제11조

삭제 [2009.3.5] [[시행일 2009.9.6]]

제3장 인쇄사의 신고 등

제12조(신고) 과태료

①「출판문화산업 진흥법」 제2조에 따른 간행물을 발행하기 위하여 인쇄사를 경영하고자 하는 자는 그 인쇄사의 소재지를 관할하는 특별자치도지사 · 시장 · 군수 · 구청장(자치구의 구청장을 말한다. 이하 같다)에게 다음 각 호의 사항을 신고하여야 한다. 신고한 사항을 변경하고자 하는 때에도 또한 같다. [개정 2009.3.5] [[시행일 2009.9.6]]

1. 인쇄사의 명칭 · 소재지
2. 경영자(법인이나 단체인 경우는 그 대표자)의 주소 · 성명

②특별자치도지사 · 시장 · 군수 · 구청장은 제1항에 따른 신고(이하 "신고"라 한다)를 한 자에게 신고필증을 내주어야 한다. [개정 2009.3.5] [[시행일 2009.9.6]]

③특별자치도지사 · 시장 · 군수 · 구청장은 신고를 받은 때에는 그 신고사항을 시 · 도지사(특별자치도의 경우는 제외한다)를 거쳐 문화체육관광부장관에게 보고하여야 한다. [개정 2008.2.29 제8852호(정부조직법), 2009.3.5] [[시행일 2009.9.6]]

제13조(신고필증의 반납)
①인쇄사를 경영하는 자가 신고한 영업을 폐지한 때에는 지체 없이 신고필증을 관할 특별자치도
지사·시장·군수·구청장에게 반납하여야 한다. [개정 2009.3.5] [[시행일 2009.9.6]]
②특별자치도지사·시장·군수·구청장은 제1항에 따라 신고필증을 반납 받은 때에는 시·도
지사(특별자치도의 경우는 제외한다)를 거쳐 문화체육관광부장관에게 보고하여야 한다. [개정
2008.2.29 제8852호(정부조직법), 2009.3.5] [[시행일 2009.9.6]]

제4장 보칙

제14조(권한의 위임·위탁)
문화체육관광부장관은 이 법에 따른 권한의 일부를 대통령령으로 정하는 바에 따라 시·도지사
에게 위임하거나 관련 법인이나 단체에 위탁할 수 있다. [개정 2008.2.29 제8852호(정부조직
법)]
제15조(과태료)
①제12조제1항을 위반하여 신고하지 아니하고 인쇄사의 영업행위를 한 자에게는 300만 원 이하
의 과태료를 부과한다.
②제1항에 따른 과태료는 대통령령으로 정하는 바에 따라 특별자치도지사·시장·군수·구청장
이 부과·징수한다. [개정 2009.3.5] [[시행일 2009.9.6]]
③삭제 [2009.3.5] [[시행일 2009.9.6]]
④삭제 [2009.3.5] [[시행일 2009.9.6]]
⑤삭제 [2009.3.5] [[시행일 2009.9.6]]

부칙

부칙 [2007.7.19 제8532호]
제1조(시행일) 이 법은 공포 후 6개월이 경과한 날부터 시행한다.
제2조(인쇄사 신고에 관한 경과조치) 이 법 시행 당시 종전의 「출판 및 인쇄진흥법」에 따라 신고
한 인쇄사는 이 법에 따른 인쇄사로 신고한 것으로 본다.
제3조(출판·인쇄문화산업진흥계획에 관한 경과조치) 이 법 시행 당시 종전의 「출판 및 인쇄진
흥법」 제4조에 따라 수립된 출판·인쇄문화산업진흥계획 중 인쇄와 관련된 부분은 이 법에 따라
수립된 인쇄문화산업진흥계획으로 본다.
제4조(다른 법률과의 관계) 이 법 시행 당시 다른 법령에서 종전의 「출판 및 인쇄진흥법」이나 그

규정을 인용하고 있는 경우에 이 법 중 그에 해당하는 규정이 있는 때에는 종전의 규정에 갈음하여 이 법 또는 이 법의 해당 조항을 인용한 것으로 본다.

부칙 [2008.2.29 제8852호(정부조직법)]
제1조(시행일) 이 법은 공포한 날부터 시행한다. 단서 생략
제2조부터 제5조까지 생략
제6조(다른 법률의 개정)
①부터 [266]까지 생략
[267]인쇄문화산업 진흥법 일부를 다음과 같이 개정한다.
제5조제1항·제3항·제4항, 제6조제1항·제2항, 제7조제1항, 제8조제1항, 제9조제1항, 제11조제1항·제4항, 제12조제3항, 제13조제2항 및 제14조 중 "문화관광부장관"을 각각 "문화체육관광부장관"으로 한다.
제11조 제1항 중 "문화관광부"를 "문화체육관광부"로 한다.
[268]부터 [760]까지 생략
제7조 생략

부칙 [2009.3.5 제9472호]
이 법은 공포 후 6개월이 경과한 날부터 시행한다.

인쇄문화산업진흥법 시행령

대통령령 제22782호 일부개정 2011. 03. 30.

제1조(목적)
이 영은 「인쇄문화산업 진흥법」에서 위임된 사항과 그 시행에 필요한 사항을 규정함을 목적으로 한다.
제2조(인쇄시설)
「인쇄문화산업 진흥법」(이하 "법"이라 한다) 제2조제3호에서 "물적 시설"이란 평판인쇄기, 활판인쇄기, 그라비어인쇄기, 플렉소인쇄기, 스크린인쇄기, 디지털인쇄기, 공판인쇄기, 조판시설, 제판시설, 제책시설, 인쇄 후 가공시설, 그래픽 아트 또는 인쇄디자인 시설 등을 말한다.
제3조(시설·유통의 현대화 지원 대상)
법 제6조제3항에 따른 인쇄사의 시설 및 유통의 현대화를 위한 지원 대상은 다음 각 호와 같다.
1. 홀로그램 및 전자 칩 인쇄 등 인쇄시설의 자동화·첨단화를 위한 시설투자 및 연구사업

2. 인쇄물의 유통 관련 시설의 개선사업

3. 그 밖에 인쇄시설 및 인쇄물의 유통과 관련된 기반을 조성하기 위한 사업

제4조(국제교류의 지원 대상)

법 제8조제2항에 따른 국제교류 활성화의 지원 대상은 다음 각 호와 같다.

1. 국내외 인쇄와 관련된 국제전시회의 개최 및 참가

2. 인쇄와 관련된 국제회의 또는 행사

3. 인쇄물의 해외 마케팅

4. 그 밖에 인쇄문화의 국제교류 증진

제5조(인쇄물 품질향상에 관한 사업의 지원 대상)

법 제9조제2항에 따른 인쇄물 품질향상에 관한 사업의 지원 대상은 다음 각 호와 같다.

1. 서체 연구 및 개발사업

2. 인쇄디자인 및 편집 프로그램의 개발사업

3. 인쇄물 및 인쇄기자재의 생산 표준화 연구사업

4. 그 밖에 인쇄물 품질향상과 관련된 기반을 조성하기 위한 사업

제6조

삭제 [2009.7.7] [[시행일 2009.9.6]]

제7조

삭제 [2009.7.7] [[시행일 2009.9.6]]

제8조

삭제 [2009.7.7] [[시행일 2009.9.6]]

제9조

삭제 [2009.7.7] [[시행일 2009.9.6]]

제10조

삭제 [2009.7.7] [[시행일 2009.9.6]]

제11조

삭제 [2009.7.7] [[시행일 2009.9.6]]

제12조

삭제 [2009.7.7] [[시행일 2009.9.6]]

제13조

삭제 [2009.7.7] [[시행일 2009.9.6]]

제14조(신고)

법 제12조제1항에 따른 인쇄사의 경영신고는 별지 제1호 서식의 인쇄사 신고서에 따른다.

제15조(변경신고)

법 제12조제1항 각 호 외의 부분 후단에 따른 인쇄사의 변경신고를 하려는 자는 그 변경 일부터

20일 이내에 별지 제1호 서식의 인쇄사 신고서에 제16조제1항에 따른 신고필증을 첨부하여 특별자치도지사 · 시장 · 군수 · 구청장(자치구의 구청장을 말한다. 이하 같다)에게 제출하여야 한다. [개정 2009.7.7] [[시행일 2009.9.6]]

제16조(신고필증의 발급)

① 법 제12조제2항에 따른 신고필증은 별지 제2호서식과 같다.

② 특별자치도지사 · 시장 · 군수 · 구청장은 제15조에 따른 변경신고를 받은 때에는 신고필증의 해당 부분을 정정하여 내주어야 한다. [개정 2009.7.7] [[시행일 2009.9.6]]

제17조(신고상황의 보고)

① 특별자치도지사 · 시장 · 군수 · 구청장은 법 제12조제3항과 제13조제2항에 따라 매 분기의 신고 상황을 그 분기의 다음 달 10일까지 보고하여야 한다. [개정 2009.7.7] [[시행일 2009.9.6]]

② 제1항에 따른 보고는 별지 제3호 서식에 따른다.

제18조(과태료의 부과기준)

법 제15조제1항에 따른 과태료의 부과기준은 별표와 같다.

[전문개정 2011.3.30]

부칙

부칙 [2007.12.28 제20472호]

제1조(시행일) 이 영은 2008년 1월 20일부터 시행한다.

제2조(과태료에 관한 경과조치) 이 영 시행 전의 위반행위에 대한 과태료 부과에 관하여는 종전의 규정에 따른다.

제3조(다른 법령과의 관계) 이 영 시행 당시 다른 법령에서 종전의 「출판 및 인쇄진흥법 시행령」 또는 그 규정을 인용한 경우에 이 영 가운데 그에 해당하는 규정이 있으면 종전의 규정을 갈음하여 이 영 또는 이 영의 해당 조항을 인용한 것으로 본다.

부칙 [2008.2.29 제20676호(문화체육관광부와 그 소속기관 직제)]

제1조(시행일) 이 영은 공포한 날부터 시행한다.

제2조부터 제4조까지 생략

제5조(다른 법령의 개정)

①부터 [24]까지 생략

[25]인쇄문화산업 진흥법 시행령 일부를 다음과 같이 개정한다.

제6조 본문 및 단서, 제7조 각 호 외의 부분, 제11조 중 "문화관광부장관"을 각각 "문화체육관광

부장관"으로 한다.
[26]부터 [37]까지 생략

부칙 [2009.7.7 제21612호]
이 영은 2009년 9월 6일부터 시행한다.

부칙 [2011.3.30 제22782호]
제1조(시행일) 이 영은 공포한 날부터 시행한다.
제2조(과태료에 관한 경과조치) 이 영 시행 전의 위반행위에 대하여 과태료의 부과기준을 적용
할 때에는 별표의 개정규정에도 불구하고 종전의 규정에 따른다.

별표 과태료의 부과기준(제18조 관련)
서식1 인쇄사(신규 · 변경) 신고서
서식2 인쇄사 신고필증
서식3 인쇄사의 신고 및 폐업 상황 보고서(분기)

참고문헌

1. 단행본

- **김두종** 한국고인쇄기술사, 탐구당(1972)
  한국고인쇄문화사, 삼성미술문화재단(1980)
- **김세익** 한국서지학원론, 범우사(1992)
- **손보기** 한국의 고활자, 보진재(1982)
- **안춘근** 한국서지학원론, 범우사(1992)
  한국판본학, 범우사(1986)
  한국출판문화사대요, 청림출판사(1987)
- **양태진** 기록보존학개론, 법경출판사(1993)
- **오국진** 직지활자복원 연구보고서, 동림서관(1966)
- **윤병태** 조선후기의 활자와 책, 범우사(1992)
  조선조대형활자고, 연세대학교대학원(1975)
- **이종국** 한국의 교과서, 대한교과서(1992)
- **이태진** 왕조의 유산, 지식산업사(1994)
- **천혜봉** 한국목활자본, 범우사(1993)
  한국금속활자본, 범우사(1993)
  한국서지학, 민음사(1991)
  한국전적사연구, 범우사(1990)
  신라인쇄술의 연구, 경인문화사(1978)
  한국의 옛 인쇄문화, 책의 해 조직위원회(1993)
- **모리스 꾸랑 저, 이희재 역** 한국서지, 일조각(1994)

2. 논문 및 자료집

- **대한인쇄문화협회** 인협 40년사(1988)
  인협 50년사(1999)
  인쇄백서(1992)
  인쇄백서(2002)
- **대한인쇄정보산업협동조합연합회** 한국인쇄대감(1969)
- **대한인쇄연구소** 인쇄발전을 위한 기초 연구(1993)
  인쇄의 위상제고를 위한 연구(1993)
  인쇄환경 변화와 대응방안(1994)
- **문화체육관광부** 인쇄문화산업 육성 방안(2009)
  인쇄문화산업 진흥 5개년 계획(2012)
- **유창준** 출판인쇄사 근로자의 직무교육이 조직유효성에 미치는 영향, 박사학위 논문(2012)
- **한국잡지협회** 한국잡지 100년(1995)

• **한국출판학회** 세계 속의 한국인쇄출판문화 논문집(1995)

3. 기타

• 청주고인쇄박물관 홈페이지
• 대한인쇄문화협회 홈페이지
• 월간 프린팅코리아 홈페이지
• 인쇄신문

사진출처

두피디아
13 상형문자, 13 설형문자, 18 파피루스, 29 구례 화엄석경, 32 무구정광대다라니경판, 37 고려대장경, 41 금강반야바라밀경, 62 남명천화상송증도가, 65 동국이상국집, 75 개국원종공신녹권, 77 월인석보, 81 동래선생교정북사상절, 85 훈민정음, 86 석보상절, 86 월인천강지곡, 91 자치통감, 91 자치통감강목, 119 홍무정운역훈, 133 중용언해, 143 요하네스 구텐베르크 동상, 149 독립신문, 188 색분해기, 232 사진식자기

청주고인쇄박물관
38 묘법연화경권 충북유형 292호, 65 직지, 66 흥덕사 금당, 67 흥덕사지 출토 유물, 67 직지 영인본, 68 고인쇄박물관 전경, 68 직지 영인본 표지, 69 직지 유네스코인증서, 105 직지 금속활자 활자 만들기, 112 주자소 그림

대한인쇄문화협회
61 고려 '복' 활자, 71 요하네스 구텐베르크, 72 42행성서, 101 활자 보관함, 110 활자 전시대, 115 목활자 제작 과정, 142 구텐베르크 인쇄기 그림, 143 활판인쇄기, 145 한성순보, 175 수동식 활자 주조기, 211 2013년 인쇄문화의 날 행사, 212 인쇄문화회관, 212 2013년 서울도서전, 213 연합회 2013년 정기총회, 213 서울인쇄조합 2013년 서울인쇄대상, 213 서울인쇄조합 2013년 경영자 세미나, 214 대한인쇄연구소 이사회, 215 대한인쇄정보기술협회 10주년 기념식, 222 2013년 인디자인 전문인력 양성, 223 상업용 윤전기 223 레터프레스 인쇄기, 223 재단기, 224 그라비어 인쇄기, 224 접지기, 224 정합기, 225 제책기, 225 디지털인쇄기, 229 1도 인쇄기, 230 2도 인쇄기, 230 4도 인쇄기, 231 5도 인쇄기, 231 디지털윤전기, 231 디지털인쇄기, 233 CTF, 234 CTP, 234 6도 인쇄기, 234 7도 인쇄기, 234 8도 인쇄기, 235 라벨 인쇄기, 236 플렉소 인쇄기, 236 비즈니스폼 인쇄기, 237 스크린인쇄기, 237 신문 윤전기

지은이 **유창준**

대한인쇄연구소 연구부장
대한인쇄문화협회 취재부장
대한인쇄문화협회 편집국장
대한인쇄문화협회 사무국장
대한인쇄문화협회 전무이사(현)
동원대학교 외래교수
신구대학교 겸임교수(현)
한국인쇄학회 이사(현)
한국출판학회 이사(현)
한국전자출판학회 이사(현)

한국 인쇄 문화사

값	**26,000원**

초판 1쇄 인쇄 2014년 8월 5일 **초판 1쇄 발행** 2014년 8월 25일

지은이	유창준
펴낸이	권병일 권준구
펴낸곳	(주)지학사
등록	1957년 3월 18일 제13-11호
주소	서울시 마포구 신촌로 6길 5
전화	02.330.5297
팩스	02.3141.4488
홈페이지	www.jihak.co.kr

ⓒ 유창준

ISBN   978-89-05-04142-7   03010